Nina Horaczek, Sebastian Wiese

Wehrt euch!

*Wie du dich in einer Demokratie engagieren
und die Welt verbessern kannst*

GEGRÜNDET
1999

Nina Horaczek, Sebastian Wiese

WEHRT EUCH!

*Wie du dich in einer Demokratie engagieren
und die Welt verbessern kannst*

Czernin Verlag, Wien

Für Fred Horaczek

Gedruckt mit Unterstützung der Stadt Wien, MA 7/Kultur – Wissenschafts- und Forschungsförderung

Aus Gründen der besseren Lesbarkeit wird in diesem Buch bei Personen nicht durchgängig die männliche und weibliche Form angeführt. Gemeint sind selbstverständlich immer beide Geschlechter.

Aus ökologischen Gründen verzichten wir bei diesem Buch auf Plastikfolie.

Horaczek, Nina; Wiese, Sebastian: Wehrt euch! Wie du dich in einer Demokratie engagieren und die Welt verbessern kannst / Nina Horaczek; Sebastian Wiese
Wien: Czernin Verlag 2019
ISBN: 978-3-7076-0675-1

© 2019 Czernin Verlags GmbH, Wien
Lektorat: Joe Rabl
Umschlaggestaltung: sensomatic
Autorenfotos: Katharina Gossow (Nina Horaczek)
     Katharina Roßboth-Fröschl (Sebastian Wiese)
Satz: Mirjam Riepl
Layout: Burghard List
Druck: Christian Theiss GmbH, A-9431 St. Stefan
ISBN Print: 978-3-7076-0675-1
ISBN E-Book: 978-3-7076-0676-8

Inhalt

Vorwort

Wehrt euch! Warum man sich nicht alles gefallen lassen soll

Viele Menschen haben das Gefühl, dass früher alles besser war und die Dinge heutzutage immer schlechter werden. Klimaerwärmung, Umweltprobleme, das Artensterben, die unsichere Zukunft Europas, ewiges parteipolitisches Gezänk und beunruhigende Nachrichten aus der Weltpolitik verstärken diesen Eindruck. Egal ob man sich in klassischen Medien wie Zeitungen und Fernsehen oder in sozialen Netzwerken, Blogs und auf Twitter informiert: Die beunruhigenden Nachrichten überwiegen.

Die gute Nachricht zuerst: Der Eindruck täuscht. Die Welt wird immer besser. Für fast alle von uns. Noch nie war der Anteil Hungernder an der Weltbevölkerung so niedrig wie heute, noch nie konnten so viele Menschen lesen und schreiben, noch nie waren so viele Kinder geimpft und so viele Landflächen unter Naturschutz gestellt wie heute. Endzeitstimmung und Zukunftsangst sind also unangebracht.

Aber man kann natürlich immer alles noch ein wenig besser machen. Und nur weil es bislang in der Weltgeschichte meistens bergauf gegangen ist, heißt das noch lange nicht, dass das immer so weitergeht. So wie die Menschheit heute handelt, erkaufen wir uns Fortschritt und unseren aktuellen Wohlstand auf Kosten der Zukunft. Die Klimakrise ist ein Paradebeispiel dafür, dass unser heutiger Lebensstil mit ziemlich bedrohlichen Folgen in der Zukunft verbunden ist, falls wir nichts dagegen unternehmen.

Aber nur den wenigsten Menschen ist es beschieden, mit dem einen historischen Wurf die Welt aus den Angeln zu heben und zum Guten zu verändern. Wer sich Nelson Mandela, Martin Luther King oder Greta Thunberg als Maßstab nimmt, steckt sich wahrscheinlich ein zu großes Ziel. Aber man muss nicht sein ganzes Leben opfern oder ein Held sein, um die Welt zu ändern. Die größten Veränderungen geschehen nicht, weil ein Mensch etwas Großartiges unternimmt. Die größten Veränderungen geschehen, weil viele Menschen abertausende kleine Beiträge leisten, die gemeinsam ein riesengroßes

Ganzes ergeben. Wer ein kleiner Teil so eines großen Ganzen ist, ändert manchmal mehr als ein Einzelkämpfer mit einem großen Einzelvorhaben. Und oft kann man die Welt auch ganz allein ein klein wenig besser machen. Wer für seinen betagten, gehbehinderten Nachbarn einkaufen geht, ändert vielleicht nicht die Welt für alle, aber er ändert die Welt für seinen Nachbarn.

Viele heutige Probleme betreffen vor allem junge Menschen, weil die sich in der Zukunft noch länger mit den Folgen unseres heutigen Handelns auseinandersetzen müssen. Hingegen ist die ältere Generation eher darauf fokussiert, dass es den Menschen im Hier und Heute möglichst gut geht – die Probleme der Zukunft sollen zukünftige Generationen lösen. Die Interessenlagen zwischen den Generationen sind also verschieden. Gleichzeitig ist die Politik von älteren Menschen dominiert. Und die denken nun einmal zuerst an jene Probleme und Interessen, die ihrer eigenen Lebenswelt entspringen. Junge Menschen können sich deshalb keineswegs darauf verlassen, dass die Politik ihre Interessen von selbst wahrnimmt. Jugendliche sind daher ganz besonders darauf angewiesen, ihre Bedürfnisse hörbar zu machen und an die Politik heranzutragen. Dass dies gelingen kann, hat jüngst Greta Thunberg bewiesen, die mit ihrem Engagement die ganz großen Player in der Politik gezwungen hat, sich mit der Klimakrise auseinanderzusetzen.

In diesem Sinne: Seid ungeduldig und unbequem, macht euch bemerkbar, krempelt die Ärmel hoch und wehrt euch!

1. Widerstand: Was ist das eigentlich?

Widerstand kann vieles sein. Beim Wort »Widerstand« denken wir an bewaffnete Rebellengruppen, die gegen eine fremde Gewaltherrschaft kämpfen, an Widerstandskämpfer, die unter Einsatz ihres Lebens einen grausamen Diktator stürzen wollen, oder an den »Tyrannenmord«, zu dem schon vor Jahrhunderten philosophische Diskussionen entstanden, ob und wann es zulässig sein kann, einen ungerechten Herrscher zu töten. Aber Widerstand ist viel mehr als das. Die meisten Formen des Widerstands sind gewaltfrei. Und gewaltfreier Widerstand war in der Geschichte erfolgreicher als bewaffnete Widerstandsgruppen.

Die deutsche Nordseeinsel Helgoland ist heute ein beliebter Urlaubsort. Kurz nach dem Zweiten Weltkrieg sah das noch ganz anders aus. Damals war die Insel vom Bombenkrieg zerstört und unbewohnbar. Die entvölkerte Insel war von den Briten besetzt und diente der britischen Armee als Bombenübungsplatz.

Zu Weihnachten 1950 setzten die beiden deutschen Studenten Georg von Hatzfeld und René Leudesdorff mit einem Boot auf die Insel über, hissten die europäische Flagge, die deutsche Flagge und die Flagge von Helgoland und protestierten mit dieser ersten pazifistischen Aktion seit Ende des Zweiten Weltkriegs dagegen, dass Helgoland ein militärischer Übungsplatz ist, sowie für eine Rückgabe der Insel an die evakuierte Bevölkerung. Die beiden und weitere Mitstreiter wurden daraufhin kurzzeitig verhaftet, konnten mit ihrer Aktion aber eine breite Debatte in Deutschland und Großbritannien anstoßen, an deren Ende die Briten Helgoland an Deutschland zurückgaben und der Wiederaufbau der Insel begann.[1] »Wir haben uns damals auf Gandhi berufen: Unsere Waffe ist, dass wir keine haben. Es war die erste gewaltfreie Besetzung nach dem Krieg in Europa«, sagte Leudesdorff viele Jahre später in einem Interview mit der deutschen Tageszeitung *taz*.[2]

Rein juristisch gesehen haben die beiden Studenten gegen das Gesetz verstoßen, weil sie die Insel unerlaubt betreten und britisches Territorium besetzt haben. Sie haben sich mit ihrer Aktion aber auch gegen bestehendes Unrecht positioniert, ganz nach dem Motto: »Wo Recht zu Unrecht wird, wird Widerstand Pflicht, Gehorsam aber Verbrechen.« Es gibt also Situationen, in denen es legitim ist, gegen geltendes Recht zu verstoßen, um Unrecht zu bekämpfen.

Widerstand ist ein Begriff, den man nicht nur aus der Politik kennt, sondern auch aus der Physik. Dort gibt es den elektrischen Widerstand, den magnetischen Widerstand, den Reibungswiderstand und einiges mehr, zusammengefasst aber alles Dinge, die sich etwas entgegensetzen. In der Politik bezeichnet Widerstand das sich Auflehnen gegen eine Obrigkeit, die Opposition zu den

Herrschenden, und zwar unabhängig davon, ob diese legal an die Macht kamen oder nicht.

Widerstand ist etwas, das es immer schon gab, seit sich Menschen in Gesellschaften zusammengeschlossen haben. Bereits in der Antike diskutierten Philosophen die Frage, ob der Tyrannenmord – die Ermordung eines als ungerecht empfundenen Herrschers, der sein Volk gewaltsam unterdrückt – gerechtfertigt ist.

> •

Im deutschen Grundgesetz ist ein Recht auf Widerstand festgeschrieben. Artikel 20 des deutschen Grundgesetzes lautet:

(1) Die Bundesrepublik Deutschland ist ein demokratischer und sozialer Bundesstaat.

(2) Alle Staatsgewalt geht vom Volke aus. Sie wird vom Volke in Wahlen und Abstimmungen und durch besondere Organe der Gesetzgebung, der vollziehenden Gewalt und der Rechtsprechung ausgeübt.

(3) Die Gesetzgebung ist an die verfassungsmäßige Ordnung, die vollziehende Gewalt und die Rechtsprechung sind an Gesetz und Recht gebunden.

(4) Gegen jeden, der es unternimmt, diese Ordnung zu beseitigen, haben alle Deutschen das Recht zum Widerstand, wenn andere Abhilfe nicht möglich ist.

• <

Dass man sich auch einmal wehren darf, bedeutet aber nicht, dass Widerstand immer gerechtfertigt ist. In Absatz 4 des deutschen Grundgesetzes wird klar darauf hingewiesen, dass dies erst der Fall ist, wenn es keine andere Möglichkeit gibt, das Unrecht aufzuzeigen. Aber der Gesetzgeber hat hier auch klargemacht, dass es ein Recht auf Widerstand gibt und die Bürger in Situationen, in denen die demokratische und soziale Ordnung in Gefahr ist, auch von diesem Recht Gebrauch machen dürfen. Wir dürfen also auch einmal ungehorsam gegenüber dem Staat sein, müssen dies aber gut begründen können.

Bereits die französische »Erklärung der Menschen- und Bürgerrechte« von 1789 lässt sich verstehen als Verfassung einer nationalen

Solidargemeinschaft. Sie beginnt mit den Sätzen: »Die Menschen werden frei und gleich an Rechten geboren und bleiben es. Soziale Unterschiede dürfen nur im allgemeinen Nutzen begründet sein« (Art 1) und setzt fort: »Der Zweck jeder politischen Vereinigung ist die Erhaltung der natürlichen und unantastbaren Menschenrechte. Diese sind das Recht auf Freiheit, das Recht auf Eigentum, das Recht auf Sicherheit und das Recht auf Widerstand gegen Unterdrückung« (Art 2).

Was ist ziviler Ungehorsam?

Die Aktion der beiden Studenten auf Helgoland fällt unter den Begriff »ziviler Ungehorsam«. Geprägt hat diesen Begriff der amerikanische Philosoph Henry David Thoreau (1817–1862) beziehungsweise verdanken wir diesen Begriff eigentlich Thoreaus Verleger. Dieser betitelte einen Essay von Thoreau später mit »Civil Disobedience«. Auf Deutsch erschien der Essay unter dem Titel »Über die Pflicht zum Ungehorsam gegen den Staat«.

Thoreau hat diesen Essay im Jahr 1846 in einer recht unangenehmen Situation geschrieben – als er gerade wegen Steuerschulden im Gefängnis saß. Er weigerte sich aber nicht aus Gier, seine Steuern zu zahlen, sondern aus moralischen Gründen. Er protestierte mit diesem Gesetzesverstoß gegen die Sklaverei, die damals in den Südstaaten der USA noch legal war und die er als Unrecht empfand. Und er protestierte gegen den Krieg der USA gegen Mexiko, den er ebenfalls ablehnte.

Zwar würden Gesetze prinzipiell für alle gelten, argumentierte Thoreau, es gebe aber Situationen, in denen Bürger ihrem Staat aus Gewissensgründen den Gehorsam verweigern dürfen. »Wenn aber das Gesetz so beschaffen ist, dass es notwendigerweise aus Dir den Arm des Unrechts an einem anderen macht, dann sage ich: brich das Gesetz. Mach Dein Leben zu einem Gegengewicht, um die Maschine aufzuhalten. Jedenfalls muss ich zusehen, dass ich mich nicht zu Unrecht hergebe, das ich verdamme«, schreibt er.[3]

Ziviler Ungehorsam entwickelte sich im Laufe der Zeit zu einem Sammelbegriff von Aktionsformen, die das Ziel haben, eine Unrechtssituation aufzuzeigen und eine Veränderung dieser Situation zum Positiven zu bewirken. Sie mögen sich in der Form des Protests unterscheiden, haben aber durchaus Gemeinsamkeiten.

- Ziviler Ungehorsam ist eine gewaltfreie Form des Widerstands.
- Ziviler Ungehorsam passiert öffentlich und ist damit ein Gesetzesverstoß, der sich bewusst von einer herkömmlichen kriminellen Handlung unterscheidet. Die Philosophin Hannah Arendt (1906–1975) schrieb 1969 in einem Essay über zivilen Ungehorsam: »Es gibt einen ungeheuren Unterschied zwischen dem Kriminellen, der das Licht der Öffentlichkeit scheut, und dem zivilen Gehorsamsverweigerer, der in offener Herausforderung das Gesetz in seine eigenen Hände nimmt. Dieser Unterschied zwischen offener Übertretung des Gesetzes, die vor aller Augen geschieht, und dem geheimen Rechtsbruch liegt so klar auf der Hand, dass er nur aufgrund vorgefasster Meinung oder bösen Willens übersehen werden kann.«[4]
- Es geht nicht um den Vorteil eines Einzelnen, sondern um ein Unrecht, von dem eine Gruppe innerhalb der Gesellschaft betroffen ist, und es geht um das Ziel, durch den Protest keinen persönlichen Vorteil nur für sich, sondern mehr Gerechtigkeit in der Gesellschaft zu erreichen. Oder, mit den Worten von Hannah Arendt: »Wohlgemerkt, der gewöhnliche Rechtsbrecher handelt, selbst wenn er einer kriminellen Organisation angehört, ausschließlich im eigenen Interesse; er lehnt es ab, sich dem Konsens aller anderen zu unterwerfen, und er beugt sich nur der Gewalt der Vollstreckungsorgane. Der zivile Gehorsamsverweigerer handelt jedoch, auch wenn er zumeist gegen eine Mehrheit opponiert, im Namen und um einer Gruppe willen. Er stellt sich mit einer grundsätzlichen Haltung gegen das Gesetz und gegen die feststehenden Autoritäten, und nicht etwa, weil er für sich als einzelner eine Ausnahme machen und dabei nicht ertappt werden möchte.«[5]
- Bei zivilem Ungehorsam handelt es sich um ein Engagement von Bürgerinnen und Bürgern. Das steckt schon im Begriff »zivil«, der aus dem Lateinischen *civilis* = bürgerlich abgeleitet ist.
- Ziviler Ungehorsam stellt nicht das ganze politische System und den Rechtsstaat an sich in Frage, sondern ist ein bewusster begrenzter Regelverstoß. Die rechtlichen Konsequenzen eines solchen Regelverstoßes (Verhaftung, Verurteilung, Geldstrafe ...) werden akzeptiert. Schon Thoreau schreibt in seinem

Essay über zivilen Ungehorsam: »Aber, um seriös und als Bürger zu reden, und nicht wie die Anarchisten, die jegliche staatliche Autorität ablehnen, fordere ich nicht: ab sofort keine Regierung mehr, sondern: ab sofort eine bessere Regierung.«[6]

Vielfältige Formen des Protests

Erfolgreich ist, wer seinen Protest möglichst vielfältig gestaltet. Aktionsmöglichkeiten gibt es viele. Hier ein paar Beispiele zur Anregung:

- Beim wirtschaftlichen **Boykott** kauft man bewusst bestimmte Produkte nicht und versucht, möglichst viele Menschen dazu zu gewinnen, dieses Produkt oder diese Firma oder Produkte aus einem bestimmten Staat nicht mehr zu kaufen.

  Berühmt ist zum Beispiel der 1959 von Großbritannien gestartete Südafrika-Boykott, bei dem Produkte aus diesem Land nicht mehr gekauft wurden, um so seinen Protest gegen den Rassismus des südafrikanischen Apartheidregimes auszudrücken und der südafrikanischen Wirtschaft zu schaden und dadurch den Druck auf die Regierung zu erhöhen. »Kauft keine Früchte aus Südafrika«, lautete einer der Slogans.

  Sehr erfolgreich war auch der internationale Shell-Boykott 1991. Damals plante der Erdölkonzern Shell, den mehr als 14 Tonnen schweren schwimmenden Öltanker Brent Spar als Industrieschrott in der Nordsee zu versenken. Die Umweltschutzorganisation Greenpeace besetzte Brent Spar, machte die Pläne des Ölkonzerns öffentlich und rief zum Boykott von Shell-Tankstellen auf. Die Boykottaktion war derart erfolgreich, dass die Umsätze an den Shell-Tankstellen massiv zurückgingen und Shell darauf verzichtete, Brent Spar zu versenken. Allerdings stellte sich später heraus, dass Greenpeace falsche Zahlen verbreitet hatte. So hatte Greenpeace behauptet, es würden 5.500 Tonnen Ölschlämme versenkt, tatsächlich hatte die Umwelt-NGO aber eine falsche Hochrechnung angestellt und es handelte sich um viel weniger, nämlich 130 Tonnen Ölschlämme.

- Die **Verweigerung** bezieht sich auf das öffentliche Nichtfolgeleisten einer staatlichen Anordnung. Ein Beispiel dafür ist die Verweigerung des Wehrdienstes, indem man einer

Einberufung aus Gewissensgründen nicht Folge leistet. Während des Vietnamkriegs verbrannten zahlreiche US-Amerikaner aus Protest gegen den Krieg ihre Einberufungsbefehle an öffentlichen Orten.

- Das **Sit-in** ist ein Sitzstreik als Alternative zu einer herkömmlichen Demonstration. Dabei setzt man sich irgendwo hin und bleibt einfach sitzen – auch auf die Gefahr hin, von Einsatzkräften weggetragen zu werden.
Zu den ersten bekannten Sit-ins zählt das sogenannte »Greensboro Sit-in« im Februar 1960 in North Carolina. Damals betraten vier schwarze Studenten ein Restaurant, das nur Weiße bediente, setzten sich an den Tresen und baten das Servierpersonal darum, ihre Bestellung aufzunehmen. Als ihnen mitgeteilt wurde, dass sie in diesem Lokal nicht bedient werden, blieben sie einfach sitzen, bis das Lokal zusperrte. Die Medien berichteten über den Protest und am nächsten Tag kamen nicht vier, sondern bereits 20 Schwarze, um sich an dem Sit-in zu beteiligen. Am dritten Tag waren es 60 Protestierende, am vierten bereits 300. Auch in anderen amerikanischen Städten begannen derartige Sit-ins und im Juni 1960 hatten die Protestierenden ihr Ziel erreicht: Das Lokal, in dem das Sit-in begonnen hatte, servierte schwarzen Gästen zum ersten Mal ein Mittagessen.[7]
- Die **Blockade** oder auch Sitzblockade ist eine ähnliche Protestform wie das Sit-in, wobei es hierbei darum geht, jemandem den Zu- oder Durchgang zu versperren. Die Teilnehmer sitzen zum Beispiel vor einem Gebäude und versperren so den Eingang oder sie sitzen auf einer Straße und verhindern dadurch die Durchfahrt.
Im Jahr 2011 hat das deutsche Bundesverfassungsgericht entschieden, dass Sitzblockaden vom Grundrecht auf Versammlungsfreiheit gedeckt sein können. Anlassfall war damals der Protest eines Demonstranten gegen den Irakkrieg. Er hatte mit Gleichgesinnten die Zufahrt zu einem amerikanischen Luftwaffenstützpunkt in Deutschland blockiert und war dafür gerichtlich verurteilt worden. Das Bundesverfassungsgericht in Karlsruhe hob diese Verurteilung auf. »Dass die Aktion die Erregung öffentlicher Aufmerksamkeit für bestimmte politische Belange bezweckte,

lässt nach Karlsruher Ansicht den Schutz der Versammlungsfreiheit nicht entfallen, ›sondern macht die gemeinsame Sitzblockade, die somit der öffentlichen Meinungsbildung galt, erst zu einer Versammlung‹ im Sinne des Grundgesetzes«, berichtete die *Frankfurter Allgemeine Zeitung* damals.[8] Sitzblockaden wurden in der Vergangenheit oftmals eingesetzt, um Atommülltransporte zu verhindern, oder auch, um zu verhindern, dass militärische Waffen wie etwa Atomwaffen auf Militärstützpunkte transportiert wurden. Auch bei Neonaziaufmärschen greifen deren Gegner oft zum Mittel der Sitzblockade, um so zu verhindern, dass Neonazis mit ihren Parolen durch die Straßen ziehen können. *Der Tagesspiegel* berichtete 2011 von einer ganz besonderen Blockade, mit der Aktivisten einen sogenannten Castor-Transport mit Atommüll von Frankreich nach Deutschland verhindern wollten:»Wenige Meter weiter begann eine ›Stuhlprobe‹: Etwa 40 Frauen und einige Männer ließen sich auf mitgebrachten Hockern, Klappstühlen, Kissen und anderen Sitzgelegenheiten nieder. Sie packten Thermoskannen und Kuchen aus und frühstückten. ›Später klönen wir und tauschen Koch- und Widerstandsrezepte aus‹, sagte eine Demonstrantin. Solche ›Stuhlproben‹ gibt es seit fünf Jahren an jedem Sonntag in der Castor-Zeit. Die Aktionsidee stammt von den ›Grauen Zellen‹, einer Initiative bereits ergrauter Protest-Veteranen aus dem Wendland, die sich wegen ihres fortgeschrittenen Alters nicht mehr auf Straßen und Schienen setzen können oder wollen.«[9]

* Das **Die-in** ist eine Art theatralische Unterform des Sit-ins und geht bereits in Richtung Straßentheater. Dabei werfen sich die Teilnehmer auf ein Signal hin auf den Boden und stellen leblose Körper dar, um auf eine lebensbedrohliche Gefahr für die Menschheit, wie zum Beispiel einen atomaren Super-GAU oder auch die Klimaerwärmung, hinzuweisen.
* Das **Kiss-in** ist eine Protestform, die zwar nicht nur, aber oft im Kampf gegen Homophobie eingesetzt wird, und dies mittlerweile weltweit. Dabei treffen sich gleichgeschlechtliche Menschen an einem öffentlichen Ort und tauschen Küsse aus. Die Teilnehmer können, aber müssen nicht homosexuell sein.

Vielfach beteiligen sich auch Heterosexuelle aus Solidarität an einer solchen Aktion.

Im September 2013 demonstrierten Aktivisten vor zahlreichen russischen Botschaften auf verschiedenen Kontinenten unter dem Motto »To Russia with Love« mit Kiss-ins gegen die zunehmend homosexuellenfeindliche Gesetzgebung in Russland.[10] In Marokkos Hauptstadt protestierten Bürger im selben Jahr mit einem Kiss-in für mehr Toleranz, nachdem ein 15-jähriger Marokkaner gerichtlich verfolgt worden war, weil er ein Kussfoto von sich und seiner 14-jährigen Freundin ins Internet gestellt hatte.[11] Nachdem in London das Securitypersonal eines Supermarktes 2016 ein homosexuelles Paar aufgefordert hatte, das Geschäft zu verlassen, weil die beiden Männer einander umarmt und an den Händen gehalten und ein Kunde sich deshalb beschwert hatte, versammelten sich hunderte Paare zum gleichgeschlechtlichen Protest-Knutschen in ebendiesem Supermarkt. Und um den Supermarkt herum fuhren Aktivisten mit ihren Autos und hupten aus Solidarität.[12]

- Der **Smartmob** ist ein Flashmob (auf Deutsch »Blitzzusammenkunft«), also das spontane Zusammentreffen einer Menschenmenge auf einem öffentlichen Platz. Während der Flashmob unpolitisch ist, verfolgt der Smartmob (auf Deutsch »schlaue Zusammenkunft«) ein politisches Ziel. Organisiert werden Smartmobs auf sozialen Medien.
- Über soziale Medien wird auch der **Cyberprotest** organisiert. Darunter fällt zum Beispiel der **Shitstorm**, zusammengesetzt aus den englischen Wörtern *shit* (Scheiße) und *storm* (Sturm). Dabei wird mittels Massenpostings in sozialen Medien gezielt negative Stimmung gegen eine Person oder eine Organisation gemacht. Bei einem Shitstorm sollte man aber immer bedenken, dass sich eine derartige virtuelle Massenunmutsäußerung sehr schnell in einen virtuellen Pranger verwandeln kann. Es macht einen Unterschied, ob sich die Kritik gegen eine Institution richtet oder eine einfache Einzelperson, und es ist auch alles andere als sportlich, wenn eine große Masse auf eine Einzelperson, die sich in der virtuellen Welt ohnehin schon ordentlich blamiert, pausenlos weiter hinhackt. Alle gegen einen sollte es auch in der virtuellen Welt nicht geben.

- Das Gegenteil des Shitstorms ist der **Candystorm** oder auch **Flowerrain**. Auch das eine Wortneuschöpfung, die sich aus den englischen Wörtern *candy* (Süßigkeit, Bonbon) und *storm* (Sturm) zusammensetzt beziehungsweise aus *flower* (Blume) und *rain* (Regen). Ein Candystorm beziehungsweise Flowerrain ist ein virtuelles Bombardement mit Nettigkeiten, um jemanden, der attackiert wurde, moralisch aufzubauen und Solidarität mit dem Betroffenen zu zeigen. Als am Neujahrstag 2018 in Wien das Baby Asel 47 Minuten nach Mitternacht zur Welt kam und von den Medien als Wiener Neujahrsbaby präsentiert wurde, schlug dem Baby und seiner Familie in den Onlineforen eine Hasswelle entgegen. Der Grund dafür: Asels Mutter trägt ein Kopftuch. Als Reaktion auf diesen Hass startete der österreichische Caritas-Generalsekretär Klaus Schwertner einen Flowerrain für das Baby und die frischgebackenen Eltern, an dem sich tausende Menschen bis hinauf zum österreichischen Bundespräsidenten beteiligten. »›Alle Menschen sind frei und gleich an Würde und Rechten geboren.‹ Zuversicht und Zusammenhalt sind größer als Hass und Hetze. Herzlich Willkommen, liebe Asel!«, richtete das österreichische Staatsoberhaupt dem Baby via Facebook aus.[13] Am Ende übergab die Caritas die zu einem Buch gebundenen mehr als 33.000 virtuellen Willkommensgrüße, die durch diesen Flowerrain entstanden, an die Eltern des Wiener Neujahrsbabys.[14]

- Nur die Rautetaste # benötigt der **Hashtag-Aktivismus**. Dabei werden in sozialen Medien, speziell auf Twitter, thematische Trends gesetzt und Diskussionen angefacht. Je häufiger solche Hashtags übernommen werden und je mehr Menschen dazu posten, desto größer ist die Wahrscheinlichkeit, dass auch konventionelle Medien sich dieses Themas annehmen. Im Idealfall gelingt es, via Hashtag ein Thema auf die politische Agenda zu bringen. Erstmals weltweit mittels Hashtag kampagnisiert wurde ab April 2014, nachdem in Nigeria mehr als 200 Schülerinnen von der islamistischen Terrorgruppe Boko Haram aus einer Schule entführt worden waren. Damals forderten Prominente aus aller Welt unter dem Hashtag #BringBackOurGirls die Freilassung der entführten Mädchen.[15]

Ein besonders prominentes Beispiel ist der Hashtag #MeToo. Nachdem im Oktober 2017 bekannt geworden war, dass der Hollywood-Filmproduzent Harvey Weinstein jahrelang Frauen aus der Filmbranche sexuell belästigt hatte, forderte die Schauspielerin Alyssa Milano auf Twitter: »If you've been sexually harassed or assaulted write ›me too‹ as a reply to this tweet.« (Wenn du sexuell belästigt oder angegriffen wurdest, schreibe ›me too‹, also ›ich auch‹, als Antwort auf diesen Tweet.)[16] Damit löste sie eine die Kontinente übergreifende öffentliche Debatte über sexuelle Übergriffe auf Frauen aus, die zu zahlreichen Rücktritten von Männern in hohen Positionen führten, die plötzlich öffentlich mit dem Vorwurf der sexuellen Belästigung konfrontiert waren.

• **Online-Petitionen** sind ein Weg, im Internet Stimmung für ein gesellschaftspolitisches Thema zu machen, das einem am Herzen liegt. Das Praktische dabei ist, dass das Erstellen einer solchen Petition sehr schnell geht und nichts kostet. Der Nachteil ist, dass dies mittlerweile schon sehr viele Menschen wissen und die Konkurrenz sehr groß ist, weshalb man sich sehr gut überlegen muss, wie man möglichst viele Menschen davon überzeugt, die eigene Petition zu unterzeichnen. Derartige Petitionen können zum Beispiel auf www.change.org, www.openpetition.eu oder www.avaaz.org oder in Österreich auch auf www.aufstehn.at eingerichtet werden. Auch an den Deutschen Bundestag kann man ganz formlos Online-Petitionen richten. Diese müssen aber einen Bezug zur Gesetzgebung des Bundes oder zu Tätigkeiten der Bundesbehörden haben. Alle Informationen dazu findet man auf https://epetitionen.bundestag.de.
  In Österreich gibt es ein ähnliches Instrument, das allerdings bis jetzt noch nicht online verfügbar ist: Österreichische Staatsbürger, die wahlberechtigt sind, können »Bürgerinitiativen« im Parlament einreichen, benötigen dafür aber zumindest 500 Unterstützer (erlaubt sind nur österreichische Staatsbürger, die wahlberechtig sind). Informationen dazu sind unter https://www.parlament.gv.at/PERK/BET/BII/ abrufbar.

• Die **Besetzung** ist die – meist nur vorübergehende – Besitznahme eines Gebäudes oder eines Territoriums ohne Zustimmung des rechtmäßigen Besitzers.

Berühmte Besetzungen sind zum Beispiel jene im Wyhler Wald in Baden-Württemberg im Jahr 1975, um die Errichtung eines Atomkraftwerks zu verhindern. In Österreich schrieb die Besetzung der Hainburger Au im Dezember 1984 Geschichte. Mit dieser wurde die Errichtung eines Wasserkraftwerks in einem Naturschutzgebiet verhindert.

- Die **Fahrraddemo** ist eine Demonstration auf Fahrrädern, die entweder wie eine normale Demo eine Route entlanggeführt oder als Sternfahrt organisiert wird. Bei Letzterer gibt es verschiedene Startpunkte, von denen aus Teilnehmer losradeln, um am Ende auf einem zentralen Punkt zu einer großen Kundgebung zusammenzustoßen.
- Der **Autokorso** ist eine Demo mit Kraftfahrzeugen. Normalerweise kennt man solche gemeinschaftlichen Fahrten mit viel Huperei nur von Hochzeiten. In den vergangenen Jahren wurde diese Protestform aber auch hierzulande immer wieder einmal verwendet.
  2011 protestierte der Türkische Bund in Berlin mit einem Autokorso gegen Rechtsextremismus und die rassistische Terrorgruppe NSU, die zahlreiche Migranten ermordet hatte.[17] Als der deutsch-türkische Journalist Deniz Yücel wegen seiner journalistischen Arbeit bereits ein Jahr in der Türkei im Gefängnis saß, protestierten Wegbegleiter und Unterstützer mit einem »Autokorso der Herzen« durch Berlin.[18]
- Die **friedliche Störaktion** ist eine Aktion, bei der allein aufgrund der Anwesenheit verhindert wird, dass diejenigen, gegen die man protestiert, gewisse, meist gefährliche Dinge durchführen können. Ein Beispiel dafür sind die Störung von Atomtests im Meer, wo Umweltaktivisten mit Booten in jene Regionen fahren, in der diese Tests durchgeführt werden sollen.
- Der **Streik** ist eine vorübergehende Arbeitsverweigerung, um so seine Forderungen durchzusetzen. Meist werden Streiks in Zusammenhang mit Arbeitskämpfen geführt, etwa um höhere Löhne oder bessere Arbeitsbedingungen zu erreichen.
  Es gibt auch **politische Streiks**, bei denen sich die Forderungen nicht an den Arbeitgeber richten, sondern an die politischen Organe wie das Parlament oder die Regierung. Beim politischen

Streik geht es darum, mit dem Mittel der Arbeitsniederlegung eine politische Veränderung durchzusetzen.

Im Jahr 2003 hielt der österreichische Gewerkschaftsbund ÖGB einen solchen politischen Streik ab, um die damalige Bundesregierung zu zwingen, eine geplante Pensionsreform nicht umzusetzen, die aus Sicht der Gewerkschaft zu einer Benachteiligung der Arbeitnehmer führte. Die Gewerkschaft hielt einen eintägigen Warnstreik, eine Großdemonstration und einen Großstreiktag ab, konnte den Beschluss der Pensionsreform dadurch aber nicht verhindern.[19]

• Als **Solidaritätsstreik** bezeichnet man wiederum einen Streik, der als moralische Unterstützung für andere Protestierende durchgeführt wird. Diese Streiks werden oft auch grenzübergreifend als Solidaritätsaktion durchgeführt. Ein besonders berührender Solidaritätsstreik ist der Februarstreik 1941 in Amsterdam. Nach einer Razzia gegen jüdische Amsterdamer, die von den Nationalsozialisten deportiert werden sollten, legten am 25. Februar 1941 zuerst die Straßenbahnfahrer ihre Arbeit nieder. Zehntausende Arbeiter, Beamte und Angestellte folgten dem Beispiel der Straßenbahnfahrer und traten aus Protest gegen die Deportationen von Juden ebenfalls in einen Solidaritätsstreik. Der Streik breitete sich bis Utrecht aus, wurde aber von den Nazis brutal niedergeschlagen.[20]

• Zu den Streiks außerhalb der Arbeitswelt zählt der **Schulstreik**, bei dem sich Schüler weigern, den Unterricht zu besuchen, um dadurch ein politisches Ziel durchzusetzen. Besonders berühmt sind die von der Schwedin Greta Thunberg (siehe auch S. 167) initiierten »Schulstreiks für das Klima«, aus der die »Fridays for Future«-Bewegung entstanden ist (siehe dazu S. 62).

• Eine weitere Art des politischen Streiks ist der **Frauenstreik**. Berühmt ist der Streik der isländischen Frauen am 24. Oktober 1975, als etwa 90 Prozent der Frauen sich entschlossen, die Gesellschaft spüren zu lassen, was sie alles leisten, indem sie einfach sämtliche Arbeit einstellen. Daraufhin mussten Banken, Fabriken und zahlreiche Geschäfte schließen und auch die Schulen und Kindergärten hatten zu. Männer mussten wegen der fehlenden Betreuungsmöglichkeiten ihre Kinder in die

Arbeit mitnehmen. Auch zu Hause weigerten die Frauen sich, zu kochen, zu putzen und die Kinder zu hüten. Dieser Streik war Anstoß dafür, dass Island heute, mehr als vier Jahrzehnte später, in Sachen Gleichberechtigung in Europa ganz weit vorne ist.[21] Im Juni 2019 streikten die Frauen in der Schweiz. Es war bereits der zweite landesweite Frauenstreik. Schon 20 Jahre zuvor, im Juni 1991, legten zahlreiche Schweizer Frauen die Arbeit nieder. Sie streikten nicht nur auf ihrem Arbeitsplatz, sondern weigerten sich auch, zu Hause zu putzen, zu kochen und die Kinder zu hüten, und gingen stattdessen für Gleichberechtigung auf die Straße. Als Zeichen, dass sie diese Fraueninitiative unterstützen, kleideten sich Frauen quer durch das Land lila. Wenige Tage nach dem äußerst erfolgreichen Frauenstreik 2019 kündigten die Schweizer Sozialdemokraten eine Volksinitiative für Gleichstellung an[22], die Schweizer Schulbücher werden überarbeitet, damit auch Frauen dort repräsentiert sind[23], und die Gewerkschaft setzte die Forderungen der Frauen nach gleichem Lohn für gleiche Arbeit auf ihre Agenda für die Lohnverhandlungen mit den Arbeitgebervertretern.[24] Einen Tag lang das Arbeiten zu lassen, um zu protestieren, kann also doch etwas verändern.

Die Gewaltfrage

Geht es um die Legitimität von Widerstand und dessen Formen, taucht recht bald die Gewaltfrage auf. Gibt es einen Punkt, an dem Gewalt gerechtfertigt ist? Und wenn ja, wann ist dieser Punkt erreicht und wer hat das Recht, dies zu entscheiden?

Sieht man sich die jüngere Geschichte Deutschlands und Österreichs an, so gab es natürlich eine Zeit, in der Widerstand in jeglicher Form, auch mit Gewalt, gerechtfertigt war. Während der nationalsozialistischen Diktatur mussten Widerstandskämpfer zum Teil auch zur Waffe greifen, etwa als Partisanen in den Wäldern oder wenn sie sich den Alliierten anschlossen, um mit der Waffe in der Hand gegen die Nazi-Armee zu kämpfen.

Während der 1960er und 1970er Jahre stellte sich die Frage nach der Zulässigkeit von Gewalt bei den sogenannten Befreiungsbewegungen, etwa in Afrika, die gegen die Kolonialherrscher in ihren

Ländern ankämpften. 1965 betonte die UN-Generalversammlung erstmals, dass der Kampf gegen die Kolonialherrschaft legitim ist. In den 1970er Jahren anerkannten die Vereinten Nationen den Kampf der Befreiungsbewegungen »mit allen Mitteln«, was auch Gewalt einschließt.[25] Beides bezieht sich aber auf Ausnahmesituationen und selbst in solchen ist blinde Gewalt nicht erlaubt, sondern lediglich gezielte Gewaltanwendung zur Selbstverteidigung.

In einer liberalen Demokratie haben wir Bürgerinnen und Bürger den großen Vorteil, dass uns zahlreiche Möglichkeiten zur Verfügung stehen, unseren Unmut auszudrücken und zu protestieren. Die Anwendung von Gewalt kann und darf nur das allerletzte Mittel sein, etwa in Diktaturen. Davon sind wir aber weit entfernt und sollten deshalb alle zur Verfügung stehenden Mittel nutzen, um dafür zu sorgen, dass das so bleibt.

Kein Mensch hat das Recht, einen anderen zu verletzen, nur weil ihm die Meinung dieser Person nicht passt. Wer die Menschenrechte und die Menschenwürde als moralischen Wert akzeptiert, muss auch Menschen mit anderer politischer Überzeugung diese Werte zugestehen. Das beinhaltet auch das Recht auf Privatsphäre und auf Familienleben. Während es völlig legitim ist, gegen die Pläne einer Partei oder eines Politikers auf die Straße zu gehen und zum Beispiel vor der Parteizentrale zu demonstrieren, ist es gar nicht in Ordnung, diesem Politiker einen Besuch in seiner Privatwohnung abzustatten oder gar dessen Kindern in der Schule aufzulauern. Man muss sich nur kurz vorstellen, wie es für einen selber wäre, wenn man sich nicht einmal zu Hause oder in der Schule sicher fühlen würde. Bei aller Kritik an den Inhalten sollte man nie auf einen grundlegenden Respekt jedem Menschen gegenüber vergessen.

Abgesehen von dieser moralischen Komponente gibt es mehrere ganz praktische Gründe, Gewalt in einer Demokratie abzulehnen. Erstens sollte jeder und jede die Möglichkeit haben, sich an gewaltfreien Protesten zu beteiligen. Wenn aber zum Beispiel von vornherein klar ist, dass sich bei einer Demonstration eine kleine Gruppe gewalttätiger Demonstranten mit der Polizei brutale Schlachten liefern wird, werden sich Menschen, die zum Beispiel schon älter sind und nicht mehr so gut zu Fuß, oder Familien mit Kindern gar nicht trauen, mitzumarschieren, auch wenn sie das eigentliche Anliegen dieser Demonstration unterstützen. Man nimmt diesen Menschen dadurch also die Möglichkeit, ihren Protest auszudrücken.

Zweitens liegt in einem Rechtsstaat das Gewaltmonopol beim Staat. Das bedeutet, dass nur staatliche Organe physische Gewalt ausüben dürfen, und das auch nur innerhalb eines gesetzlichen Rahmens. Ein Protest, der genau an jenem Punkt ansetzt, wo der Staat am besten aufgestellt und auch rechtlich legitimiert ist, ist auch taktisch nicht sehr klug.

Und drittens will man ja etwas erreichen. Das Ziel von Protest ist ja schließlich, ein Unrecht aufzuzeigen und eine Veränderung zum Positiven durchzusetzen. Das funktioniert am besten mit gewaltfreiem Protest, wie auch eine Untersuchung der amerikanischen Wissenschaftlerinnen Erica Chenoweth und Maria J. Stephan mit dem Titel »Why Civil Resistance Works« (Warum ziviler Widerstand funktioniert) aus dem Jahr 2011 belegt.[26] Sie untersuchten insgesamt 323 gewalttätige und gewaltlose Widerstandskampagnen in verschiedenen Ländern zwischen 1900 und 2006. Das Ergebnis: Gewaltfreier Widerstand in Form von Boykott, Streiks, Protesten, Sit-ins und ähnlichen Protestformen war viel erfolgreicher als jegliche Form des Widerstands, wo Gewalt inklusive Terrorismus angewandt wurde. Die untersuchten gewaltfreien Kampagnen erreichten in 53 Prozent der Fälle ihr Ziel, während in jenen Fällen, in denen Gewalt angewandt wurde, nur in 26 Prozent der untersuchten Fälle ein Erfolg verbucht wurde.

Die Studienautorinnen nennen dafür zwei Gründe: Erstens ist es bei gewaltfreiem Widerstand leichter, Mitstreiter zu gewinnen, als bei gewalttätigen Aktionen. Dadurch gelingt es gewaltfreien Kampagnen leichter, zu wachsen und Sympathien in der Bevölkerung zu gewinnen und dadurch langfristig die Macht derer zu untergraben, gegen die sich der Protest richtet. Zweitens kann der Staat Gewaltanwendung gegen jene, die in ihrem Protest selbst Gewalt anwenden, leichter rechtfertigen, und er wird dafür in der Bevölkerung auch Zustimmung finden, dass er sich gegen Terroristen und Gewalttäter zur Wehr setzen muss. Staatliche Gewaltanwendung gegen Protestierende, die mit friedlichen Mitteln auf ihr Anliegen aufmerksam machen, ist viel schwerer zu argumentieren und führt in der

Bevölkerung oftmals zu einem Solidarisierungseffekt mit der Protestbewegung. Auch fällt es staatlichen Autoritäten viel schwerer, Verhandlungen mit friedlich Protestierenden zu verweigern, während es in der Öffentlichkeit durchaus auf Verständnis stößt, wenn man mit Gewalttätern und Terroristen nicht verhandelt.

Wer also nicht nur um des Protestierens willen protestiert, sondern mit seinem Protest auch eine positive Veränderung erreichen möchte, sollte nicht nur aus moralischen, sondern auch aus strategischen Gründen auf gewaltfreien Widerstand setzen.

Beispiele für kreativen Widerstand

Protestieren ist gut. Aber noch viel besser ist es, den Protest mit Humor und Köpfchen kreativ zu gestalten. Das macht nicht nur Spaß, es sorgt auch für viel mehr Aufmerksamkeit und erhöht dadurch die Chance, dass Zeitungen über den eigenen Protest berichten und dieser fleißig in sozialen Medien geteilt wird. So erfahren auch viele, viele andere davon. Hier ein paar Anregungen, mit welchen kreativen Ideen andere Leute schon für Aufsehen gesorgt haben.

Der Marsch der rosa Mützen

Dass in den USA, aber auch in Europa im März 2017 hunderttausende Frauen mit knallpinken Mützen auf die Straße gingen, lag vor allem an Krista Suh und Jayna Zweiman. Die beiden Amerikanerinnen stellten die Anleitung zum Stricken eines sogenannten Pussyhats online und lösten damit eine breite Protestbewegung aus. Im US-Wahlkampf waren Tonbandaufnahmen an die Öffentlichkeit geraten, in denen der damalige republikanische Präsidentschaftskandidat und dann US-Präsidenten Donald Trump erklärte, er würde einer Frau einfach in den Schritt greifen. »Grab her by the pussy« (Schnapp sie dir an der Muschi), sagte Trump wörtlich. Als Reaktion darauf marschierten hunderttausende Frauen beim »Women's March« in den USA mit diesen rosaroten Mützen auf, die als Symbol für die Vagina getragen wurden und gegen den Sexismus des US-Präsidenten. Sie hätten mit dem Stricken bewusst eine sehr feminine und leicht nachmachbare Form der Handarbeit ausgewählt, erklärten die Aktivistinnen. Stricken sei eine großartige Möglichkeit, sich auszudrücken.[27]

Mit Stricknadeln ein politisches Statement zu setzen ist keine neue Erfindung. »Craftivism« nennt sich diese Bewegung, eine Wortneuschöpfung aus den Begriffen *craft* (Handarbeit) und *activism* (politischer Aktivismus). Bei dieser Protestform wird Handarbeit eingesetzt, um ein politisches Statement zu setzen.[28] Die Themenpalette ist breit, von Feminismus wie bei den Pussyhats bis zu Guerilla Knitting, dem widerständigen Stricken, um im öffentlichen Raum zu irritieren und diesen zu verändern. Craftivism wird aber auch im Bereich des Friedensaktivismus eingesetzt. Weil die dänische Regierung 2011 entschied, sich an der Seite der USA am Irakkrieg zu beteiligen, fertigte die dänische Künstlerin Marianne Jorgensen mithilfe zahlreicher Strick-Aktivisten einen riesigen rosa Quilt an, mit dem sie einen Panzer aus dem Zweiten Weltkrieg einpackte. Das Bild des rosa umhüllten Kriegsgeräts wurde in Internetforen und von zahlreichen Zeitungen übernommen und so konnte die Botschaft in die Welt transportiert werden.[29]

Nazis das Bier wegsaufen
Im Juni 2019 trafen sich hunderte Neonazis zu einem Festival im sächsischen Ostritz. Die Bewohner der Kleinstadt an der Neiße sorgten aus Protest gegen das Neonazi-Treffen dafür, dass die Teilnehmer auf dem Trockenen feiern mussten: Sie kauften sämtliche Alkoholvorräte in der Umgebung auf und verhinderten dadurch, dass die Neonazis feuchtfröhlich feiern konnten. Zuvor hatte schon das Verwaltungsgericht Dresden ein Alkoholverbot auf dem gesamten Festivalgelände verhängt, weil die Richter die Gefahr sahen, dass es aufgrund von Alkoholeinfluss zu Ausschreitungen kommen könnte. Damit die Neonazis sich nicht heimlich mit Alk eindecken können, kauften Bürger aus Ostritz dann noch schnell sämtlichen Alkohol in den Läden auf. Und während die Neonazis von einem kühlen Bier nur träumen konnten, feierten die widerständigen Bürger von Ostritz ein fröhliches Friedensfest auf dem Hauptplatz ihrer Stadt.[30]

Spazieren als Protest
Die indische Hauptstadt Mumbai zählt zwar zu den liberalsten Städten des Landes. Der öffentliche Raum ist aber trotzdem für die

Männer reserviert. Diese stehen auf den Straßen, trinken Tee und diskutieren, während Frauen nur schnell von der Arbeit nach Hause und zum Einkaufen eilen und dabei auch noch mit Belästigungen rechnen müssen. Um auch Frauen einen Platz im öffentlichen Raum zu erobern, startete die Inderin Neha Singh eine Spaziergängerinnen-Bewegung. Alle vier Wochen treffen sich die Frauen zu ihren politischen Spaziergängen, um gemeinsam die Stadt – auch in der Nacht – zu erobern und Frauen im öffentlichen Raum sichtbar zu machen. Die Frauen marschieren gemeinsam durch Stadtviertel oder entspannen in einem der Parks der Stadt. Frauen, die ganz selbstverständlich in den Parkanlagen abhängen oder auf der Straße plaudern – für viele Inder ist das noch immer ein irritierendes Bild.

Mittlerweile sind allein in Mumbai tausende Frauen Mitglied dieser Spaziergängerinnen-Bewegung und auch in weiteren indischen Städten wie Delhi oder Lahore sind ähnliche Gruppen entstanden.[31] Die Bewegung strahlt auch in umliegende Länder aus. In der Stadt Karachi im konservativen Pakistan begannen junge Frauen im Dezember 2018, sich regelmäßig zum öffentlichen Fahrradfahren zu treffen.[32]

Aktionäre als Aktivisten
Ein Konzern, der als Aktiengesellschaft organisiert ist, muss einmal pro Jahr eine Hauptversammlung abhalten. Bei dieser Versammlung haben alle Aktionäre ein Rede-, Frage- und Stimmrecht. Das nutzt die Initiative »Kritische Aktionäre«, die von Aktionären ihr Rederecht übertragen bekommt und so die Konzerne mit deren eigenen Mitteln herausfordert.[33] Die kritischen Aktionäre halten auf den Hauptversammlungen großer Konzerne Reden und versuchen damit dazu beizutragen, dass sich die Firmenpolitik zum Positiven ändert. Als der deutsche Energieriese RWE 2019 seine Hauptversammlung abhielt, übertrugen die kritischen Aktionäre ihr Rederecht auf die deutsche »Fridays for Future«-Klimaaktivistin Luisa-Marie Neubauer, die den Aktionären ins Gewissen redete, dass RWE, statt von der Klimakatastrophe zu profitieren, schnell aus der Stromgewinnung aus Kohle aussteigen sollte. »Sie hier im Saal machen die Klimakatastrophe möglich«, erklärte die Aktivistin den RWE-Aktionären.[34]

Küssen als Widerstand
Zwei verliebte Frauen trafen sich in einem Wiener Traditionscafé und begrüßten einander mit einem Kuss, wie es Verliebte eben tun. Das gefiel den Kellnern gar nicht und sie erklärten den verwunderten Frauen, so etwas sei hier nicht erlaubt, und weigerten sich eine Stunde lang, die Bestellung der beiden Gäste aufzunehmen. Die herbeigerufene Lokalchefin erklärte den Verliebten, solche »Andersartigkeiten« würden in ein Bordell gehören und nicht in ihr Traditionscafé, und sie erteilte den beiden einen Lokalverweis.[35]
Die beiden Frauen ließen sich diese Diskriminierung nicht gefallen. Sie machten auf Facebook öffentlich, wie sie in diesem Café behandelt wurden. Kurz darauf trafen sich 2.000 Menschen, Homo- wie auch Heterosexuelle, zu einem solidarischen »Kiss-in« für die beiden Frauen und gegen Homophobie vor dem Kaffeehaus. In- und ausländische Medien berichteten über die Protestaktion. Das Traditionscafé hatte die schlechte Nachrede und die Chefin musste sich entschuldigen. Und die beiden von dieser Diskriminierung betroffenen Frauen hatten so das Gefühl, nicht allein zu sein.[36]

Clowns gegen Rassisten
Als sich 2012 etwa 50 Rassisten des Ku-Klux-Klans im amerikanischen Charlotte in North Carolina trafen, beschlossen ihre Gegner, diese Hasser nicht mit Hass zu besiegen. Stattdessen setzten die Protestierenden auf Humor, verkleideten sich als Clowns, zogen mit Tröten und Trommeln durch die Straßen und sorgten für einen lauten, bunten Protest. Auf einen Rassisten kamen fünf verrückt gekleidete Clowns. »Wir sind als Clowns angezogen, aber ihr seid die, die komisch aussehen«, lautete die Botschaft des Protests, dessen fröhlich-bunte Bilder von zahlreichen Fernsehsendern in den USA ausgestrahlt wurden.

Protest mit falschen Bärten
Ein Fußballmatch live im Stadion sehen können? Das ist Frauen im Iran untersagt. Seit der islamischen Revolution im Iran im Jahr 1979 sind Frauen im Iran nicht nur gezwungen, sich zu verschleiern, sie dürfen auch nicht zu einem Männerfußballmatch ins Stadion. Fünf Iranerinnen wollten sich das nicht gefallen lassen. Sie klebten

sich Bärte an, setzten sich Perücken auf und schmuggelten sich so als Männer getarnt zu einem Fußballmatch. Von dort stellten sie ein Foto von sich auf Twitter und konnten damit erreichen, dass in zahlreichen Ländern über die Ungerechtigkeit berichtet wurde, dass Frauen im Iran der Zutritt zu Matches verboten ist, in denen Männer auf dem Fußballrasen sind.[37]

Selbstanzeige gegen Hetzer
Als die AfD in Deutschland Schüler und Eltern aufrief, Lehrer zu melden, die ihren Unterricht angeblich nicht politisch neutral gestalten würden, etwa indem sie mit ihren Schülern kritisch über rechtsextreme Parteien sprechen, und die Partei dafür eigens das Onlineportal »Neutrale Schule« einrichtete, hatte die AfD wohl nicht mit dem kreativen Widerstand der Lehrer gerechnet. Allein aus Berlin zeigten sich etwa 2.000 Lehrer selbst bei der AfD an und »gestanden«, dass sie auch weiterhin mit ihren Schülern darüber sprechen möchten, »wenn sich eine Partei sexistisch, diskriminierend und menschenverachtend äußert«. Weiter heißt es mit Verweis auf die Anfänge der NS-Zeit: »Aus der Geschichte wissen wir, dass das, was mit Denunziation und Einschüchterung beginnt, mit der Inhaftierung von Andersdenkenden in Lagern endet.«[38] In Baden-Württemberg richtete die Piratenpartei als Protest gegen diese Denunziationskampagne der AfD die Seite »mein-abgeordneter-hetzt.de« ein, wo man mittels Zufallsgenerator ein fragwürdiges Zitat eines AfD-Politikers aussuchen und an das AfD-Meldeportal schicken konnte. Zur Auswahl standen Zitate wie »Multikulti hat die Aufgabe, die Völker zu homogenisieren und damit religiös und kulturell auszulöschen« (AfD-Politikerin Beatrix von Storch) oder auch »Wir riefen Gastarbeiter, bekamen aber Gesindel« (AfD-Politiker Nicolaus Fest).[39] Die Protestaktionen waren derart erfolgreich, dass der AfD nichts anderes übrigblieb, als ihre Meldeplattform wieder vom Netz zu nehmen.

Dirndlschürzen-Attacke
Das Dirndl, die typische österreichische Tracht mit Kleid und Schürze, ist ein praktisches Kleidungsstück. Das bekam auch der damalige österreichische Bundeskanzler Sebastian Kurz von der konservativen Partei ÖVP im Juli 2018 zu spüren. Der Politiker hatte

etwa 1.500 Fans zu einer Wanderung eingeladen. Unter die Sympathisanten hatten sich aber auch einige Aktivistinnen gemischt. Denn kurz zuvor hatte die Regierung von Kurz gegen den Willen von Gewerkschaften und Teilen der Opposition die Möglichkeit zum Zwölf-Stunden-Arbeitstag eingeführt. Die Frauen, denen das nicht passte, waren in zünftige Dirndl gekleidet. Kaum waren die Fernsehkameras angeschaltet, lüpften sie ihre Dirndlschürzen und hatten darunter Protestbotschaften gegen den Zwölf-Stunden-Tag versteckt. Sie hielten ihre Polit-Schürzen hoch und protestierten lautstark gegen die Politik des damaligen Kanzlers. So wurde aus einem Fan-Ausflug auf den Berg ein überraschender Polit-Protest.[40]

Solidarisch Hand in Hand
Nachdem in den Niederlanden ein schwules Paar auf dem Weg von einer Party nach Hause von Jugendlichen brutal zusammengeschlagen worden war, zeigte sich das ganze Land solidarisch: Einen Tag lang marschierten Männer, egal ob hetero- oder homosexuell, händchenhaltend durch die Straßen. Die Idee zu dieser Aktion hatte die niederländische Sportjournalistin Barbara Barend, die den Hashtag #allemannenhandinhand prägte. An der Aktion beteiligten sich auch hochrangige Politiker, die Hand in Hand vor die Journalisten traten, zahlreiche Künstler, Sportler, aber auch niederländische Polizisten, die Hand-in-Hand-Bilder in sozialen Medien posteten. Sogar die männlichen Mitglieder der niederländischen Delegation bei den Vereinten Nationen schickten ein Foto, wie sie Hand in Hand durch die Straßen New Yorks spazieren.[41]

Menschen, die sich wehrten:

Mahatma Gandhi (1869–1948)

Als er jung war, war Mahatma Gandhi noch gar kein Mahatma, sondern ein ziemlich schüchterner Kerl. »Mahatma« bedeutet nämlich »große Seele« und diesen Ehrentitel verdiente sich der große, friedliche Freiheitskämpfer erst viel später.

Geboren wurde er 1869 als Mohandas Karamchand Gandhi in Indien. Der Vater war Richter, Gandhi ein ausgezeichneter Schüler, der nach dem Abitur in London Rechtswissenschaften studierte. Indien war damals noch eine Kolonie, die vom Mutterland Großbritannien ausgebeutet wurde. Gandhi war das in seinen jungen Jahren aber recht egal.

Sein Kampf für Unabhängigkeit und gegen Diskriminierung begann erst, als er nach seiner Zulassung als Rechtsanwalt 1891 und zwei Jahren Arbeit in Indien 1883 nach Südafrika ging, um dort als Anwalt für eine Wirtschaftsgesellschaft tätig zu sein. Dort spürte er am eigenen Leib, was es bedeutet, aufgrund seiner Hautfarbe schlechter behandelt zu werden. In Südafrika wurden Menschen mit dunkler Hautfarbe diskriminiert. Gandhi wurde etwa beim Frisör aufgrund seiner Hautfarbe nicht bedient und durfte ohne Erlaubnis seines weißen Arbeitgebers nach 21 Uhr seine Unterkunft nicht mehr verlassen. Er begann sich für die Rechte der damals etwa 60.000 Inderinnen und Inder in Südafrika zu engagieren. Hier führte er auch seine ersten gewaltfreien Protestaktionen durch. 21 Jahre blieb Gandhi in Südafrika, erst 1914 kehrte er nach Indien zurück.

Auch in Indien engagierte sich Gandhi politisch und setzte seinen gewaltfreien Widerstand fort. Er und seine Anhänger kämpften mit Sitz- und Hungerstreiks oder Fußmärschen quer durch das Land für die Unabhängigkeit Indiens von den Briten. »Satyagraha« nannte er seine Form des Protests, was so viel wie »aktives, gewaltfreies Streben nach der Wahrheit« bedeutet. Es ging ihm darum, den anderen mit Argumenten und mit friedlichen Maßnahmen zu überzeugen, nicht mit Gewalt zu besiegen.

Seinen ersten Erfolg hatte er damit bereits ins Südafrika. Als die Briten dort 1906 ein neues Meldegesetz erließen, nach dem die indische Minderheit auf dem Meldezettel auch ihre Fingerabdrücke abgeben musste, rief Gandhi seine Landsleute auf, dies zu verweigern. Zahlreiche Inder wurden daraufhin eingesperrt, aber am Ende gaben die britischen Kolonialherren nach und das Gesetz wurde 1914 wieder aufgehoben.

Weltweit berühmt wurde er aber nicht zuletzt im Jahr 1930 mit seinem »Salzmarsch« durch Indien. Damals existierte in Indien ein Salzmonopol der Briten. Nur die Kolonialherren durften Salz gewinnen, vertreiben und verkaufen. Die Inderinnen und Inder mussten ihr eigenes Salz teuer von den Briten erwerben. Aus Protest dagegen marschierte Gandhi am 12. März 1930 mit 78 Anhängerinnen und Anhängern von seinem Heimatort mehr als 380 Kilometer bis ans Arabische Meer. Mehr als drei Wochen war der Protestmarsch unterwegs. Am Meer angekommen, nahm er als Symbol eine Handvoll Meersalz von der Küste und forderte seine Landsleute auf, kein britisches Salz mehr zu kaufen. Viele tausende Inderinnen und Inder folgten seinem Aufruf und wurden wegen verbotener Salzherstellung und Verkauf von den Briten ins Gefängnis gesteckt.

Gandhis Hartnäckigkeit und sein ziviler Ungehorsam und friedlicher Protest führten Indien schließlich in die Unabhängigkeit. Am 15. August 1947 wurde Indien ein von Großbritannien unabhängiger Staat. Gandhi selbst musste für sein Engagement für Freiheit und gegen Diskriminierung aber einen hohen Preis zahlen. Er wurde schon ein halbes Jahr später, am 20. Jänner 1948, von einem Hindu-Fundamentalisten erschossen.

Weiterlesen:
Christian Sepp: Mahatma Gandhi. Revolution ohne Gewalt. Bayern 2, https://cutt.ly/ohU2if

2. Bewegte Geschichte: Wer früher schon protestiert hat

Mitunter überkommt einen das Gefühl, mit seinem Protest allein auf weiter Flur zu sein. In solchen Situationen lohnt sich ein Blick zurück. Es gab nämlich in der Vergangenheit schon viele, viele Vorkämpferinnen und Vorkämpfer, die sich für eine bessere Welt einsetzten – und dafür manchmal sogar mit ihrem Leben bezahlen mussten. Schon ein kurzer Überblick über die Geschichte verschiedener Protestbewegungen der vergangenen Jahrzehnte und Jahrhunderte zeigt, wie vielfältig und erfolgreich Protest sein kann. Eines haben alle Protestbewegungen gemeinsam: Erfolgreich sind sie nur, wenn sich viele Einzelne für ein gemeinsames Ziel zusammenfinden. Manche Bewegungen benötigten dafür einen wirklich langen Atem. Aber letztendlich finden sich für den Kampf gegen Ungerechtigkeiten und für eine bessere Welt immer Mitstreiter – und irgendwann sogar ganz viele.

Die Frauenbewegung

»Man wird nicht als Frau geboren. Man wird dazu gemacht.« Mit diesen Worten eröffnete die französische Philosophin, Schriftstellerin und Feministin Simone de Beauvoir (1908–1986) im Jahr 1949 ihr Buch »Das andere Geschlecht«, das zu einer der wichtigsten Schriften des Feminismus im 20. Jahrhundert werden sollte. Die Frauenrechtsbewegung wird auch feministische Bewegung genannt und hat das Ziel der rechtlichen, politischen, wirtschaftlichen und sozialen Gleichstellung von Frauen auf der ganzen Welt.

Frauen, die sich der ihnen von den Männern zugeschriebenen Rolle widersetzen, gab es in allen historischen Epochen. Eine moderne Frauenrechtsbewegung setzte aber erst mit Ende des 19. und Beginn des 20. Jahrhunderts ein. Zu den berühmten Vorläuferinnen und Pionierinnen der Frauenbewegung, auch Frauenrechtsbewegung genannt, zählen unter anderem:

Die Schriftstellerin Olympe de Gouges (1748–1793). Sie ist in Südfrankreich geboren und setzte sich schon sehr früh für die Gleichstellung der Frauen ein. Als im Zuge der Französischen Revolution die französische Nationalversammlung die »Erklärung der Menschen- und Bürgerrechte« verabschiedete, die allerdings nur für Männer galt, reagierte De Gouges auf diese Ungerechtigkeit, indem sie 1791 als Protestschrift eine »Erklärung der Rechte der Frau und Bürgerin« veröffentlichte. Artikel 1 ihrer Erklärung lautete: »Die Frau wird frei geboren und bleibt dem Mann an Rechten gleich.«[42] De Gouges sprach sich auch für ein damals revolutionäres Eherecht aus, bei dem Mann und Frau einen Gesellschaftsvertrag abschließen, der auch wieder gelöst werden kann, und sie plädierte dafür, dass beide Ehepartner Anspruch auf die Hälfte des Vermögens haben. »Wir verpflichten uns gleichermaßen, im Fall der Trennung die Teilung unseres Vermögens vorzunehmen und davon den gesetzlich ausgewiesenen Anteil unserer Kinder abzuziehen«, ist darin zu lesen.[43]

Ein Jahr später, im Jahr 1792, verfasste die britische Frauenrechtlerin Mary Wollstonecraft (1759–1797) ihr Werk »Zur Verteidigung der Frauenrechte«. Wollstonecraft setzte sich besonders für das Recht auf Bildung von Frauen und Mädchen ein. »Das Kind, besonders das Mädchen, wird keinen Moment seiner eigenen Führung überlassen, und wird so abhängig – diese Abhängigkeit nennt man dann natürlich«, schreibt sie in einem ihrer Werke.[44] Sie protestierte auch öffentlich gegen die Rolle, die Philosophen wie Jean-Jacques Rousseau, ein wichtiger Wegbegleiter der Französischen Revolution, den Frauen zuschrieb, nämlich dass es Aufgabe der Frau sei, dem Mann zu gefallen und ihm Kinder zu schenken. »Von Kindesbeinen an gelehrt, dass die Schönheit das Zepter einer Frau ist, formt sich der Geist dem Körper entsprechend, bewegt sich in seinem goldenen Käfig und will nur sein Gefängnis schmücken.«[45]

Die moderne Frauenbewegung lässt sich in drei verschiedene Wellen einteilen. Die erste Welle setzt Mitte des 19. Jahrhunderts ein. Damals ging es den Frauen vor allem um das Erkämpfen bürgerlicher Rechte wie das Wahlrecht und um den Zugang zu Bildung und Arbeit. Frauen waren ihren Männern rechtlich und auch wirtschaftlich völlig untergeordnet und durften weder wählen, noch sonst wie an der Gesellschaftspolitik teilhaben. Ihr Platz war im Haus als Hausfrau und Hüterin der Kinderschar. Die ersten Frauenrechtlerinnen kämpften auch für das Recht auf Bildung für Mädchen und dafür, einen Beruf ausüben zu dürfen. In dieser ersten Phase bildeten sich innerhalb der Bewegung zwei unterschiedliche Strömungen: die bürgerliche und die proletarische Frauenbewegung. Weil bürgerliche Hausfrauen vor anderen Herausforderungen standen als in Fabriken geknechtete Arbeiterinnen, verfolgten die beiden Strömungen auch unterschiedliche Ziele. Für die bürgerlichen Frauen waren Forderungen wie ein fortschrittliches Scheidungsrecht mit Gütertrennung, dass sie selbst über ihr Vermögen verfügen können sowie die Öffnung der Universitäten auch für Frauen zentral. Die Arbeiterinnen setzten sich hingegen vor allem für ein Wahlrecht für Frauen und für gleichen Lohn für gleiche Arbeit ein.

Zu einer der wichtigsten Vertreterinnen der bürgerlichen Frauenbewegung in Deutschland zählte Luise Otto-Peters (1819–1895), die 1865 die erste deutsche Frauenkonferenz in Leipzig mitorganisierte, die als Geburtsstunde der deutschen Frauenbewegung gilt. Eine zentrale Vertreterin der proletarischen Frauenbewegung ist die Sozialistin Clara Zetkin (1857–1933). Ihr ist es unter anderem zu verdanken, dass am 8. März 1911 erstmals der Internationale Frauentag begangen wurde. Die Forderungen an diesem Frauenkampftag lauteten Gleichberechtigung, Wahlrecht für Frauen und die Emanzipation der Arbeiterinnen. Zetkin fasste in einer ihrer Schriften wie folgt zusammen, was die bürgerliche von der proletarischen Frauenbewegung unterscheidet:»Ihre soziale Befreiung erringt sie, die Proletarierin, nicht wie die bürgerliche Frau und zusammen mit ihr im Kampf gegen den Mann ihrer Klasse, sie erobert sie vielmehr zusammen mit dem Mann ihrer Klasse im Kampf gegen die so genannte bürgerliche Gesellschaft, das Gros der Damen der Bourgeoisie davon nicht ausgenommen.«[46] Mit ihrem Engagement konnten die Frauen, bürgerliche wie proletarische, aber erreichen, dass Frauen in Deutschland und Österreich 1918 das Wahlrecht erhielten. Viel länger mussten die Schweizer Frauen für ihr Wahlrecht kämpfen. Sie wurden erst im Jahr 1971 wahlberechtigt.

Zu dieser Zeit war in Deutschland und Österreich längst die zweite Welle der Frauenbewegung angebrochen. Denn es dauerte vom Beginn des 20. Jahrhunderts bis hinein in die 1960er Jahre, dass sich die Frauen wieder lautstark zu Wort meldeten. Die Nazidiktatur und der Zweite Weltkrieg hatten zuvor zahlreiche Emanzipationsbestrebungen der Frauen zunichtegemacht. Die Nationalsozialisten drängten die Frauen in die Rolle der Hüterin des Hauses und der Produzentin möglichst vieler deutscher, arischer Kinder.

Die zweite Frauenbewegung begann erst lang nach dem Ende des Zweiten Weltkriegs mit einem berühmten Tomatenwurf. Zumindest wird der Beginn heute damit datiert. Am 13. September 1968 fand der Delegiertenkongress des Sozialistischen Deutschen Studentenbunds (SDS) in Frankfurt am Main statt. Dort durfte nur eine einzige Frau, Heike Sander, eine Rede halten. Sie sprach über das Thema Gleichberechtigung der Geschlechter und kritisierte in ihrer Rede auch die linken Männer stark, was diese arrogant ignorierten. Daraufhin schoss die Feministin Sigrid Damm-Rüger aus Protest gegen dieses sexistische Gehabe drei Tomaten in Richtung des Podiums mit dem Vorstand des SDS. Die Bilder des feministischen Tomatenwurfs wurden von den Medien verbreitet. In immer mehr Städten bildeten sich Frauengruppen, die sich zum Teil auch »Weiberräte« nannten.

Aus dieser Zeit stammt auch die Parole »Das Private ist politisch«, mit der eine Trennung in politische Sphäre und Privatsphäre abgelehnt wurde. Auch angeblich »Privates« wie Kinderbetreuung,

Haushalt, der private Umgang von Männern mit Frauen ist keine »Privatsache«, sondern Ausdruck der politischen Machtverhältnisse. In der Folge wurde auch Gewalt gegen Frauen im Privatbereich, in der Beziehung, erstmals öffentlich thematisiert.

Eine zentrale Forderung der zweiten Welle der Frauenrechtsbewegung, die auch als autonome Frauenbewegung bezeichnet wird, war die Forderung nach der Selbstbestimmung über den eigenen Körper. »Mein Bauch gehört mir!«, lautete der Kampfslogan. Zu dieser Zeit waren Abtreibungen zumindest in den Ländern des Westens gesetzlich verboten. Auch Ärzte, die Schwangerschaftsabbrüche durchführten, mussten mit Gefängnisstrafen rechnen. Frauen, die ungewollt schwanger waren, blieb nur übrig, entweder in die sozialistischen Länder wie Ungarn oder das damalige Jugoslawien zu reisen, wo Schwangerschaftsabbrüche legal durchgeführt werden durften; oder aber in ihrem Land unter hohen Gesundheitsgefahren einen Abbruch illegal bei einem Arzt oder einem sogenannten »Engelmacher« in irgendwelchen Hinterzimmern für viel Geld durchführen zu lassen (die Bezeichnung »Engelmacher« spielt darauf an, dass zahlreiche Frauen bei solchen Abbrüchen zum Beispiel wegen Blutvergiftungen ihr Leben verloren).

Besonders viel Aufsehen erregte 1971 das sogenannte »Manifest der 343«, das am 5. April 1971 in der französischen Zeitschrift *Le Nouvel Observateur* veröffentlicht wurde. Darin erklärten 343 berühmte Frauen, darunter Simone de Beauvoir und die international berühmte Schauspielerin Catherine Deneuve, öffentlich, einen Schwangerschaftsabbruch durchgeführt zu haben, und forderten Straffreiheit für derartige Abbrüche.

Der Protest der Frauen griff rasch nach Deutschland über, wo die Journalistin und Feministin Alice Schwarzer die Idee des *Nouvel Observateur* aufgriff. Schwarzer organisierte gemeinsam mit Frauengruppen die Aktion »Wir haben abgetrieben!«. Am 6. Juni 1971 zeigte das deutsche Nachrichtenmagazin *Stern* auf seinem Titelblatt 374 prominente und nichtprominente Frauen, die sich öffentlich dazu bekannten, einen Schwangerschaftsabbruch durchgeführt zu haben – was einen Skandal auslöste. Zu den prominenten Frauen, die sich öffentlich outeten, zählten unter anderem die Schauspielerinnen Romy Schneider und Senta Berger.

Bis Frauen straffrei abtreiben durften, dauerte es noch einige Zeit. 1972 wurde in der damaligen DDR ein Gesetz verabschiedet, das Schwangerschaftsabbrüche innerhalb der ersten drei Monate nach der Empfängnis straffrei stellte. Im April 1974 folgte auch die BRD, wo mit den Stimmen von SPD und FDP (die Grünen gab es damals noch nicht, die CDU/CSU war dagegen) die sogenannte Fristenlösung im Deutschen Bundestag beschlossen wurde. In Österreich kämpfte ein »Aktionskomitee zur Abschaffung des Paragraphen 144« für die Entkriminalisierung des Schwangerschaftsabbruchs. Dieser Paragraph verbot Abtreibung in Österreich vollkommen und sah einen Strafrahmen von bis zu fünf Jahren Kerker vor. Aus diesem Aktionskomitee entstand 1972 die »Aktion Unabhängiger Frauen« (AUF). In Österreich wurde der straffreie Schwangerschaftsabbruch im November 1973 im Parlament mit den Stimmen der SPÖ (die Grünen gab es damals noch nicht, ÖVP und FPÖ waren dagegen) möglich gemacht.

Die zweite Frauenbewegung thematisierte erstmals auch Männergewalt gegen Frauen und gründete die ersten Frauenhäuser als Zufluchtsstätten. 1976 wurde in Westberlin das erste Frauenhaus in der Bundesrepublik Deutschland gegründet, 1978 in Wien das erste Frauenhaus in Österreich. Es entstanden Frauenzentren, Frauenzeitschriften (eine der bekanntesten, die Zeitschrift *Emma*, erschien erstmals im Jahr 1977), Frauenbuchhandlungen, Frauencafés und auch Notrufe für von sexueller Gewalt betroffene Frauen.

Auf gesetzlicher Ebene konnten die Frauen ebenfalls einiges erreichen. So galten etwa Vergewaltigung und sexuelle Nötigung im deutschen Gesetzbuch bis zum Jahr 1973 lediglich als Vergehen wider die Sittlichkeit; dies wurde per Gesetzesänderung 1973 als Straftat gegen die sexuelle Selbstbestimmung definiert.[47]

In den 1990er Jahren setzte schließlich die dritte Welle der Frauenbewegung ein, die auch als »Third Wave Feminism« bezeichnet wird. Die feministische Bewegung wurde vielfältiger, eine neue Generation junger Frauen stellte sich an die Spitze der Frauenrechtsbewegung. Dank der Erfolge ihrer Vorgängerinnen waren diese neuen Kämpferinnen schon viel selbstbewusster aufgewachsen – sie mussten schließlich nicht mehr ihre Väter oder Ehemänner um Erlaubnis fragen, wenn sie eine Ausbildung machen oder arbeiten gehen wollten – und dadurch formulierten sie auch ihre Forderungen mit neuem Selbstbewusstsein. Neu war an der dritten Welle auch die offene Kritik an der Dominanz von weißen Mittelschichtfrauen innerhalb der Frauenbewegung, die vor allem von afroamerikanischen Feministinnen geäußert wurde.

Viele ihrer Vertreterinnen haben auch ein weniger ablehnendes Verhältnis zu Pornografie, die von Vertreterinnen der zweiten Frauenbewegung wie Alice Schwarzer als frauenfeindlich abgelehnt wird. Stattdessen entstand FemPorn, feministische Pornografie, bei der Frauen Regie führen und wo sich die Akteure auf Augenhöhe begegnen.

An den Universitäten hat sich die Frauen- und Geschlechterforschung zu einer eigenen wissenschaftlichen Disziplin, den »Gender Studies«, entwickelt. Die dritte Frauenbewegung unterscheidet zwischen »sex«, das das biologische Geschlecht bezeichnet, und »gender«, das sich auf das sozial konstruierte Geschlecht bezieht. Gender Studies beschäftigen sich mit der sozialen Konstruktion von Geschlecht, der Durchlässigkeit der Geschlechtskonstruktionen sowie mit den Machtverhältnissen zwischen den Geschlechtern.

Die Friedensbewegung

»Wie müßte die Welt erst aufatmen – dachte ich damals zum erstenmal – wenn es allenthalben hieße: die Waffen nieder – auf immer nieder!«, ist im berühmten Anti-Kriegs-Buch »Die Waffen nieder« der weltbekannten Pazifistin Bertha von Suttner (1843–1914) zu lesen, die diesen Appell im Jahr 1889 veröffentlichte. Von Suttner war im Jahr 1892 Begründerin der »Deutschen Friedensgesellschaft«, die allerdings wenig politischen Einfluss hatte. Während der Monarchie galten Pazifisten als undeutsch und pazifistische Schriften wurden zur Zeit des Ersten Weltkriegs verboten. Ein berühmter Pazifist dieser Zeit war der Schriftsteller Kurt Tucholsky (1890–1935). Er hatte das Grauen des Krieges als Soldat im Ersten Weltkrieg am eigenen Leib erlebt und schrieb 1931 in der von ihm herausgegebenen Zeitschrift *Die Weltbühne* den Satz »Soldaten sind Mörder«.

Als die Nationalsozialisten 1933 in Deutschland an die Macht kamen, sollte Tucholsky einer der Ersten sein, die aus Nazideutschland ausgebürgert wurden. Denn die Nationalsozialisten verfolgten nicht nur Juden und Kommunisten, sondern auch Pazifisten. Am 9. März 1933 wurde etwa das Büro der Deutschen Friedensgesellschaft von den Nationalsozialisten brutal aufgelöst.[48] Der bekannte Journalist, Pazifist und Friedensnobelpreisträger Carl von Ossietzky (1889–1938) wurde 1933 von den Nazis in Konzentrationslager deportiert und verstarb während der Nazidiktatur.

Nach Ende des Zweiten Weltkriegs, in den 1950er Jahren, begann das Wettrüsten zwischen den damaligen Großmächten USA und Sowjetunion und deren Verbündeten. Als Reaktion darauf entwickelte sich in den 1960er Jahren auch eine neue Friedensbewegung, die gegen das atomare Wettrüsten der Weltmächte auf die Straße ging und ein atomwaffenfreies Europa forderte.

Die Friedenstaube, das Symbol der Friedensbewegung, stammt vom berühmten Maler Pablo Picasso (1881–1973). Er hatte bereits 1937 das berühmte Anti-Kriegsbild »Guernica« als Reaktion auf die Zerstörung der spanischen Stadt Guernica durch die deutsche Nazi-Legion »Condor« während des Spanischen Bürgerkriegs gemalt. Die Friedenstaube, eine weiße Taube auf blauem Untergrund, zeichnete Picasso für den Weltfriedenskongress 1949. Sie ist bis heute das Zeichen der Friedensbewegung.

Im Jahr 1960 fand in Deutschland der erste Stern-Ostermarsch statt, bei dem Demonstrationszüge aus verschiedenen deutschen Städten zum Raketenübungsplatz Bergen-Höhne zogen, um gegen die Stationierung von amerikanischen Atomwaffen zu protestieren. »Die Ostermarschierer gehen für den Frieden auf die Straße, für totalen Waffenverzicht und für gute Beziehungen zwischen den Ländern. Kriegsgegner aus den unterschiedlichsten sozialen Milieus und politischen Lagern ziehen zusammen los, diskutieren und singen Lieder: ›Marschieren wir gegen den Osten? Nein! Marschieren wir gegen den Westen? Nein! Wir marschieren für die Welt, die von Waffen nichts mehr hält!‹«, berichtete NDR Info 2017 über die Anfänge der Ostermärsche in Deutschland.[49] »Das Besondere: Die Protestbewegung spielt sich außerhalb etablierter Strukturen und Organisationen wie Parteien, Kirche oder Gewerkschaften ab.«[50] Damit gilt sie heute auch als eine der Wurzeln der sogenannten außerparlamentarischen Opposition.

In den USA entstand ebenfalls in den 1960er Jahren eine moderne Anti-Kriegs-Bewegung parallel zur Bürgerrechtsbewegung (siehe S. 43), war mit dieser aber nicht deckungsgleich. Zentraler Auslöser war der Vietnamkrieg, in dem die USA aufseiten des antikommunistischen Südvietnam in den Krieg zogen und ab 1965 amerikanische Bodentruppen in das asiatische Land schickten. Galten die im fernen Asien kämpfenden US-Soldaten in der amerikanischen Bevölkerung zu Beginn noch als Helden der Heimat, so drehte sich die Stimmung in Teilen der amerikanischen Bevölkerung, je mehr im Krieg getötete Soldaten in Särgen zurück in die USA gebracht wurden und je mehr Bilder der Grausamkeiten, die die US-Truppen in diesem Krieg begingen, um die Welt gingen. Dass die amerikanische Friedensbewegung und der Protest gegen den Vietnamkrieg derart stark anwuchsen, lag nicht zuletzt an der damals ganz neuen Entwicklung des Fernsehens zum Massenmedium. Erstmals flimmerten die Bilder des Schreckens des Krieges über die Fernsehbildschirme direkt in die Wohnzimmer der amerikanischen Zivilbevölkerung.

Ein Wendepunkt war das Massaker von My Lei im März 1968. Damals begingen die US-Soldaten ein Kriegsverbrechen in einem vietnamesischen Dorf, das von der US-Armee vertuscht werden sollte, das aber durch Recherchen des US-Journalisten Seymour Hersh nachgewiesen und an die Öffentlichkeit gebracht wurde. Die Soldaten vergewaltigten zahlreiche Frauen des Dorfes und ermordeten 504 Zivilisten. Ungefähr zu jener Zeit, im Juni 1969, erschien John Lennons Lied »Give Peace a Chance«, das seitdem regelmäßig auf Friedensdemonstrationen skandiert wird.

Zu einer Bildikone der Friedensaktivisten wurde schließlich die Fotografie des damals neunjährigen Mädchens Kim Phúc, das nach der Bombardierung ihres Dorfes am 8. Juni 1972 mit Napalmbomben, die massive Verbrennungen verursachen, nackt und mit schmerzverzerrtem Gesicht den amerikanischen Fotojournalisten entgegenlief. Das Foto wurde einen Tag später in der *New York Times* veröffentlicht und gilt bis heute als eines der einflussreichsten Pressefotos der Welt.

Speziell an den US-Universitäten entstand eine von jungen Menschen getragene Bewegung gegen den Krieg. »We won't go«, skandierten die jungen Erwachsenen, als Parole, dass sie nicht in den Krieg ziehen werden. Einer der Höhepunkte des Protests war eine Kundgebung vor dem Kapitol in Washington im Jahr 1971, wo 700 Vietnamveteranen ihre Kriegsmedaillen und Ordensbänder auf die Treppen warfen, um damit ihre Ablehnung der Kriegspolitik der USA auszudrücken.[51] Aufgrund des öffentlichen Drucks begann die US-Regierung 1969 mit dem Truppenabzug, der 1973 abgeschlossen wurde.

In Deutschland solidarisierten sich in den 1960er Jahren zahlreiche Studenten mit den Anti-Kriegs-Protesten an den amerikanischen Universitäten. Beim Ostermarsch 1968 gingen 300.000 Menschen in Deutschland gegen den Vietnamkrieg auf die Straße.[52]

In den 1970er und 1980er Jahren richtete sich der Protest vor allem gegen das atomare Wettrüsten zwischen Ost und West. Österreich, das als kleiner neutraler Staat zwischen dem kapitalistischen Westen und dem kommunistischen Osten lag, spielte damals nur eine Außenseiterrolle. Aber auch hier gab es Proteste. Am 5. Mai 1982 fand in Wien unter dem Motto »Den Atomkrieg verhindern! Abrüsten!« mit etwa 70.000 Teilnehmern die größte Demonstration in Österreich seit dem Ende des Zweiten Weltkriegs statt. Am 22. Oktober 1982 veranstalteten Aufrüstungsgegner ebenfalls in Wien einen großen Friedensmarsch und eine fünf Kilometer lange Menschenkette zwischen den Botschaften der USA und der damaligen Sowjetunion.

Die Stimmung, die zu jener Zeit in der Bevölkerung herrschte, brachte die Austropop-Band STS in ihrem Lied »Kalt und immer kälter« zum Ausdruck, das 1985 die österreichischen Charts stürmte: »Der Chef vom Kreml raucht a Camel und trinkt dazua a Coca-Cola. Der Cowboy in Amerika liebt Krimsekt und frisst Kaviar. Doch wir wissen, wann die zwei sich streiten, druckt einer auf den Knopf. Und die Bomb'n fallt mit Sicherheit uns ohne Warnung auf den Kopf.«[53]

In Deutschland, wo die US-Armee Militärstützpunkte unterhält, gingen am 23. Oktober 1983 sogar zwischen einer und 1,5 Millionen Kriegsgegner auf die Straße. Sie protestierten gegen die von der NATO geplante Stationierung von Mittelstreckenraketen des Typs »Pershing II« mit einer Reichweite von bis zu 1.800 Kilometern, die mit Nuklearsprengköpfen bestückt werden konnten.

1987 einigten sich die USA und die damalige Sowjetunion auf eine atomare Abrüstung und mit dem Zusammenbruch der kommunistischen Regime im Osten Europas im Jahr 1989 war der Kalte Krieg offiziell vorbei. Dadurch verlor die Friedensbewegung einen ihrer zentralen Inhalte und es wurde eine Zeit lang stiller um die Friedensbewegten. Der Ausbruch der Balkankriege Anfang der 1990er Jahre und der Krieg der USA gegen den Irak von 1990 bis 1991, an dem sich auch Deutschland beteiligte, führte zu einem kurzen Wiederaufblühen der Friedensbewegung. Wirklich laut wurde die Friedensbewegung aber wieder im Jahr 2003. Damals griff die selbsternannte »Koalition der Willigen«, der auch Italien und Spanien angehörten, angeleitet von den USA, den Irak an und stürzte den irakischen Diktator Saddam Hussein. Dieser Angriffskrieg führte zu massiven Protesten speziell unter der italienischen und spanischen Bevölkerung, aber auch in Deutschland und Österreich. Symbol der Proteste war eine auf dem Kopf stehende Regenbogenfahne mit dem Schriftzug »Pace«, dem italienischen Wort für Frieden. Dabei war die sogenannte Pace-Fahne keine neue Erfindung. Die »Bandiera della Pace« wurde bereits Anfang der 1960er Jahre vom italienischen Universitätsprofessor und Pazifisten Aldo Capitini aus England importiert und erstmals im September 1961 beim Friedensmarsch von Perugia nach Assisi getragen. So zeigt sich wieder, dass auch im Widerstand jede Generation von der vorherigen lernt.

Die Bürgerrechtsbewegung

Sie wird auf Englisch »Civil Right Movement« genannt und hat ihre Geburtsstunde im Jahr 1955 mit dem Busboykott von Montgomery. Ihre Wurzeln hat diese Bewegung, die für die rechtliche und soziale Gleichstellung von Menschen mit dunkler Hautfarbe kämpft, aber im Abolitionismus, in der Bewegung zur Abschaffung der Sklaverei. Diese Bewegung, die sich im 18. Jahrhundert zuerst in Großbritannien formierte und später auch in den USA, lehnte die Sklaverei aus religiösen Gründen ab. Denn wer ein guter Christ ist, darf einen anderen Menschen, der aus christlicher Sicht ebenfalls ein Ebenbild Gottes ist, nicht in Sklaverei halten.

Mit dem Ende des Amerikanischen Bürgerkriegs im Jahr 1865 wurde auch die Sklaverei abgeschafft. Das änderte allerdings nichts daran, dass Menschen mit dunkler Hautfarbe weiterhin von den Weißen unterdrückt und ausgebeutet wurden. »Seperate but equal« – »getrennt, aber gleichwertig«, lautete die Losung, nach der die Diskriminierung der schwarzen Bevölkerung weitergeführt wurde. Sie durften in öffentlichen Verkehrsmitteln nur auf den hinteren Plätzen sitzen und mussten auch diese Plätze räumen, wenn ein Weißer den Sitzplatz verlangte. Sie durften nicht mit weißen Kindern gemeinsam in die Schulen gehen und wurden auch in zahlreichen Restaurants nicht bedient. Selbst bei den öffentlichen Toiletten durften sie nur bestimmte besuchen, die für Schwarze vorgesehen waren.

Auch vor Gericht galten Schwarze als Bürger zweiter Klasse. Besonders tragisch zeigte sich das nach einem Mord, der am 28. August 1955 im US-Bundesstaat Mississippi verübt worden war. Damals hatte sich der 14-jährige Emmet Louis Till aus Chicago, der gerade bei seinem Onkel zu Besuch war, in einem Lebensmittelgeschäft Bonbons gekauft und der weißen Verkäuferin nachgepfiffen. Kurz darauf wurde der Jugendliche vom Ehemann der Verkäuferin und dessen Bruder brutal aus dem Bett gezerrt und gelyncht. Die beiden Männer kamen vor Gericht, wurden aber trotz erdrückender Beweislast freigesprochen.[54]

Dieses Urteil sowie der ein Jahr später einsetzende Busboykott von Montgomery gelten als Geburtsstunde der amerikanischen Bürgerrechtsbewegung. Am 1. Dezember 1955 weigerte sich die schwarze Bürgerrechtsaktivistin Rosa Parks (siehe S. 116), ihren Sitzplatz im Bus einem Weißen zur Verfügung zu stellen, und wurde deshalb verhaftet, was eine große Protestwelle von Schwarzen auslöste, die daraufhin die Busse boykottierten. Ein knappes Jahr später bestätigte der Oberste Gerichtshof der USA, dass die Rassentrennung verfassungswidrig ist.

Das war zwar ein großer Erfolg. Er änderte aber wenig daran, dass Schwarze in den USA im täglichen Leben weiterhin diskriminiert wurden. Sie fanden nur in schlechten Wohngegenden eine Unterkunft, verdienten weniger als Weiße, ihre Kinder gingen auf Schulen, die schlechter ausgestattet waren, und sie hatten keine Repräsentation in der Politik. Zusätzlich waren sie mit rassistischen Beschimpfungen und Übergriffen konfrontiert, und das auch durch staatliche Organe bis hin zur Polizei.

Genau dagegen lehnte sich die in den 1960er Jahren entstehende Bürgerrechtsbewegung auf, zu deren wichtigsten Repräsentanten der Baptistenpastor Martin Luther King (siehe S. 142) zählte. Er schuf eine Massenbewegung von Schwarzen und solidarischen Weißen, die sich am gewaltfreien Widerstand des Inders Mahatma Gandhi (siehe S. 31) orientierte.

Am 28. August 1963 demonstrierten mehr als 200.000 Amerikaner in Washington für die Gleichberechtigung der schwarzen Bevölkerung. Eines der berühmtesten Lieder aus der Zeit der Bürgerrechtsbewegung ist das Protestlied »We Shall Overcome«, das unter anderem von den Folk-Legenden Joan Baez und Pete Seeger gesungen wurde. Auf Deutsch bedeutet der Songtitel »Wir werden es überwinden«, gemeint war damit die rassistische Segregation im Land. Weitere Liedzeilen lauten »We walk hand in hand« (Wir gehen Hand in Hand) und »We are not afraid« (Wir fürchten uns nicht). Es war kein Zufall, dass Joan Baez dieses Lied auf Einladung des ehemaligen US-Präsidenten Barack Obama und dessen Frau Michelle Obama im Jahr 2010 im Weißen Haus sang, als Zeichen dafür, wie verbunden der erste schwarze Präsident der Vereinigten Staaten mit der Bürgerrechtsbewegung von damals ist.

Neben Martin Luther King gab es in den 1960er Jahren einen weiteren Anführer der schwarzen Bürgerrechtsbewegung, der um einiges radikaler auftrat. Malcom X war 1925 als Malcom Little in Omaha im US-Bundesstaat Nebraska in eine sehr arme schwarze Familie geboren worden. Er hatte bereits Drogenerfahrungen, Einbrüche, Diebstähle und Gefängnisstrafen hinter sich, als er sich während einer Haftstrafe dem Islam zuwandte und der radikalen schwarzen Bewegung »Nation of Islam« beitrat. Nach seiner Entlassung änderte er seinen Nachnamen auf X als Protest dagegen, dass die Weißen den von Afrika nach Amerika verschleppten Sklaven sogar ihre Nachnamen genommen hatten. Unter der Führung des charismatischen Malcom X stieg die Zahl der Mitglieder der Nation of Islam in den USA auf 50.000 Personen. Malcom X war es gelungen, der schwarzen Bevölkerung in seinen Reden ein neues Selbstbewusstsein zu geben. »Wer hat euch beigebracht, die Farbe eurer Haut zu hassen?«, fragte er seine schwarzen Zuhörer in einer Rede und erklärte ihnen, »black is beautiful« sei der einzig richtige Slogan.

Das Verhältnis von Malcom X zu Martin Luther King war anfangs sehr gespannt. Der radikale Kämpfer für die Rechte der Schwarzen verachtete den Baptistenpastor für dessen gewaltlosen Widerstand und dafür, dass King mit Weißen zusammenarbeitete. Aber Mitte der 1960er Jahre, nach einer Pilgerreise an den heiligen Ort der Muslime, nach Mekka, und ausgedehnten Reisen durch Europa näherte sich Malcom X Martin Luther King an. Er brach mit der Nation of Islam und wollte enger mit der Bürgerrechtsbewegung kooperieren, um so Fortschritte für die schwarze Bevölkerung zu erzielen. Dazu kam es allerdings nicht mehr. Malcom X wurde am 21. Februar 1965 von Aktivisten der Nation of Islam, die in ihm einen Verräter sahen, erschossen.

Die Ermordung von Malcom X löste in den USA massive Unruhen aus, bei denen mehr als 300 Schwarze im ganzen Land von Polizei und Militär getötet wurden. Als Reaktion auf diese Vorfälle gründeten zwei schwarze Studenten in Kalifornien die »Black Panthers Party« mit dem Ziel der Selbstverteidigung. Die Partei wuchs sehr rasch zu einer Bewegung an, deren Mitglieder schwarze Lederjacken und ein Barett trugen und öffentlich mit Waffen auftraten. Sie nutzten einen Passus im Gesetz von Kalifornien, der den Bürgern erlaubte, Waffen zu tragen, solange diese sichtbar sind. Zur Verhinderung der zahlreichen Polizeiübergriffe auf Schwarze verfolgten Mitglieder der Black Panther die Polizeistreifen und postierten sich mit ihren Waffen in der Nähe, wenn Polizisten eine schwarze Person aufhielten, um die Arbeit der Polizisten zu überwachen. Die Gesetzesvertreter empfanden dieses Vorgehen wiederum als Provokation und Einschüchterungsversuch.

Das die Black-Panther-Bewegung unter den Schwarzen in den USA einen derart großen Zulauf hatte, lag nicht zuletzt an deren Sozial- und Bildungsprogrammen. Die Losung der Panther lautete »Ohne soziale Gerechtigkeit kein sozialer Frieden«. Sie verteilten kostenlos Frühstück an schwarze Schulkinder, errichteten Bibliotheken und verstanden sich nicht nur als eine Bewegung, die Schwarzen aus ärmeren Schichten Perspektiven eröffnete, sondern als sozialistische Bewegung gegen die weltweite Unterdrückung. Der damaligen US-Regierung, die ihren Hauptfeind im Kommunismus sah, gefiel das gar nicht. Schon bald griff der US-Inlandsgeheimdienst FBI die

Bewegung an, schleuste Spitzel ein, ließ zahlreiche Aktivisten verhaften und schreckte nicht einmal vor gezielten Tötungen zurück. Doch auch die Panther hatten ein hierarchisches System aufgebaut, das ebenfalls nicht vor Gewalt zurückschreckte, wenn etwa ein Mitglied verdächtigt wurde, ein Spitzel zu sein. Die gezielte Zerstörungsstrategie von außen, verbunden mit internen Schwierigkeiten, führte schließlich zum Niedergang dieser Bewegung.

Was aber blieb, war die Tatsache, dass rassistisch motivierte Gewalt in den USA weiterhin auf der Tagesordnung stand. Immer wieder kam es zu spontanen Revolten von Schwarzen gegen diese Ungerechtigkeit. 1992 etwa, als ein Gericht in Los Angeles vier Polizisten freisprach, die zuvor den Schwarzen Rodney King bei einer Kontrolle wegen Schnellfahrens massiv misshandelt hatten. Und das, obwohl Amateuraufnahmen klar zeigten, wie die Polizisten mit Knüppeln auf den am Boden Liegenden einschlugen und ihn mit Füßen traten. Die aufgrund dieses Urteils in Los Angeles ausgebrochenen Unruhen kosteten 53 Menschen das Leben, tausende wurden verletzt.

Am 26. Februar 2013 wurde der afroamerikanische Jugendliche Trayvon Martin in Miami von einem Nachbarschaftswächter erschossen. Der Täter kam zwar vor Gericht, aber obwohl Martin, damals erst 18 Jahre alt, unbewaffnet war und den Täter auch nicht attackiert hatte, entschied das Gericht auf Freispruch. Die Folge waren landesweite Demonstrationen gegen Polizeigewalt und gegen Rassismus. Und es entstand der Hashtag #BlackLivesMatter, aus dem schließlich eine Bewegung wurde, die in zahlreichen US-Städten und mittlerweile auch in manchen europäischen Städten Ableger hat. Die Black-Lives-Matter-Bewegung sieht sich in der Tradition der schwarzen Bürgerrechtsbewegung und fordert ein Ende der Gewalt gegen Menschen mit schwarzer Hautfarbe, Gerechtigkeit vor Gericht, und sie engagiert sich für eine bessere Ausbildung von Polizisten. Denn die Situation von Schwarzen in den USA hat sich zwar massiv verbessert seit dem Jahr 1965 – damals hatten Schwarze eine um acht Mal höhere Wahrscheinlichkeit, von der Polizei erschossen zu werden, als Weiße; fast ein halbes Jahrhundert später, im Jahr 2005, war diese Wahrscheinlichkeit aber immer noch drei Mal höher als bei Weißen.[55] Und 2017 wurden in den USA 987 Menschen bei Polizeieinsätzen getötet. 22 Prozent davon waren Afroamerikaner, obwohl diese nur sechs Prozent der amerikanischen Gesamtbevölkerung stellen.[56]

Die 68er-Bewegung
Sie hat ihre Wurzeln in der Bürgerrechts- und auch in der Friedensbewegung und trotzdem unterscheidet sich jene Bewegung, die 1968 ihren Höhepunkt erreichte, so sehr von allen anderen sozialen Bewegungen dieser Zeit. Ausgehend von ihren Protesten gegen den Vietnamkrieg war die 68er-Bewegung die erste große linke Bewegung seit dem Ende des Zweiten Weltkriegs. Ihr Name bezieht sich auf den Mai 1968, als in Frankreich, ausgehend von Studentenprotesten, politische Unruhen ausbrachen, die in einen wochenlangen Generalstreik mündeten.

Der Ursprung der 68er-Bewegung liegt aber in der Hippie-Kultur der frühen 1960er Jahre in den USA. Die sogenannten »Blumenkinder« mit ihren langen, offen getragenen Haaren, den bunten Kleidern und dem Peace-Zeichen als Symbol standen für freie Liebe, die Loslösung von bürgerlichen Zwängen, und das auch gerne mithilfe von Drogen wie Cannabis und LSD. Sie protestierten gegen den Vietnamkrieg und schufen eine völlig neue Musikkultur; Bands wie The Doors, Santana, The Rolling Stones oder Musiker wie Janis Joplin und Jimi Hendrix prägten diese Generation. Ihren Ursprung hatten die Hippies in Kalifornien. »If you're going to San Francisco, be sure to wear some flowers in your hair«, sang der US-Sänger Scott McKenzie 1967 in seiner Hippie-Hymne, die unter dem Titel »San Francisco« weltberühmt wurde. »Make love not war«, lautet der berühmteste Slogan der Hippie-Bewegung.

Während die Mitglieder der Hippie-Bewegung ihre Befreiung verstärkt im privaten Kontext suchten, etwa indem sie Kommunen gründeten, gingen die 68er-Studenten auf die Straße, um die Gesellschaft zu verändern. In den USA konzentrierte sich der Protest auf den Vietnamkrieg und auf den Rassismus in der Gesellschaft, durch den die schwarze Minderheit unterdrückt wurde.

In Deutschland und Österreich spielte auch das nicht aufgearbeitete Erbe des Nationalsozialismus eine wichtige Rolle in der 68er-Bewegung. Die Eltern- und Großelterngeneration musste sich erstmals die Frage gefallen lassen, wieso sie Adolf Hitler gefolgt waren und nichts getan hatten, um den Holocaust an den Juden zu verhindern. Die 68er richteten sich aber auch gegen die autoritären Strukturen an Schulen und Universitäten sowie in den Familien, in denen damals der Vater noch als das allmächtige Familienoberhaupt galt. Auch die rigide Sexualmoral der 1950er Jahre wurde von den jungen Leuten in Frage gestellt. Damals wurde Sex vor der Ehe noch gesellschaftlich geächtet, genauso wie Scheidung, und dass zwei Menschen ohne Trauschein zusammenleben und sogar noch Kinder bekommen, galt überhaupt als asozial und rief das Jugendamt auf den Plan. Dass es zu einer sexuellen Revolution kam, lag auch daran, dass damals die Anti-Baby-Pille auf den Markt kam. So hatten Frauen zum ersten Mal in der Geschichte eine sichere Verhütung selbst im Griff.

Die 68er waren auch eine klar kapitalismuskritische, internationalistische Bewegung, die sich mit den Ausgebeuteten und Unterdrückten der Welt solidarisierten, mit dem deutschen Arbeiter ebenso wie mit den Befreiungskämpfern in den Kolonien.

Die 68er-Bewegung war zwar pazifistisch orientiert, es kam aber auch zu einer Radikalisierung eines Teils der Bewegung. Als einer der Auslöser dieser Radikalisierung gilt der Tod von Benno Ohnesorg am 2. Juni 1967. An diesem Tag fanden in Westberlin Demonstrationen gegen den Staatsbesuch des Schahs von Persien statt, der in seiner Heimat völlig autoritär herrschte und die Opposition brutal unterdrückte. Auf der Demonstration schoss ein Polizist dem unbewaffneten Studenten Benno Ohnesorg in den Hinterkopf und tötete ihn. Diese Ermordung eines unbewaffneten Demonstranten durch ein Staatsorgan war einer der Auslöser dafür, dass ein kleiner Teil aus der 68er-Bewegung sich entschied, in den Untergrund zu gehen und mit terroristischen Mitteln gegen den Staat und für Sozialismus zu kämpfen. Im Mai 1970 fand die erste bewaffnete Aktion der Terrororganisation »Rote Armee Fraktion« (RAF) statt. Der Beginn war eine Gefangenenbefreiung, danach tötete die RAF gezielt Repräsentanten des von ihr verhassten Staates, beging Banküberfälle und legte Bomben. Insgesamt tötete die RAF zwischen 1970 und ihrer Selbstauflösung im Jahr 1998 34 Personen.[57]

Die 68er-Bewegung veränderte die Gesellschaft so nachhaltig, wie kaum eine Bewegung zuvor es getan hatte. Das beginnt mit der Sexualmoral, die sich nicht nur von der Prüderie der 1950er Jahre verabschiedete, sondern auch Homosexuellen die Möglichkeit zur Emanzipation gab. Die 68er waren auch Initialzündung für die zweite Welle der Frauenbewegung. Den 68ern ist es zudem zu verdanken, dass das Schweigen über die Verbrechen der Nazizeit beendet wurde. Sie begehrten dagegen auf, dass die Nazi-Verbrecher von damals wieder an den Schalthebeln der Republik saßen. Im privaten Bereich veränderten die 68er das Verhältnis zwischen Eltern und Kindern und die Pädagogik in einer positiven Weise, indem sie Kinder als Persönlichkeiten begriffen und gewaltfreie, antiautoritäre Erziehung propagierten. Schließlich war es damals Eltern und Lehrern noch erlaubt, Kinder mit Schlägen und Gewalt zu züchtigen. Auch in Kindergärten wurden Kleinkinder zu Erziehungszwecken festgebunden.

Die 68er-Bewegung stellte Autoritäten in Frage und zwang die Institutionen so dazu, sich zu öffnen und zu verändern. Die Folge waren Bildungsreformen, die Öffnung von Universitäten und vieles mehr. Ihr Ziel, die völlige Auflösung der Machtverhältnisse, haben die 68er nicht erreicht. Erfolgreich waren sie trotzdem. Denn ihr Einfluss auf die Gesellschaft ist bis heute zu spüren.

Die Schwulen- und Lesbenbewegung

Gleichgeschlechtliche Liebe gab und gibt es zu jeder Zeit, in jeder Kultur und an jedem Ort der Welt, das lässt sich belegen, seitdem die Menschheit schriftliche Zeugnisse hinterlassen hat. Seien es das Gilgameschepos von 1700 vor Christus, in dem erzählt wird, wie sich ein mystischer König in einen wilden Mann »wie in eine Ehefrau« verliebt, oder Bilder aus Japan, die aus dem 8. Jahrhundert vor Christus datierten und auf denen zu sehen ist, wie Männer mit Männern Sex haben.

Was sich änderte, war der Umgang der Gesellschaft mit Menschen, die von der heterosexuellen Norm abweichen. Mit dem Aufstieg des Christentums ging die Verfolgung von homosexuell liebenden Menschen einher. Denn Sex hatte nun nicht mehr den Zweck, Vergnügen zu bereiten, sondern möglichst viele Ebenbilder Gottes in die Welt zu setzen. Auch im Mittelalter galt Homosexualität als Sünde und wurde verfolgt. Allerdings belegen zahlreiche Schriftdokumente, dass Homosexualität auch zu dieser Zeit trotz Verfolgung weiter gelebt wurde.

Ab dem 19. Jahrhundert wurde die Zuneigung zu Menschen des eigenen Geschlechts schließlich von der Sünde zur Krankheit. Das führte dazu, dass Homosexuelle mit qualvollen Behandlungsmethoden »therapiert« wurden, um sie von ihrer sexuellen Orientierung zu »heilen«. Ärzte wandten Elektroschocks an, operierten an den Gehirnen der vermeintlich Kranken oder entfernten ihnen die Hoden. Brutaler Höhepunkt dieser Experimente an Homosexuellen war die Verfolgung und Ermordung von Schwulen und Lesben während des Nationalsozialismus. Tausende schwule und lesbische Frauen und Männer wurden von den Nazis in Konzentrationslager gesperrt und mussten grausamste Experimente über sich ergehen lassen.

Mit dem Ende des Zweiten Weltkriegs endete die Verfolgung nicht. Homosexualität galt weiterhin als Straftat. Menschen, die bei homosexuellen Handlungen erwischt wurden, kamen vor Gericht, wurden zu Gefängnisstrafen verurteilt und gesellschaftlich geschmäht.

Auch in den USA mussten Homosexuelle mit Diskriminierungen kämpfen. Schwulenlokale wurden regelmäßig von Polizeistreifen kontrolliert, die Gäste mussten sich Beleidigungen und Repressionen gefallen lassen. Am 28. Juni 1969 schlug die Szene zum ersten Mal zurück. In den frühen Morgenstunden führten Polizisten eine Razzia im Stonewall Inn in der Christopher Street in New York durch. Diese Bar wurde vor allem von Schwulen und Transsexuellen besucht. Doch statt sich von der Polizei verhaften zu lassen, wehrten sich die Gäste und es kam zu einer Straßenschlacht und tagelangen Auseinandersetzungen zwischen Schwulen sowie Transsexuellen und den Einsatzkräften. Diese Straßenschlacht gilt als Geburtsstunde der modernen LGTB-Bewegung. Das Kürzel steht für lesbisch, schwul (englisch *gay*), trans- und bisexuell. Eine weitere Bezeichnung lautet LGTBIQ+, also lesbisch, schwul, transsexuell, bisexuell, intersexuell, questioning (dafür, dass man sich nicht auf eine bestimmte Form der Sexualität festgelegt hat) und ein + für das Einschließen aller weiteren möglichen Formen von sexueller Identität.

Auf gesetzlicher Ebene gab es bereits Ende der 1960er Jahr Fortschritte. Im Jahr 1969 wurde in Deutschland unter Bundeskanzler

Willy Brandt erstmals männliche Sexualität unter Erwachsenen straffrei gestellt. In Österreich wurde das Totalverbot homosexueller Liebe 1971 aufgehoben, Diskriminierungen blieben aber in beiden Ländern bestehen.

Von den USA ausgehend entstand aber auch in Europa eine Bewegung von Schwulen, Lesben und Transsexuellen, die für ihre Rechte auf die Straße gingen. 1972 fand im deutschen Münster die erste Schwulendemo in der Geschichte der Republik Deutschland statt. 1982 besetzten schwule und lesbische Aktivisten im Rahmen der damaligen Hausbesetzerbewegung ein leerstehendes Gebäude in Wien, wo bis heute die Türkis Rosa Lila Villa ein wichtiger Treffpunkt für schwul, lesbisch, bi-, trans- oder intersexuell lebende Menschen ist.

Zwar waren die Gesetze seit den späten 1960er Jahren gelockert worden. Wie wenig eine von der Mehrheit abweichende Sexualität aber bis in die 1990er Jahre gesellschaftlich anerkannt war, zeigte eine Szene in der TV-Serie »Lindenstraße«, die in Deutschland am 18. März 1990 ausgestrahlt worden war. Darin küssten sich zum ersten Mal in einer deutschsprachigen TV-Serie zwei Männer – die Reaktionen des Publikums waren Empörung und zum Teil sogar Beschimpfungen.[58] Aber knapp zehn Jahre später, im Jahr 2001, konnten LGTB-Aktivisten erreichen, dass die eingetragene Lebenspartnerschaft in Deutschland für gleichgeschlechtliche Paare gesetzlich eingeführt wurde. In Österreich wurde eine solche eingetragene Partnerschaft erst 2009 ermöglicht. Dadurch verbesserte sich die Rechtssituation gleichgeschlechtlicher Paare. Sie waren aber heterosexuell liebenden Menschen noch lange nicht rechtlich gleichgestellt. So durften homosexuelle Paare ihren Bund für das Leben nicht wie heterosexuelle Paare auf dem Standesamt schließen, sondern mussten dies auf dem Magistrat tun. Und sie mussten auf ihrem Meldezettel oder auch bei Übernachtungen im Hotel »verpartnert« ankreuzen und waren so gezwungen, sich ständig vor Fremden zu outen.

Dass dies auch anders geht, zeigten die Niederlande im Jahr 2001. Als dort am 1. April 2001 weltweit die erste »Ehe für alle« eingeführt wurde, war das Land Spitzenreiter bei der Gleichstellung homosexueller Paare. Deutschland führte die Ehe für alle 2017 ein, Österreich folgte nach einem Urteil des Verfassungsgerichtshofes Anfang 2019.

Im Gegensatz zu der Zeit vor einigen Jahrzehnten, als Homosexuelle noch verfolgt und vor Gericht gestellt wurden, sind Schwule, Lesben und Transsexuelle heute rechtlich anerkannt. Sie dürfen in Deutschland und Österreich aufgrund ihrer Sexualität nicht diskriminiert werden. Allerdings gibt es in der Gesellschaft immer noch Vorurteile. So zeigt etwa eine Untersuchung aus dem Jahr 2019, dass in Österreich jeder Zehnte keinen homosexuellen Nachbarn haben möchte. Von den türkischstämmigen Befragten lehnte sogar jeder Vierte eine schwule oder lesbische Nachbarschaft ab.[59] Auch sind Schwule, Lesben und Transsexuelle selbst in Ländern wie Deutschland und Österreich trotz gesetzlicher Fortschritte mit Beschimpfungen und körperlichen Übergriffen konfrontiert. Weltweit gesehen sind gleichgeschlechtlich liebende Menschen bis heute in zahlreichen Staaten massiv bedroht. Sie werden aufgrund ihrer Sexualität sozial geächtet, ins Gefängnis gesperrt oder sogar hingerichtet. Laut des »Gay Travel Index« sind für Schwule, Lesben und Transgender derzeit die gefährlichsten Destinationen Tschetschenien, Somalia, Saudi-Arabien, der Iran, der Jemen, die Vereinigten Arabischen Emirate und Libyen.[60]

Die Behindertenbewegung

Menschen mit Behinderungen wurden über Jahrhunderte diskriminiert. Sie wurden als teuflische Wesen verfolgt, auf Jahrmärkten als Faktoten zur Schau gestellt, an adeligen Höfen als Hofnarren rechtlos gehalten oder mussten ganz weit unten in der gesellschaftlichen Hierarchie um Almosen betteln. Durch die Industrialisierung und die damit einhergehenden ausbeuterischen Arbeitsbedingungen in den Fabriken im 19. Jahrhundert und die fehlende medizinische Versorgung stieg die Zahl der Menschen mit Behinderungen. Auch von den Schlachtfeldern des Ersten und Zweiten Weltkriegs kehrten zahlreiche Männer mit schweren Behinderungen heim.

Ausgehend von der Bürgerrechtsbewegung in den USA, die sich für die rechtliche Gleichstellung der Schwarzen einsetzte, entstand auch im Behindertenbereich eine ähnliche Bewegung. Die »Independent Living«-Initiative von Menschen mit Behinderung hatte ihren Ursprung in Kalifornien und breitete sich von dort auf weitere Bundesstaaten aus. Die Forderung lautete, dass Behindertenpolitik nicht von Nicht-Behinderten gemacht werden soll, sondern von den Betroffenen selbst, weil diese die tatsächlichen Experten für die Verbesserung ihrer Situation sind. Das Ziel lautete, Menschen mit Behinderungen sollten ein Recht auf ein selbstbestimmtes Leben in der Gesellschaft haben, anstatt abgeschottet vom Rest der Welt ihr Dasein in Heimen, Krankenhäusern oder Pflegeeinrichtungen fristen zu müssen.

In den 1960er Jahren war man davon noch weit entfernt. Damals kämpften in den USA Menschen mit körperlichen Behinderungen noch um ihr Recht, auf Universitäten überhaupt zu einem Studium zugelassen zu werden. Auch Bus, Bahn und andere öffentliche Verkehrsmittel waren nicht barrierefrei und es gab auch kaum passenden Wohnraum für Menschen mit Behinderungen. Wer aufgrund seiner Behinderung Unterstützung im Alltag benötigte, war entweder auf seine Familie angewiesen oder landete schnell in einem Heim. Gegen solche Zustände, die gegen die Menschenrechte von Menschen mit Behinderung verstoßen, lehnten sich Behindertenaktivisten offen auf. Das Aufbegehren von Menschen mit Behinderungen mag in den 1960er Jahren so manchen überrascht haben. Neu war es aber nicht. Bereits in der Zwischenkriegszeit organisierten sich Menschen mit Behinderungen in Deutschland und Österreich in Selbsthilfegruppen. Das lag nicht zuletzt daran, dass zahlreiche Soldaten mit Behinderungen aus dem Ersten Weltkrieg heimkehrten. Neben den Kriegsinvaliden gab es noch die sogenannten Zivilinvaliden, die entweder mit einer Behinderung zur Welt gekommen waren oder aufgrund eines Unfalls oder einer Erkrankung zu Behinderten wurden.

In Österreich wurde in den 1920er Jahren die »Erste österreichische Krüppelarbeitsgemeinschaft« gegründet, die zwischen 1927 und 1938 auch die Zeitschrift *Der Krüppel* herausgab. Im Gegensatz zu heute war der Ausdruck »Krüppel« damals noch keine beleidigende Bezeichnung. Die damalige Bewegung der Körperbehinderten forderte wie auch die heutige Behindertenbewegung menschenwürdige Lebens-, Wohn- und Arbeitsbedingungen. »Arbeit, nicht Mitleid«, lautete schon damals die Parole. Aus der eigenen Not heraus, weil Arbeitsmöglichkeiten für Menschen mit Behinderungen fehlten, gründete die Krüppelarbeitsgemeinschaft eigene

Werkstätten. Im Jahr 1928 forderten die österreichischen Aktivisten von der Politik die Schaffung eines »Krüppelfürsorgegesetzes«, das die Situation von Menschen mit Behinderungen in Fragen der Bildung, der medizinischen Behandlung und der Schaffung von Arbeitsplätzen verbessern sollte. Sie forderten, dass alle behinderten Kinder die Schule besuchen dürfen sollten, »da ein Krüppelkind, das die Schule nicht besucht, die Anwaltschaft auf Straßenbettelei hat«.[61] Eine Forderung war auch, dass gehbehinderte Menschen Freifahrt in öffentlichen Verkehrsmitteln bekommen sollten.

Mit dem Jahr 1938, als sich Österreich an Nazideutschland anschloss, wurde auch die Krüppelarbeitsgemeinschaft aufgelöst. Zuvor hatten die Kämpfer für die Rechte behinderter Menschen die Mitglieder noch dazu aufgerufen, für den »Anschluss« an das Hitlerreich zu stimmen. Unter den Nationalsozialisten wurden Menschen mit körperlichen und geistigen Behinderungen dann jedoch als »unwertes Leben« systematisch verfolgt und ermordet.

Nach dem Ende der Nazidiktatur wurden Menschen mit Behinderungen nicht mehr gezielt verfolgt, Zwangssterilisationen, Gewalt und das Wegsperren in Großheimen ohne jegliche Freiheit und Selbstbestimmung waren aber weiterhin an der Tagesordnung.

In den 1950er Jahren waren es vor allem die Eltern von Kindern mit Behinderungen, die in Deutschland und Österreich begannen, sich in Vereinigungen zu organisieren, die so zu Anlaufstellen für andere Eltern wurden. Mit der Entstehung neuer sozialer Bewegungen in den 1960er Jahren kam es auch zu einem Wiederaufflammen der Behindertenbewegung. In den 1970er Jahren entstand ausgehend von Aktivisten im US-Bundesstaat Oregon die »People First«-Bewegung, die für die Selbstvertretung von Menschen mit Behinderungen eintrat. Diese sollten, so eine der zentralen Forderungen, ihre eigenen Interessenvertreter sein, statt von anderen wie Eltern, Erziehern oder Ärzten vertreten zu werden. Und sie wollten in erster Linie als Menschen und als Individuen gesehen und nicht über ihre Behinderung definiert werden. »Etikettiert Marmeladegläser und nicht Menschen«, lautete die Parole.[62]

Eine der radikalsten Formen der Selbstorganisation waren in Deutschland Ende der 1970er Jahre die »Krüppelgruppen«. Aus diesen Gruppen waren Menschen ohne Behinderung gezielt ausgeschlossen, weil die Behindertenaktivisten in ihnen Unterdrücker sahen. »Wir wollen ›Krüppel‹ sein: stolz auf unsere Besonderheit, frech und kämpfend, lieber lebendig als ›normal‹«, war in dem damals veröffentlichten »Krüppelstandpunkt« zu lesen.[63]

Einer breiten Öffentlichkeit wurden die Anliegen der Behindertenbewegung in Deutschland im Jahr 1980 bekannt. Eine ältere Dame hatte einen Reiseanbieter geklagt und die Rückerstattung eines Teils ihrer Reisekosten gefordert, weil das Service im Hotel zu wünschen übrigließ und im Hotel auch eine Reisegruppe von Menschen mit Behinderungen untergebracht war. In einem Berufungsurteil gab der zuständige Richter am Frankfurter Landesgericht der Frau recht und erklärte in der Urteilsbegründung: »Auch die Anwesenheit einer Gruppe von jedenfalls 25 geistig und körperlich Schwerbehinderten stellt einen zur Minderung des Reisepreises berechtigten Mangel dar. Es ist nicht zu verkennen, dass eine Gruppe von Schwerbehinderten bei empfindsamen Menschen eine Beeinträchtigung des Urlaubsgenusses darstellen kann.«[64] Auf dieses Urteil folgten Protestdemonstrationen, die auch in den deutschen Abendnachrichten gezeigt und von zahlreichen Zeitungen aufgegriffen wurden, wodurch eine bundesweite Debatte entstand.

Auch in Österreich erreichten Behindertenaktivisten mediale Öffentlichkeit. 1981 blockierten sie bei der Eröffnungsfeier der österreichischen Bundesregierung für das von der UNO ausgerufene »Internationale Jahr der Behinderten« den Eingang zur Wiener Hofburg mit ihren Rollstühlen. Erstmals wurde auch Gewalt in Behindertenheimen dokumentiert.[65]

Nachdem Aktivisten 1990 mit einem zehntägigen Hungerstreik im Parlament auf ihre Anliegen aufmerksam gemacht und eine bundesweit einheitliche Pflegegeldregelung sowie die Abschaffung großer Pflegeheime gefordert hatten, griff der »Club 2«, die damals wichtigste Fernseh-Diskussionssendung in Österreich, das Thema auf. »Mit Behinderten und mit Pflegebedürftigen verbindet man auch die Gedanken an Almosen und an Mitleid, aber auch an Duldsamkeit und Dankbarkeit traditionellerweise«, sagte der Fernsehmoderator zur Begrüßung. »Jetzt auf einmal treten selbstbewusste Behinderte auf und agieren wie Gewerkschaftsfunktionäre. Sie streiken für ihre Rechte.«[66]

Ähnliches hatten Behindertenaktivisten in den USA schon 1977 getan. Nachdem die Verabschiedung eines Behindertengleichstellungsgesetzes von der Politik mehrmals verschoben worden war, besetzten Aktivisten der Gruppe »Disabled in Action« 25 Tage lang die Büros der Gesundheits- und Wohlfahrtsbehörde. So konnten sie durchsetzen, dass das Gesetz zur Gleichstellung doch in Kraft trat. Mit dem Gesetz wurden Unternehmen, die staatliche Gelder bezogen, dazu gezwungen, die Behindertengleichstellung voranzutreiben.[67]

Ein weiteres wichtiges Anliegen der Behindertenbewegung war der Kampf um Barrierefreiheit im öffentlichen Raum, durch die gesellschaftliche Teilhabe überhaupt erst möglich wird. Busse, Straßenbahnen, Züge und auch zahlreiche Geschäfte waren nur über Stufen erreichbar. Selbst Gehsteige waren mit Rollstühlen nicht befahrbar, ein Problem, das an vielen Orten bis heute besteht. Auf diesen Missstand machte die amerikanische Gruppe Adapt (»American Disabled for Accessible Transit«, amerikanische Menschen mit Behinderungen für einen erreichbaren öffentlichen Verkehr) aufmerksam, indem sie vor öffentlichen Gebäuden demonstrierte. Um die Barrieren aufzuzeigen, krochen Aktivisten öffentlichkeitswirksam Stufe für Stufe zum Eingang der Gebäude.

In den 1990er Jahren blockierten Aktivisten in Rollstühlen die Oxford Street in London, um gegen die Diskriminierung von Menschen mit Behinderungen zu demonstrieren.[68] Auch in Deutschland und Österreich fanden zahlreiche Demonstrationen für Barrierefreiheit und für die Inklusion von Menschen mit Behinderungen statt.

Die Pioniere dieser Bewegung und alle anderen, die sich später anschlossen, konnten auch zahlreiche Erfolge verzeichnen. Öffentliche Verkehrsmittel wurden barrierefrei, Schulen begannen, Kinder mit Behinderungen in die Regelklassen zu inkludieren, mehrfach wurden Menschen mit Behinderungen per Gesetz gleichgestellt.

Zu den größten Erfolgen zählt aber die 2006 von der UN-Generalversammlung verabschiedete Behindertenrechtskonvention. Dieses »Übereinkommen über die Rechte von Menschen mit Behinderungen« wurde gemeinsam mit Betroffenen ausformuliert und mittlerweile von 161 Staaten unterzeichnet. Darin verpflichten sich die Unterzeichnerstaaten, Menschen mit Behinderungen ihre Menschenrechte zu gewähren. Behinderung wird in dieser UN-Konvention nicht als Defizit des Individuums beschrieben, sondern als eine »Wechselwirkung zwischen Menschen mit Beeinträchtigungen und einstellungs- und umweltbedingten Barrieren«.[69] Die Konvention definiert als Ziel auch nicht, dass Menschen mit Behinderungen sich integrieren, indem sie sich der Mehrheitsgesellschaft anpassen. Stattdessen wird die Gesellschaft verpflichtet, Bedingungen zu schaffen, die allen Menschen die Teilnahme an gesellschaftlichen Aktivitäten ermöglicht. Nicht Menschen mit Behinderungen sollen sich anstrengen müssen, um irgendwie doch dabei sein zu können; die Gesellschaft muss ihre Teilhabe-Möglichkeiten so gestalten, dass Menschen mit körperlichen oder geistigen Beeinträchtigungen jederzeit teilhaben können, wenn sie dies wollen.

Davon sind wir trotz zahlreicher Fortschritte aber weit entfernt. Obwohl rechtliche Rahmenbedingungen zur Gleichstellung von Menschen mit Behinderungen geschaffen wurden, hinkt die Gesellschaft in der praktischen Umsetzung noch weit nach.

Die Umweltbewegung

»Silent Spring«, auf Deutsch »Stummer Frühling«, lautete der Titel eines Buches, das im Jahr 1962 zuerst in den USA und später auch in Europa das Bewusstsein der Menschen im Umgang mit der Natur veränderte. Darin zeigte die Biologin Rachel Carlson eindrücklich auf, wie der Mensch mit der modernen Landwirtschaft und dem Einsatz von Pestiziden die Umwelt vergiftet, wie die Zahl der Vögel und der Insekten aufgrund des massiven Einsatzes von Giftstoffen rapide sinkt und wie gefährlich das Pestizid DDT für die Tierwelt war, bis dieses schließlich in den 1970er Jahren zuerst in den USA und danach auch in Europa verboten wurde.

Naturschutz war zu dieser Zeit zwar nichts Neues; regionale Naturschutzaktivitäten kannte man schon zu Beginn des 20. Jahrhunderts. 1906 errichtete Preußen das erste staatliche Naturschutzamt und 1919 wurde Naturschutz als Ziel in die Weimarer Verfassung geschrieben. Neu war in den 1960er und 1970er Jahren hingegen ein globales Umweltbewusstsein, verbunden mit der Erkenntnis, dass die natürlichen Ressourcen der Erde nicht unendlich sind und die

Menschheit im Begriff ist, ihre Lebensgrundlage auf diesem Planeten zu zerstören.

Am 5. Oktober 1970 hatte das Nachrichtenmagazin *Der Spiegel* erstmals das Thema Umweltzerstörung auf dem Titelblatt. »Vergiftete Umwelt«, lautete die Coverzeile, auf Fotos waren riesige Müllberge, vergiftete Flüsse, Autolawinen, die die Luft verpesten, und rauchende Industrieschlote zu sehen. Der Artikel klärte die Leser darüber auf, dass aufgrund des ungebremsten Wirtschaftswachstums nach dem Zweiten Weltkrieg die Umwelt zerstört werde.

Im selben Jahr wurde europaweit ein Naturschutzjahr ausgerufen. Zwei Jahre später erschien der Bericht des »Club of Rome«, einem Zusammenschluss internationaler Experten aus verschiedenen Fachrichtungen, mit dem Titel »Die Grenzen des Wachstums«. Darin erklärten die Experten in verständlicher Form, dass der Mensch, wenn er weiterhin auf exzessive Landwirtschaft setzt und an der Wegwerfgesellschaft nichts verändert, in absehbarer Zeit seine eigene Lebensgrundlage zerstören wird.

1973 war es schließlich die Ölkrise, die zumindest in Teilen der Bevölkerung ein erstes Umdenken einleitete. Die Ölkrise hatte zwar keinen unmittelbaren Umweltschutz-Hintergrund, sondern die arabischen Staaten der OPEC, der Organisation erdölfördernder Staaten, drosselten bewusst ihre Erdölförderung, um so Druck auf westliche Staaten auszuüben, die Israel unterstützten. Aber allein die Tatsache, dass die Ölpreise dadurch massiv anstiegen, und in der Folge Aktionen wie die Einführung eines autofreien Sonntags in Deutschland führten den Menschen vor Augen, dass die Rohstoffvorkommen auf unserem Planeten endlich sind.

Zu den wesentlichen Akteuren der Umweltbewegung gehörten Nichtregierungsorganisationen, zu deren weltweit berühmtesten »Friends of the Earth« und »Greenpeace« zählen. Friends of the Earth wurde 1969 als erste internationale Umweltschutzorganisation gegründet und hat mittlerweile laut eigener Angabe mehr als zwei Millionen Mitglieder in 76 Ländern. Mit zahlreichen Organisationen, die Teil von Friends of the Earth sind, ist die Organisation das größte globale Netzwerk an Umweltschützern. In Deutschland ist der »Bund für Natur- und Tierschutz« Teil des Friends-of-the-Earth-Netzwerks, in Österreich die Umwelt-NGO Global 2000.

Mit etwa drei Millionen Fördermitgliedern weltweit ebenfalls sehr groß und medial bekannter, zumindest im deutschsprachigen Raum, ist die NGO Greenpeace, die ebenfalls 1971 gegründet wurde. Damals erregten die Umweltaktivisten Aufsehen, als sie mit einem alten Boot vor der Küste der USA versuchten, einen unterirdischen Atomtest zu verhindern. Die Umweltaktivisten wurden zwar von der US-Regierung abgefangen, konnten mit ihrer Aktion aber bewirken, dass der Atomtest verschoben werden musste.

Greenpeace versuchte auch andere Atomtests im Meer durch die Anwesenheit ihrer Schiffe zu verhindern, etwa jene des französischen Militärs im Mururoa-Atoll im Pazifik. Die Aktivisten brachten sich bei diesen Aktionen auch selbst in Gefahr. Als sie 1985 mit dem Greenpeace-Schiff »Rainbow Warrier« wieder französische Atomtests im Mururoa-Atoll verhindern wollten, detonierten auf dem Schiff zwei Bomben. Das Schiff sank und ein Mitglied der Besatzung ertrank. Später stellte sich heraus, dass Agenten des französischen Geheimdiensts für das Bombenattentat verantwortlich waren.[70]

Seit 1980 hat Greenpeace in Deutschland ein eigenes Büro, 1983 folgte Österreich. In den 1980er Jahren begann sich auch eine breite Öffentlichkeit für die Umweltthematik zu interessieren.[71] Damals gelang es dem deutschen Öko-Institut, nachzuweisen, dass die Gifte, die durch den massiven Einsatz von Chemikalien in der Landwirtschaft in den Lebensmitteln sind, auch vom menschlichen Körper aufgenommen werden. Die Umweltschützer konnten sogar in der Muttermilch, mit der Frauen ihre Babys säugten, Schadstoffe wie DDT und andere giftige Substanzen nachweisen.

Neben dem exzessiven Pestizideinsatz in der Landwirtschaft war der saure Regen ein großes Problem in den 1980er Jahren. Weil Fabriken und auch die immer zahlreicheren Autos ihre Abgase ungefiltert in die Luft bliesen, kam es zu einem massiven Waldsterben. »Saurer Regen über Deutschland – der Wald stirbt«, titelte *Der Spiegel* im November 1981.[72] Doch aufgrund von massivem Druck der Umweltschützer und in einer gemeinsamen Anstrengung konnte das Waldsterben verhindert werden. Fabriken erhielten Umweltauflagen, ab 1984 musste in Deutschland jeder neu zugelassene PKW mit einem Katalysator ausgerüstet werden, ab 1986 wurde eine solche Regelung auch in Österreich eingeführt.

Der Umweltbewegung gelang es sogar – neben ihrer außerparlamentarischen Arbeit –, auch in die Parlamente zu kommen. 1983 zogen die deutschen Grünen, die aus der Umweltbewegung entstanden sind, erstmals in den deutschen Bundestag ein. Die Geburtsstunde der Umweltbewegung in Österreich war im Dezember 1984. Damals besetzten Aktivisten die Stopfenreuther Au nahe Hainburg in Niederösterreich, um den Bau eines Wasserkraftwerks durch zivilen Ungehorsam zu verhindern. Obwohl die damalige Regierung mit Gummiknüppeln gegen die Besetzer vorgehen ließ, gelang es, den Kraftwerksbau zu verhindern. Heute ist dort, wo ein Kraftwerk gebaut werden sollte, ein Naturschutzgebiet.

Die Besetzung der Hainburger Au hatte eine Besonderheit, die insbesondere bei der Umweltbewegung, aber auch bei anderen Bewegungen wie der Anti-Atom- oder der Friedensbewegung zu beobachten ist: Es handelte sich um ein sehr breites Bündnis von linken, zum Teil auch anarchistischen Aktivisten bis hin zu bürgerlichen, auch christlich geprägten Kreisen, die alle das Anliegen verband, die Natur und damit die Lebensgrundlage der Menschheit zu beschützen. Auch hier bekam die Bewegung bald einen politischen Arm: 1986 zogen auch in Österreich die Grünen erstmals ins Parlament ein.

Im selben Jahr stellten britische Wissenschaftler fest, dass in der die Erde schützenden Ozonschicht in der Arktis Löcher entstanden waren. Die Zerstörung der Ozonschicht wurde durch Fluorchlorkohlenwasserstoffe (FCKW) ausgelöst, die in Spraydosen und in Kühlschränken verwendet wurden. Durch das Verbot von FCKW konnte die Ausweitung des Ozonlochs gestoppt werden und die Löcher begannen sich wieder zu schließen.

Trotz derartiger Erfolge hatte die Umweltbewegung in den 1980er und 1990er Jahren aber auch den Ruf, ein verschrobener Haufen zu sein, der mit seinen »Jute statt Plastik«-Taschen in den nächsten Bioladen marschierte. Im Gegensatz zu heute war damals auch »bio« ein Nischenprodukt sogenannter »Alternativer« und Bioprodukte nur in kleinen Bioläden erhältlich.

Es zählt sicherlich zu den größten Erfolgen dieser Bewegung, dass ein nachhaltiger Lebensstil heute vom Großteil der Konsumenten als positiv gesehen und nicht mehr als Spinnerei abgetan wird. In einem Punkt schafften es die Ökos von damals aber nicht, die

Gesellschaft aufzurütteln; da brauchte es die Kinder und Jugendlichen, die Alarm schlugen. Denn dass der vom Menschen verursachte Klimawandel droht, konnten alle, die es wissen wollten, bereits vor Jahrzehnten erfahren. Im August 1986 hatte *Der Spiegel* »Die Klima-Katastrophe« als Schlagzeile auf dem Titelblatt.[73] »Das Weltklima gerät aus den Fugen«, lautete die Überschrift im Blattinneren. Im Oktober 1990 bestätigte schließlich der Weltklimarat (IPCC) der Vereinten Nationen erstmals offiziell den Klimawandel.

Danach ist natürlich einiges passiert. Es gab große UN-Gipfel im Kampf gegen den Klimawandel, 1997 wurde von den Vereinten Nationen das Kyoto-Protokoll verabschiedet, das 2005 in Kraft trat und erstmals völkerrechtlich verbindliche Ziele zur Reduktion von Treibhausgasen in Industriestaaten formulierte. Es brauchte aber eine junge Frau wie Greta Thunberg aus Schweden (siehe auch S. 167) und viele, viele junge Menschen, die fast überall auf der Welt auf die Straße gehen, um das Thema Erderwärmung in die Köpfe der Menschen zu katapultieren. Plötzlich war der Schutz des Erdklimas in allen Medien ein großes Thema und zahlreiche Erwachsene begannen nun doch darüber nachzudenken, ob es richtig ist, so viel mit dem Auto zu fahren und, statt klimaschonend mit der Bahn zu verreisen, in den nächsten Billigflieger zu steigen.

Zu verdanken ist dies der sogenannten »Fridays for Future«-Bewegung, der ersten Umweltbewegung, die von Schülerinnen und Schülern ausging, und die von den Schulstreiks, die von Greta Thunberg im August 2018 begonnen wurden, zur weltweiten Bewegung geworden ist.

Es ist ein spätes Umdenken. Denn was *Der Spiegel* bereits 1986 schrieb, könnte man heute noch genauso schreiben: »Überraschend war die Katastrophe nicht gekommen. Wissenschaftler hatten beizeiten gewarnt, Umweltschützer unermüdlich demonstriert.« Aber noch gibt es Hoffnung, dass sich die *Spiegel*-Autoren 1986 mit ihrer Prophezeiung geirrt haben: »Schließlich hatten sogar die Politiker den Ernst der Lage erkannt – zu spät: Das Desaster, der weltweite Klima-GAU, war nicht mehr aufzuhalten. Jetzt, im Sommer 2040, ragen die Wolkenkratzer New Yorks weit vor der Küste wie Riffs aus der See. Überflutet, vom Meer verschluckt, sind längst auch Hamburg und Hongkong, London, Kairo, Kopenhagen und Rom.«

Die Anti-Atom-Bewegung

Eine lachende rote Sonne auf gelbem Untergrund – so sieht es aus, das Logo der Atomkraftgegner, das seit den 1970er Jahren in Stadt und Land aufgeklebt worden war. »Atomkraft? Nein Danke!«, steht in großen schwarzen Lettern rund um die Sonne herum. Das erste zivile Kernkraftwerk ging 1954 in der russischen Stadt Obninsk ans Netz. 1958 folgte im Bundesstaat Pennsylvania das erste zivile Kernkraftwerk in den USA und Deutschland hatte ab dem 17. Juni 1961 mit dem AKW Kahl erstmals Atomstrom. Mit den Atommeilern kam auch die Protestbewegung. Die weltweit älteste Initiative gegen ein Atomkraftwerk richtete sich 1958 gegen den geplanten Bau eines Meilers in der Bodega Bay nördlich von San Francisco. Nicht zuletzt weil die Bodega Bay in einem Erdbebengebiet liegt, gelang es diesen ersten Anti-Atom-Aktivisten, die Errichtung des Kraftwerks durch öffentlichen Druck zu verhindern.

Den ersten großen, erfolgreichen Widerstand in Deutschland gab es 1975 in der kleinen Gemeinde Wyhl am Kaiserstuhl. Als dort ein Atomkraftwerk errichtet werden sollte, wehrten sich zum ersten Mal in der Geschichte der Bundesrepublik Deutschland Bürger gegen ein solches Großprojekt. Umweltaktivisten besetzten gemeinsam mit der lokalen Bevölkerung das Areal und verhinderten so den Bau des Kraftwerks.[74] Zwei Jahre später begannen in Deutschland die Proteste gegen das Atommüllager in Gorleben und ebenfalls seit den 1970er Jahren war Brokdorf in Schleswig-Holstein einer der zentralen Orte der Auseinandersetzung zwischen Atomindustrie und deren Gegnern.

In Österreich hatte die Regierung im Jahr 1969 beschlossen, im etwa 50 Kilometer von der Bundeshauptstadt Wien entfernten Ort Zwentendorf Österreichs erstes Atomkraftwerk zu errichten. Der öffentliche Druck dagegen war aber so groß, dass der damalige Bundeskanzler Bruno Kreisky von den Sozialdemokraten die Wähler über das bereits fertig errichtete Kraftwerk abstimmen ließ. In dieser Volksabstimmung sprachen sich 50,5 Prozent gegen Atomenergie aus. Zwentendorf ging nie in Betrieb und kann heute besichtigt werden.[75] Österreich ist ein AKW-freies Land, der Widerstand konzentrierte sich seitdem auf den Kampf gegen die derzeit 14 grenznahen

Atomkraftwerke, etwa im tschechischen Temelín, das nur 65 Kilometer von der österreichischen Staatsgrenze entfernt ist.

Für die globale Anti-AKW-Bewegung gab es drei zentrale Ereignisse, durch die diese Bewegung Zuspruch erhielt. Das erste war der Reaktorunfall im Kernkraftwerk Three Mile Island im US-Bundesstaat Pennsylvania. Dort versagten am 28. März 1979 die Kühlpumpen und nur durch großes Glück schrammte die Menschheit an einem atomaren Super-GAU vorbei. Der Reaktor geriet außer Kontrolle, die Brennstäbe erhitzten auf mehr als 2.000 Grad und Radioaktivität drang nach außen. Es dauerte einen Monat, bis der Reaktor wieder vollständig unter Kontrolle war. Die Regierung von Pennsylvania forderte damals schwangere Frauen und Menschen mit Kindern bis ins Vorschulalter im Umkreis von zehn Kilometern um den Reaktor herum auf, die Gegend zu verlassen, worauf etwa 140.000 Menschen aus der Region ausreisten. Nach dem Reaktorunfall von Three Mile Island demonstrierten auch in der Bundesrepublik Deutschland 100.000 Menschen in der damaligen Hauptstadt Bonn für die Stilllegung der deutschen Atomkraftwerke.

Zu einer wahren Katastrophe entwickelte sich aber der Reaktorunfall in Tschernobyl in der damaligen Sowjetunion. Es ist der bis heute schwerste Atomunfall in der Geschichte der Kernenergie. Im AKW Tschernobyl lief in den frühen Morgenstunden des 26. April 1986 ein am Tag zuvor begonnener Test – bei dem überprüft werden sollte, ob die Turbinen bei einem Stromausfall über genügend Energie verfügen, um sich weiterzudrehen – völlig aus dem Ruder. Aufgrund menschlicher Fehler kam es zu massiven Explosionen im Atomkraftwerk und es wurden gewaltige Mengen an radioaktivem Material in die Atmosphäre geschleudert. Der Westen bemerkte diesen Atomunfall erst, als zwei Tage später eine radioaktive Wolke aus Tschernobyl über Schweden zog und die dortigen Messstationen Alarm signalisierten. Am 5. Mai 1986 wurden die Einwohner von Tschernobyl und der umliegenden Dörfer evakuiert. Die Region um das AKW ist bis heute schwer verstrahlt, tausende Menschen, darunter besonders viele Kinder, erkrankten als Spätfolge des Reaktorunglücks an Krebs. Insgesamt wurden sieben Millionen Menschen aus den heutigen Staaten Russland, Belarus und der Ukraine als »Tschernobyl-Betroffene« anerkannt.[76]

80 Stunden nach der Katastrophe erreichte die radioaktive Wolken den Osten Österreichs, von wo sie über Oberösterreich in Richtung Bayern weiterzog. Die Verstrahlung ist teilweise noch heute messbar. Im April 2019 berichtete der Deutschlandfunk, dass auch 33 Jahre nach dem Reaktorunglück von Tschernobyl in manchen deutschen Regionen jedes fünfte Wildschwein radioaktiv belastet ist und das Fleisch nicht verkauft werden darf.[77]

Das dritte Ereignis war der Atomunfall im japanischen Kraftwerk Fukushima, der sich am 11. März 2011 ereignete. Ausgelöst durch eine Erdbeben, kam es in dem AKW zu einer Kernschmelze, durch die Radioaktivität in die Luft, in die Böden und ins Meer gelangte. Die Region um das Kraftwerk wurde radioaktiv verseucht, zwischen 100.000 und 150.000 Menschen mussten umgesiedelt werden. Forscher konnten radioaktives Material aus Fukushima mittlerweile sogar im Wasser vor einer Insel in Alaska nachweisen.[78] Im April 2011, kurz nach der Katastrophe von Fukushima, protestierten in Deutschland rund 250.000 Menschen gegen Atomenergie. Es war die größte Demonstration in der Geschichte der deutschen Anti-AKW-Bewegung.[79]

Die Tierschutz- und Tierrechtsbewegung

Eine Bewegung, zwei Namen: Ganz so einfach ist es bei der Tierschutz- und der Tierrechtsbewegung aber doch nicht. Denn obwohl sich beide für dasselbe engagieren – das Wohl der Tiere –, sind die Ansätze und Forderungen dieser Bewegungen für die Tiere doch nicht dieselben. Die Tierschutzbewegung setzt sich für bessere, artgerechte Tierhaltung ein und kämpft dafür, dass Haus- und Nutztiere keinen unnötigen Qualen ausgesetzt werden. Mit ihr ist auch der Artenschutz eng verbunden, dessen Ziel der Erhalt von Lebensräumen von Wildtieren ist und der dadurch wiederum Teil des Umweltschutzes ist. Die Nutzung von Tieren, sei es als Kleidung, als Lebensmittellieferant oder als Haustier, wird von Tierschützern hingegen nicht kategorisch abgelehnt.

Ganz anders ist dies bei Tierrechtsaktivisten. Sie fordern die Gleichberechtigung aller Tiere, zu denen sie auch den Menschen zählen. Die Tierrechtsbewegung kämpft für die Befreiung der Tiere aus der Gefangenschaft durch den Menschen und lehnt jegliche Form der Nutzung von Tieren, sei es für die Produktion von Fleisch, Milch, Eiern oder Honig oder auch zum menschlichen Vergnügen in Zoos und Zirkussen, kategorisch ab. Während in der Tierschutzbewegung der Fürsorgegedanke für das Tier zentral ist, sehen Tierrechtsaktivisten in der Schlechterstellung von Tieren im Vergleich zum Menschen einen »Speziesismus«, eine Diskriminierung aufgrund der Zugehörigkeit zu einer anderen Spezies. Der zentrale Slogan der Tierrechtsbewegung lautet daher »Für die Befreiung von Mensch und Tier«, als Logo hat sie eine Tierpfote und eine zur Faust geballte Hand.

Ihren Ursprung hat die Tierschutzbewegung in Großbritannien, das bis heute auch über eine äußerst ausgeprägte Tierrechtsbewegung verfügt. Zu den wichtigsten Vordenkern zählt der britische Jurist, Philosoph und Sozialreformer Jeremy Bentham (1748–1832), der als einer der Ersten auch Tieren Rechte zugestand. In seiner »Einführung in die Prinzipien der Moral und Gesetzgebung« aus dem Jahr 1823 schrieb er: »Es mag der Tag kommen, an dem man begreift, dass die Anzahl der Beine, die Behaarung der Haut oder das Ende des Kreuzbeins gleichermaßen ungenügende Argumente sind, um ein empfindendes Wesen [den Launen eines Peinigers] zu überlassen. Warum soll sonst die unüberwindbare Grenze gerade hier liegen? Ist es die Fähigkeit zu denken oder vielleicht die Fähigkeit zu reden? Aber ein ausgewachsenes Pferd oder ein Hund sind unvergleichlich vernünftigere sowie mitteilsamere Tiere als ein einen Tag, eine Woche, oder gar einen Monat alter Säugling. Aber angenommen, dies wäre nicht so, was würde das ausmachen? Die Frage ist nicht ›Können sie denken?‹ oder ›Können sie reden?‹, sondern ›Können sie leiden?‹.«[80]

In Benthams Heimat Großbritannien war im Jahr zuvor vom Parlament mit dem »Act for the Prevention of Cruel and Improper Treatment of Cattle« (Gesetz zur Verhütung grausamer und unsachgemäßer Behandlung von Rindern) das erste Tierschutzgesetz der Welt beschlossen worden.[81] Ein Jahr später wurde in London die weltweit erste Tierschutzvereinigung, die »Society for the Prevention of Cruelty« (Gesellschaft zur Verhinderung von Grausamkeit), gegründet. Bald schwappte die Welle auf den Kontinent über, etwa nach Deutschland, wo 1837 in Stuttgart mit dem »Vaterländischen Verein zur Verhütung von Tierquälerei« der erste Tierschutzverein entstand. In Österreich wurde im Jänner 1846 der Wiener

Tierschutzverein als ähnliche Institution gegründet. Er besteht bis heute und betreibt auch ein großes Tierheim.

Bis Anfang des 20. Jahrhunderts gab es in den genannten Staaten eine wachsende Tierschutzbewegung. Durch die Gräuel, die die Menschen einander in den Kriegen – und da vor allem durch den von den Nazis verübten Holocaust – antaten, rückte das Thema Tierschutz aber ins politische Abseits. Erst in den 1960er und 1970er Jahren begann sich wieder eine Tierschutzbewegung zu formieren, die vor allem die Massentierhaltung sowie den Kampf gegen Tierversuche und die Pelzindustrie in den Fokus rückte. Diese Bewegung hat durchaus Erfolge zu verzeichnen. So gelang es zum Beispiel, der Bevölkerung die tierquälerischen Bedingungen, unter denen Pelztiere wie Nerz oder Fuchs gehalten wurden, vor Augen zu führen. Ein Pelzmantel ist im Gegensatz zu den 1970er Jahren heute längst kein Statussymbol mehr. In Österreich wurde die letzte Pelztierfarm 1998 geschlossen. Auch die Haltung von Legehühnern wurde aufgrund des Drucks von Tierschützern in Deutschland 2010 und in Österreich sogar bereits 2004 (mit einer Übergangsregelung bis 2009) verboten. Es gelang auch, bei zahlreichen Konsumenten ein Bewusstsein für die Qualen von Rindern und Schweinen in der Massentierhaltung zu schaffen sowie über die skandalösen Zustände bei Tiertransporten quer durch Europa zu informieren und so den Druck auf die Gesetzgeber zu intensivieren. Überhaupt haben Tierschutz- wie auch Tierrechtsaktivisten einen wesentlichen Anteil daran, dass die Tierschutzgesetze in europäischen Ländern in den vergangenen Jahrzehnten massiv verbessert wurden und Tiere heute auch in der Rechtsprechung längst nicht mehr als Sache betrachtet werden, sondern als fühlende Lebewesen, die Schutz verdienen. Ein wichtiges Thema der Tierschutzbewegung ist mittlerweile auch das Artensterben. Laut dem 2019 neu veröffentlichten Bericht des UN-Weltbiodiversitätsrates (IPBES) sind eine Million Arten auf der Welt vom Aussterben bedroht.

Allerdings sind die Methoden, derer sich manche der Aktivisten bedienen, auch sehr umstritten. Besonders ins Kreuzfeuer der Kritik geriet die aus den USA stammende Tierrechtsorganisation PETA (»People for the Ethical Treatment of Animals«), die 1980 gegründet wurde und seit 1994 auch in Deutschland aktiv ist. So startete

PETA etwa im Jahr 2003 in den USA die Kampagne »The Holocaust on Your Plate« (Der Holocaust auf deinem Teller), die 2004
auch in Deutschland und Österreich[82] gezeigt werden sollte. Dabei
zeigte PETA Bilder von KZ-Gefangenen aus der Nazizeit und setzte
sie mit Bildern aus der Massentierhaltung in Zusammenhang. »In
den USA war eine ähnliche Kampagne dagegen tatsächlich gelaufen,
eines der Bilder zeigte Kinder in KZ-Häftlingskleidung hinter einem
Stacheldrahtzaun stehend sowie hinter Gittern zusammengepferchte
Schweine. Zwischen den beiden Motiven heißt es sinngemäß übersetzt: ›Öffnen Sie die Augen für den Holocaust der Gegenwart.‹«,
berichtete die *Süddeutsche Zeitung*.[83]

In Deutschland wurde der Tierrechtsorganisation die Verbreitung dieser Bilder gerichtlich untersagt. Zu Recht, wie der Europäische Gerichtshof für Menschenrechte 2012 entschied. »Angesichts des
›spezifischen Kontextes der deutschen Geschichte‹ sei das Verbot der
Kampagne und die damit verbundene Einschränkung des Grundrechts auf Meinungsäußerung der Organisation Peta gerechtfertigt
gewesen, hieß es in dem Urteil. Deutsche Gerichte, die die Aktion
bereits verboten hatten, hätten aus besonderer Rücksicht auf jüdische
Mitbürger gehandelt«, erklärten die Richter. Der Zweck heiligt eben
nicht alle Mittel.

Menschen, die sich wehrten:

Sadako Sasaki (1943–1955)

Sie war erst zweieinhalb Jahre alt, als am 6. August 1945, kurz vor Ende des Zweiten Weltkriegs, in der japanischen Stadt Hiroshima die erste Atombombe der Welt explodierte. Das Haus, in dem das Mädchen mit seinen Eltern lebte, befand sich etwa 1,7 Kilometer von der Einschlagstelle im Zentrum Hiroshimas entfernt. Durch die starke Druckwelle wurde Sadako zwar aus dem Haus geschleudert, überlebte den Bombenangriff aber wie durch ein Wunder völlig unverletzt.

Das Zentrum ihrer Heimatstadt war vollkommen zerstört. Etwa 140.000 Menschen tötete die Bombe sofort, viele weitere starben an den Spätfolgen. Sadako wuchs hingegen völlig unversehrt auf. Ihr Vater hatte einen Frisörsalon und sie ging mit Freude in die Schule, war eine begeisterte Sportlerin und die beste Läuferin in ihrer Klasse.

Im November 1954, neun Jahre nach dem Abwurf der Atombombe, wurde Sadako plötzlich krank. Die Symptome ähnelten anfangs jenen einer Grippe. Als aber ihre Lymphknoten stark anschwollen, brachten ihre Eltern sie ins Spital. Die Ärzte diagnostizierten bei dem zwölfjährigen Mädchen Leukämie, eine Art Blutkrebs. Sie sagten den Eltern, dass ihre Tochter höchstens noch ein Jahr zu leben hatte. Damals war Leukämie in der Umgebung von Hiroshima und auch der japanischen Stadt Nagasaki, auf die von amerikanischen Kampfpiloten eine zweite Atombombe abgeworfen worden war, so weit verbreitet, dass man diese Form von Krebs auch die »Atombomben-Krankheit« nannte.

Sadako musste im Krankenhaus bleiben und bekam Besuch von ihrer besten Freundin, die ihr von der Legende der Kraniche erzählte. Kraniche galten in Japan als heilige Tiere. Das Mädchen erzählte Sadako, dass der Legende nach ein kranker Mensch, der tausend Kraniche aus Papier faltet, wieder gesund werden kann. In Japan hat Origami, eine ganz besondere Papierfaltkunst, schon seit Jahrhunderten Tradition.

Sadako begann sofort, Kraniche zu falten, obwohl sie von der Krankheit schon sehr geschwächt war. So hoffte sie, ihre Krankheit, die in

Hiroshima schon so viele Kinder getötet hatte, doch noch besiegen zu können und am Leben zu bleiben. Aber auch Sadako überlebte die Spätfolgen der Atombombe nicht. Am 25. Oktober 1955, nach acht Monaten im Krankenhaus, starb das Mädchen. Bis zu ihrem Tod hatte sie 644 Kraniche aus Papier gefaltet.

Ihre Mitschüler, geschockt über den Tod ihrer Freundin, falteten die restlichen Kraniche. Seitdem ist der Kranich aus Papier ein Zeichen gegen den Krieg und für den Frieden. Als Erinnerung an Sadako und die vielen anderen Kinder, die Opfer von Kriegen wurden und werden, steht im Friedenspark von Hiroshima ein Denkmal mit der Statue von Sadako, die einen Papierkranich in den Händen hält. Das Denkmal wurde drei Jahre nach ihrem Tod errichtet und bis heute legen Menschen aus aller Welt dort Friedenskraniche ab. Die Aufschrift auf Sadakos Denkmal lautet: »Das ist unser Aufschrei. Dies ist unser Gebet: Für Frieden in der Welt.«

Weiterlesen:
Karl Bruckner: Sadako will leben, Darmstadt 2011.
Hiroshima Peace Memorial Museum, Japan, https://cutt.ly/sCNASI

3. Nicht wegschauen: Wie Zivilcourage funktioniert

»Wir sind Helden« ist der Name einer im Jahr 2000 in Hamburg gegründeten Pop-Rock-Band und wenn wir einmal ehrlich sind: Wer von uns möchte nicht gerne ein Held oder eine Heldin sein? Die eine Person, die sich dagegenstellt, wenn Unrecht geschieht, die nicht wegsieht, sondern den Entrechteten hilft, eine Art Robin Hood der Neuzeit? Oder zumindest eine Heldin oder ein Held des Alltags?

Die schlechte Nachricht: Heldenhaft zu sein ist gar nicht so einfach. Leider gibt es keine Heldenformel, die aus uns die perfekten Helfer macht. Zumindest wurde sie von der Wissenschaft noch nicht gefunden. Zivilcourage zu zeigen ist zwar sehr wichtig – aber nicht immer einfach.

Die gute Nachricht: Zivilcourage kann man lernen. Keiner wird als Held geboren – und genauso wenig als Bösewicht. Wir alle können uns jeden Tag aufs Neue entscheiden, wie wir uns auch in unangenehmen Situationen verhalten. Wer Zivilcourage trainieren will, muss aber zuallererst seine Sinne schärfen.

Was ist Zivilcourage aber eigentlich? Der Begriff ist schon fast 200 Jahre alt. Erstmals tauchte er im Jahr 1835 in Frankreich auf. Das Wort setzt sich aus zwei Wörtern zusammen, die aus dem Französischen stammen: »civil« bedeutet bürgerlich und »courage« bedeutet Mut. Zivilcourage ist also übersetzt Bürgermut. Damit wird der Mut der oder des Einzelnen bezeichnet, in ein Geschehen einzugreifen, anstatt nur teilnahmslos zuzuschauen, sowie auch dann zu seiner Meinung und seinen Werten zu stehen, wenn diese gerade nicht mit der herrschenden Meinung übereinstimmen.

Wer Zivilcourage lebt, schaut im Alltag nicht weg, sondern passt darauf auf, was um ihn herum passiert. Das bedeutet aber nicht, dass man große Heldentaten begehen muss. Es reicht bereits, wenn man sich im Kleinen, im eigenen Umfeld traut, den Mund aufzumachen, wenn man etwas als ungerecht empfindet, und jenen zu helfen, die es nicht so leicht haben. Einfach wachsam zu sein und hilfsbereit, sei es wenn ein alter Mensch Hilfe beim Über-die-Straße-Gehen benötigt oder ein Kind im Einkaufszentrum seine Eltern verloren hat. Oder auch, nicht mitzumachen, wenn ein Mitschüler gemobbt wird, und den anderen klarzumachen, dass so ein Verhalten nicht in Ordnung ist – auch dann, wenn der Großteil der Klasse das nicht so sieht.

Mut ist die Bereitschaft, auch in einer unangenehmen Situation ein Risiko einzugehen. Mut ist etwas sehr Individuelles. Manchen fällt es leichter, auch dann zur eigenen Meinung zu stehen, wenn das sozial nicht akzeptiert ist. Andere wiederum lassen sich von der Meinung der Mehrheit leichter beeinflussen. Mut allein ist aber zu wenig. Mut ohne Köpfchen führt zu Übermut und bringt einen schnell in Gefahr. »Habe Mut, dich deines Verstandes zu bedienen«, sagte schon der deutsche Philosoph Immanuel Kant (1724–1804). Denn genau darum geht es: Zivilcourage bedeutet, eine Situation richtig einzuschätzen, mitzudenken und, wenn es darauf ankommt, den Mut zu haben, aufzustehen und wenn nötig zu widersprechen.

Der Sozialpsychologe Stefan Schulz-Hardt, der an der Universität Göttingen zu Zivilcourage lehrt, sagte in einem Interview mit der deutschen Wochenzeitung *Die Zeit*, man wisse aus der Forschung, dass Menschen, die sich widersetzen, stärkere antiautoritäre Überzeugungen haben als der Durchschnitt der Menschen und auch mehr Empathie.[84]

Veronika Brandstätter, Professorin für Allgemeine Psychologie an der Universität Zürich, beschreibt Menschen mit Zivilcourage als Personen, »die zu einer gewissen inneren Gelassenheit neigen, die in kritischen Situationen nicht zu stark unter Druck geraten, die nicht zu übermäßiger Ängstlichkeit neigen, die in gewisser Weise auch stressresistent sind, das sind Personen, die sicher eine höhere Wahrscheinlichkeit haben, in Zivilcouragesituationen auch einzugreifen«.[85]

Die Wissenschaft kennt den »Bystander-Effekt« oder auch Zuschauer-Effekt; je mehr Menschen eine Person in Not sehen, desto weniger wahrscheinlich ist es, dass der Einzelne eingreift. Stattdessen denkt man sich, wenn so viele zusehen, dann kann es doch nicht so schlimm sein, oder aber es werde schon jemand anderer helfen, und man geht weiter. Evolutionär gesehen ist der Mensch ein Herdentier und hat über Jahrtausende in der Gemeinschaft leichter überlebt. Heute verstehen wir uns zwar als vernunftbegabte Individuen mit klaren Werten; aus der Masse herauszutreten und für andere auch in unangenehmen Situationen einzustehen kostet uns trotzdem Überwindung.

Für Zivilcourage braucht es nicht nur Mut, sondern auch Empathie, also die Fähigkeit, sich in eine andere Person einzufühlen und Mitgefühl zu empfinden. Das ist eine Gabe, die in uns allen steckt, der Mensch ist im Grunde ein mitfühlendes Wesen. Von unseren Vorfahren haben wir aber auch den Instinkt, vor Gefahr zu flüchten. Dieser Urinstinkt stammt noch aus der Zeit, als der Mensch von gefährlichen Tieren, etwa dem Mammut oder dem Säbelzahntiger, bedroht war. Heute bestaunen wir in Europa gefährliche wilde Tiere nur im Zoo und auch in anderen Gegenden muss der Tiger sich davor fürchten, vom Menschen ausgerottet zu werden, und nicht umgekehrt. Der Reflex, aus unangenehmen Situationen zu flüchten, und sei es nur, indem man wegschaut, ist den Menschen aber geblieben.

Ein besonders drastisches Beispiel dafür ist der Mord an der Amerikanerin Kitty Genovese 1964 im New Yorker Stadtteil Queens, als dessen Konsequenz die Wissenschaftler sich vermehrt mit der Frage beschäftigten, wieso Menschen helfen oder auch nicht. Genovese, damals 28 Jahre alt, war Managerin einer Bar in New York und fuhr am 13. März 1964 gegen 3.15 Uhr früh mit dem Auto nach Hause. Sie parkte ihren Wagen etwa 30 Meter entfernt von ihrer Wohnung. Auf dem Weg vom Parkplatz zu ihrer Wohnung stach ihr ein – wie sich später herausstellte – Sexualstraftäter zwei Mal in den Rücken. Genovese schrie:»Oh mein Gott, er hat mich gestochen«, und in ihrem Wohnblock gingen die Lichter an. Einer rief, aber keiner der Bewohner half der Frau. Der Täter verschwand, Genovese schleppte sich schwer verwundet in Richtung ihrer Wohnung. Der Täter kehrte aber zurück und vergewaltigte die schwer verletzte Frau. 32 Minuten dauerte der Überlebenskampf von Kitty Genovese. 37 Zeugen waren anwesend und trotzdem dauerte es 32 Minuten, bis jemand Hilfe rief. Genovese starb auf dem Weg ins Krankenhaus.[86]

Kitty Genovese war kein Einzelfall. Aber der Mord an ihr prägte in der Psychologie den Ausdruck»Genovese-Syndrom« als Ausdruck für dieses untätige Wegsehen. Welch schlimme Folgen kollektive Ignoranz und Empathielosigkeit haben können, zeigte sich etwa Jahrzehnte später, im Sommer 2017, im US-Bundesstaat Florida. Am 9. Juni 2017 ertrank Jamel Dunn, der eine Gehbehinderung hatte, in einem See. Eine Gruppe Teenager zwischen 14 und 18 Jahren beobachtete das Geschehen vom Ufer aus. Doch statt Hilfe zu rufen machten sie Witze über den Ertrinkenden und filmten dessen Sterbenskampf zwei Minuten lag mit ihren Mobiltelefonen. Danach stellten sie das Video ins Internet.[87]

Schon nach dem Mord an Genovese versuchten Psychologen herauszufinden, warum Menschen in einer derart eindeutigen Situation nicht helfen. Das Nachrichtenmagazin *Der Spiegel* berichtete 2013 in einem Artikel über Lebensretter von einem Experiment, das zwei US-Psychologen nach dem Mord an Genovese durchgeführt hatten. Sie setzten Versuchspersonen in einen kleinen Raum. Die Versuchspersonen hatten den Auftrag, über ein Mikrofon mit weiteren Versuchsteilnehmern, die sich im Nebenzimmer befanden, über die Probleme des Studentenlebens zu plaudern. Mal waren es Gespräche zu zweit, dann wieder Konferenzschaltungen mit mehreren Studierenden. Plötzlich hörten die Versuchsteilnehmer eine Stimme, die stammelte, sie brauche Hilfe, und dann die Worte, sie sterbe. Von den getesteten Personen, die dachten, sie würden allein mit der sterbenden Person sprechen, stürzten 85 Prozent aus dem Zimmer, um zu helfen, und das im Schnitt schon nach 52 Sekunden. Waren die Testpersonen aber im Glauben, nicht nur sie, sondern insgesamt sechs Personen würden der sterbenden Person zuhören, verließen nur 31 Prozent den Raum, und das auch erst nach mehr als zwei Minuten.[88]

1968 wiesen auch die beiden Sozialpsychologen John M. Darley und Bibb Latané den sogenannten Zuschauereffekt in einem praktischen Versuch nach. Dabei mimte eine Schauspielerin im öffentlichen Raum einen Sturz oder eine Verletzung. Waren die Testpersonen, die an dieser Szene vorbeikamen, allein, holten 71 Prozent sofort Hilfe. War es jedoch eine Gruppe von Leuten, reagierten nur 40 Prozent der Testpersonen.[89] Je mehr Augenzeugen anwesend sind, desto geringer ist also die Wahrscheinlichkeit, dass jemand aktiv eingreift und Hilfe holt.

In unseren Genen steckt auch, dass wir uns der Gruppe anpassen, denn über Jahrtausende hindurch konnte der Mensch nur im Kollektiv überleben und noch heute benötigen Babys nicht nur Nahrung und Wärme, sondern auch Liebe und Zuwendung, um zu wachsen und gesund zu bleiben. Der Mensch ist eben ein soziales Wesen.

Wie stark der Gruppendruck auch heute noch wirkt, zeigte ein Experiment des amerikanischen Psychologen Solomon Asch, das dieser im Jahr 1951 durchführte und das als »Asch-Experiment« oder »Konformitätsexperiment« bekannt wurde. Der Psychologe ließ eine Versuchsperson einen Raum betreten, in dem bereits sechs weitere Teilnehmer an diesem Experiment saßen. Die Versuchsperson wusste nicht, dass die übrigen Teilnehmer in den Versuch eingeweiht waren. Der Versuchsperson wurden vier gerade Linien gezeigt, davon waren drei von unterschiedlicher Länge. Die Versuchsperson musste nun entscheiden, welcher der drei Linien die vierte Linie entsprach. Zuerst entschied sie dies, ohne zu wissen, was die übrigen Testpersonen dachten, und traf die richtige Entscheidung. Sobald aber die übrigen, in das Experiment eingeweihten, Versuchspersonen absichtlich eine falsche Antwort gaben, begann auch die Testperson zu zweifeln und gab in 76 Prozent der Fälle ebenfalls eine falsche Antwort. Ein Viertel der getesteten Personen ließ sich nicht vom Gruppendruck beeinflussen, sondern blieb bei seiner Meinung.

Zehn Jahre später führte der Sozialpsychologe Stanley Milgram ein Experiment durch, das zeigte, wie sehr sich die Menschen von Autoritäten leiten lassen und wie wenig von ihrem eigenen Gewissen. Milgram ging es darum, zu prüfen, wie sehr sich Menschen autoritären Anweisungen unterordnen. In dem Versuch wurde eine Testperson, die die Rolle eines Lehrers einnahm, aufgefordert, Schülern einen elektrischen Schlag zu verpassen, wenn diese eine Aufgabe nicht richtig lösten. Den Testpersonen wurde zuvor gesagt, es handle sich um eine Studie über den Zusammenhang zwischen Bestrafung und Lernerfolg. Der vermeintliche Schüler war aber ein Schauspieler, der noch dazu an einen Sessel gebunden war, der bewusst Ähnlichkeiten mit einem elektrischen Stuhl hatte.

Nach jedem Fehler des Schülers verlangte der Versuchsleiter von der Testperson, die Stärke des elektrischen Schlages um 15 Volt zu erhöhen. Wann immer die Testperson den Versuch abbrechen wollte, gab der Versuchsleiter stets gleich lautende Anweisungen: »Bitte fahren Sie fort«, »Das Experiment verlangt, dass Sie fortfahren« oder »Sie haben keine andere Wahl, Sie müssen weitermachen«. Das Ergebnis: Der überwiegende Teil der Testpersonen brach das Experiment auch dann nicht ab, als der vermeintliche Schüler wegen der Elektroschocks vor Schmerzen brüllte und die Testperson anflehte, aufzuhören.

Von diesem Experiment gibt es verschiedene abgewandelte Versuchsreihen, von denen eine in Bezug auf Zivilcourage besonders interessant ist. Dabei wurde der Versuch so angeordnet, dass die Testpersonen einige Minuten warten mussten und dabei den vorhergehenden Test mitverfolgen konnten. Sie sahen so andere Personen vor ihnen, die ebenfalls den Elektroschocker bedienten. Auch bei diesem Experiment waren die vermeintlichen Testpersonen, die zuvor an der Reihe waren, Schauspieler. Ging der als Testperson getarnte Schauspieler bis zur höchsten, tödlichen Stromstärke, so taten dies danach auch 90 Prozent aller Versuchspersonen.[90] Wenn der Schauspieler hingegen das Experiment abbrach und sich weigerte, weitere Elektroschocks zu verabreichen, sank die Gehorsamkeitsrate unter den Testpersonen auf unter zehn Prozent. Zivilcourage erzeugt also einen Dominoeffekt. Genau deshalb ist es so wichtig, kein Bystander zu sein, der wegschaut, wenn etwas Schlimmes passiert; sondern ein Upstander, der aufsteht, lautstark gegen Unrecht auftritt und so andere dazu bewegt, ebenfalls nicht wegzuschauen.

Es gibt Tricks, die helfen, auch in unangenehmen Situationen nicht wegzuschauen. Sieht man eine fremde Person in einer Notsituation, hilft es schon sehr, sich kurz zu überlegen, wie man reagieren würde, wenn es sich um den besten Freund oder die beste Freundin handelte. Grundsätzlich gilt:

1. Wenn man jemanden in einer Notsituation beobachtet, gibt es nur eines, was man nicht tun sollte: nichts tun. Ist jemand in einer Notsituation, muss man handeln. Hat man das Gefühl, direkt einzugreifen könnte gefährlich sein, kann man trotzdem die Polizei rufen.

2. Immer darauf achten, dass man sich nicht selbst in Gefahr bringt.

3. Mit dem Opfer Sichtkontakt aufnehmen.

4. Aktiv Mithelferinnen und Mithelfer suchen. Einfach andere direkt ansprechen und ihnen sagen, was sie tun sollen. Wer aufgefordert wird, zu helfen, kann nicht mehr so leicht wegsehen. Am besten, die Personen direkt ansprechen (»Sie mit dem grünen T-Shirt und der Brille!«), dadurch hebt man die sogenannte Verantwortungsdiffusion auf und es fällt den Leuten schwerer, Teil der schweigenden Masse zu bleiben. Auch in anderen Situationen, zum Beispiel wenn man Mobbing beobachtet, hilft es, sich Verbündete zu suchen. Selbst wenn sich außer einem selbst bis jetzt niemand getraut hat, offen gegen das Mobbing aufzustehen, gibt es sicherlich auch andere, die sich in dieser Situation unwohl fühlen.

5. Den Fokus auf das Opfer richten. Manchmal besteht die beste Hilfe darin, eine Person, die bedroht wird, in Sicherheit zu bringen. Entweder die Person direkt fragen, ob man ihr helfen kann. Oder auch Tricks anwenden: Wenn man zum Beispiel merkt, dass eine Person in der U-Bahn angepöbelt wird, kann man sie nach dem Weg fragen und sagen, man kennt sich in der Gegend nicht so gut aus, und sie bitten,

den Weg zu zeigen. So kommen das Opfer und die Person, die hilft, leichter aus der Gefahrensituation. Zivilcourage bedeutet sicher nicht, eine Täterin oder einen Täter zu verfolgen und sich so selbst in Gefahr zu bringen. Zivilcourage kann aber sehr wohl bedeuten, gemeinsam mit dem Opfer die Flucht anzutreten. Oder aber man traut sich nicht in die Nähe des Täters oder der Täter und will trotzdem etwas tun. Dann kann man zum Beispiel einfach laut zu singen beginnen. Dadurch lenkt man die Aufmerksamkeit anderer auf das Geschehen und schafft für den Täter oder die Täterin eine irritierende Situation. Aber auch hier gilt: Auf keinen Fall sich selbst bewusst in Gefahr begeben.

6. Sich die Täterin oder den Täter genau ansehen. Wie groß ist die Person? Wie alt? Welche Frisur hat sie? Welche Kleidung trägt sie? Gibt es sonst noch besondere Merkmale? Selbst wer nur aus der Ferne zusehen kann, hilft dem Opfer, indem er oder sie als Zeuge zur Verfügung steht und hilfreiche Informationen liefert. Falls möglich (aber wirklich nur, wenn man sich dadurch nicht in Gefahr bringt!), kann man auch Fotos oder ein Video am Handy anfertigen.

7. Don't dream it, be it (Träume nicht davon, tu es einfach): Nur die allerwenigsten von uns werden zum Lebensretter. Das ist auch gut so, weil es vor allem daran liegt, dass wir alle nicht so oft in Situationen kommen, in denen es um Leben und Tod geht. Aber warum wie das Dornröschen darauf warten, dass uns einmal der Prinz küsst und wir ein Menschenleben retten dürfen? Zivilcourage fängt schon im ganz Kleinen an. Und da gibt es mehr als genug zu tun. Wer es schafft, dort, wo es nicht gefährlich ist, zu seiner Meinung zu stehen, auch wenn es unangenehm ist, oder jenen zu helfen, über die gerne hinweggesehen wird, wird dann, wenn es wirklich darauf ankommt, eher den Mut haben, aufzustehen und Heldenhaftes zu leisten.

8. Zum Schluss die allerwichtigste Regel in Sachen Zivilcourage: Sich und andere NIE, NIE, NIE bewusst in Gefahr bringen! Ein unnötiges Risiko einzugehen ist alles andere als heldenhaft.

Und immer bedenken: Verantwortlich ist man nicht nur für das, was man tut, sondern auch für das, was man nicht tut. Das wusste schon der berühmte chinesische Philosoph Lao-Tse, der irgendwann zwischen 600 und 400 vor Christus (eine genauere Datierung ist nicht möglich) auf der Welt war. Seine Erkenntnis gilt heute noch genauso.

Beispiele für Zivilcourage
Handwerker gegen Rassismus
Eine barrierefreie Dusche in einem Mehrfamilienhaus einzubauen ist für Installateure normalerweise keine große Sache. Für eine Firma in der Nähe von Bremen war ein solcher Auftrag im August 2018 aber nicht durchführbar. Als der Monteur mit seinem Praktikanten vor der Tür stand, blieb die Tür zu. Denn der Praktikant ist im afrikanischen Staat Mali geboren und die Auftraggeberin erklärte, sie lasse auf keinen Fall einen Schwarzen in ihr Haus. Das Unternehmen stellte sich hinter seinen Praktikanten, machte die Diskriminierung öffentlich, übergab den Fall einem Anwalt und stellte der Kundin sämtliche entstandenen Kosten in Rechnung.[91]

Sexismus im Zug
Sitznachbarn im Zug, die laut telefonieren, sind prinzipiell mühsam. Was aber der junge Schweizer Gil Wenger im Zugabteil mithören musste, war einfach zu viel. »Das ist noch vertraulich, aber wir haben die Frau Winkler eingestellt. [...] Jaaa, die muss sich erst noch beweisen. [...] Das Gute ist, dass wir dadurch die Frauenquote wieder etwas verbessern können. Und zum Glück in einem Bereich, in dem es nicht so schlimm ist. [...] Immerhin ist sie nicht mehr schwangerschaftsgefährdet«, habe der Mann gegenüber lautstark ins Telefon gesprochen, erzählte Wenger später einer Zeitung, Das wollte er nicht einfach so stehen lassen. Weil der Mann gegenüber während der Fahrt ohnehin immer wieder auf seinen Laptop geschaut habe, tippte Wenger in roten Lettern und in der maximalen Schriftgröße folgende Botschaft in seinen Computer: »Frauenquoten sind schon deswegen nötig, damit es weniger Kotzbrocken wie dich in Führungspositionen gibt.« Das habe der Herr gegenüber nicht lustig gefunden. Er habe »Frechheit« in sein Handy gemurmelt,

sei aufgestanden und gegangen. Aber immerhin: Die Botschaft ist angekommen.[92]

Alle für einen

Betroffen war nur einer, reagiert hat das ganze Team: Als die jungen Eishockeyspieler des U-14-Teams von »Metro Maple Leafs« während eines Matches bemerkten, dass die gegnerische Mannschaft den 13-jährigen Divyne, den einzigen schwarzen Spieler in ihrem Team, mit Affengeräuschen provozierten und rassistisch beschimpften, kam es zu einer Prügelei auf dem Eis. Dadurch erfuhren auch die Eltern der Teenager, wie der Mitspieler beschimpft wurde. Eine Mutter kreierte daraufhin einen Aufkleber: einen roten Kreis, in dessen Mitte das Wort »racism« steht, durchgestrichen von einem roten Eishockeyschläger. Beim nächsten Spiel hatte jeder Spieler der »Metro Maple Leafs« diesen Sticker auf seinem Schläger. Für den dunkelhäutigen Mitspieler Divyne war das etwas ganz Besonderes: »Ich fühlte mich anerkannt und dass ich dazugehöre. Dass es eben nicht nur mein Vater oder meine Familie waren, denen das wichtig ist«, sagte er in einem Interview. Aber auch für den Rest der Mannschaft zahlte sich die Zivilcourage aus: Sie wurden von den berühmten Washington Capitals als Ehrengäste zu einem ihrer Spiele eingeladen.[93]

Ein unbeugsamer Richter

Jan-Robert von Renesse ist ein deutscher Sozialrichter und hatte es ab Anfang der 2000er Jahre auch mit Anträgen für sogenannte Ghettorenten zu tun. Denn 2002 hatte der Deutsche Bundestag beschlossen, dass auch Menschen, die während der Nazidiktatur in Ghettos Zwangsarbeit leisten mussten, Anspruch auf eine Rente haben. Allerdings hatten die Betroffenen kaum eine Chance, diesen Anspruch auch geltend zu machen. Es gab zwar das Gesetz, die Rentenkassen lehnten aber 93 Prozent der etwa 88.000 Anträge ab oder verschleppten sie in geheimer Absprache mit der Justiz. Sozialrichter Renesse machte da nicht mit. Im Gegensatz zu vielen seiner Kollegen, die sich in ihren ablehnenden Bescheiden einfach auf alte Nazi-Akten beriefen, reiste Renesse viele Male persönlich nach Israel, um Überlebende zu befragen, und er arbeitete eng mit Historikern zusammen. Dadurch konnte er den Klägern in 60 Prozent aller Fälle recht geben.

Aber nicht nur das, Renesse machte die unmenschliche Praxis der deutschen Justiz gegenüber den Holocaustüberlebenden öffentlich, was ihm ein Disziplinarverfahren einbrachte. Und auch Mobbing von manchen seiner Kollegen aus der Richterschaft. Die Hartnäckigkeit des unbeugsamen Richters machte sich aber bezahlt. Der Bundestag änderte schließlich aufgrund einer Petition von Renesse das Ghettorentengesetz so, dass Holocaustüberlebende, die Zwangsarbeit leisten mussten, eine faire Chance erhielten. Und Richter Renesse wurde schließlich 2017 für sein Engagement mit dem Preis für Zivilcourage der Stadt Dachau ausgezeichnet.[94]

Mit Nähzeug Zivilcourage zeigen
Die Bilder waren quer durch Europa und die USA gereist und nie war etwas passiert. Nie war etwas passiert. Als aber der Fotokünstler Luigi Toscano seine großformatigen Porträts von Holocaustüberlebenden mitten im Zentrum von Wien, auf der berühmten Ringstraße zwischen Parlament und Heldenplatz ausstellte, wurden die Werke gleich zwei Mal attackiert. Die Täter kamen nachts und schmierten beim ersten Mal Hakenkreuze auf die Gesichter der Überlebenden der Nazidiktatur. Kurz darauf kamen sie wieder im Schutz der Nacht und zerschnitten die großformatigen Porträts. »Österreich, was ist los mit dir?«, schrieb Toscano daraufhin auf Facebook und stellte Bilder seiner zerstörten Werke ins Internet. So wurden zahlreiche Wiener auf die Zerstörung aufmerksam. Viele fuhren daraufhin zur Ringstraße, manche von ihnen hatten Nähzeug eingepackt und begannen, die zerschnittenen Bilder in mühevoller Detailarbeit mit viel Liebe zu reparieren. Die Künstlergruppe Nesterval postierte sich mit einem Karton mit der Aufschrift »Gegen das Vergessen. Wir stehen für euch Wache« vor den Bildern und rief dazu auf, die Kunstwerke bis zum Ende der Ausstellung Tag und Nacht zu bewachen. Die young-Caritas Wien, die Jugendorganisation der katholischen Caritas, und die Muslimische Jugend riefen ebenfalls zu spontanen Mahnwachen auf, schließlich wurde daraus eine gemeinsame Aktion von young-Caritas, Katholischer Jugend, Muslimischer Jugend, der Jüdischen Hochschülerschaft und Nesterval. Zahlreiche Bürger setzten sich mit Campingsesseln zur Ausstellung, brachten den freiwilligen Helfern Getränke und Essensspenden oder legten Blumen vor den Bildern

ab. Der Bundespräsident stattete den Aktivisten ebenso einen Solidaritätsbesuch ab wie der Wiener Bürgermeister. Weil gerade der islamische Fastenmonat Ramadan war, brachte der Oberrabbiner der jüdischen Gemeinde der Stadt den jungen Muslimen, die die Bilder der Holocaustüberlebenden bewachten, ein Fastenbrechen-Mahl. Was als böser Akt mit der Zerstörung von Bildern begann, konnte dank der Zivilcourage und des Engagements vieler in ein starkes Zeichen der Solidarität und des Miteinanders verwandelt werden.[95]

Lebensretterinnen im Vorbeifahren
Als Christina Hausner und Julia Oberparleiter im bayerischen Altenerding im Frühsommer 2019 kurz vor 22 Uhr mit dem Auto über einen Bahnübergang fahren wollten, sahen sie im Scheinwerferlicht einen Mann auf den Gleisen liegen. Die beiden Frauen sprangen aus dem Auto, fassten den stark alkoholisierten Mann unter und zogen ihn rechtzeitig von den Schienen. So retteten die beiden 19-Jährigen das Leben des ihnen Unbekannten, denn kurz darauf gingen die Schranken des Bahnübergangs hinunter und die nächste S-Bahn rollte heran. Der etwa 60 Jahre alte Mann war schon länger auf dem Bahnübergang gelegen und hatte es aus eigener Kraft nicht geschafft, auf die Beine zu kommen.[96]

Nazis wegrocken
Als Birgit und Horst Lohmeyer 2003 ein denkmalgeschütztes Forstgut im kleinen Ort Jamel kauften, wussten sie noch nicht, wo sie da eigentlich gelandet waren. Jamel in Mecklenburg-Vorpommern stand schon in den Schlagzeilen, weil Neonazis dort den Geburtstag Adolf Hitlers feierten. Der Ort entwickelte sich zu einem der Hotspots der deutschen Neonaziszene und die Lohmeyers aus Hamburg-St. Pauli waren nun die neuen Nachbarn. Doch anstatt sich an die einschlägigen Nachbarn anzupassen, den Mund zu halten oder das Weite zu suchen, startete das Ehepaar ein jährliches Festival gegen Rechts. »Jamel rockt den Förster«, heißt es seit 2017 jedes Jahr. Es ist ein Festival, das klar gegen Rechtsextremismus und für Toleranz steht. Manchem Nachbarn gefällt das gar nicht. Die Lohmeyers hatten schon eine tote Ratte im Briefkasten, bekamen »Fuck off Antifa« auf das Trafohäuschen an ihrem Grundstück gesprayt, ihre Autoreifen

wurden aufgestochen und vieles mehr. Trauriger Höhepunkt war 2015, als kurz vor dem Festival ihre Scheune niederbrannte. Die Feuerwehr fand Brandbeschleuniger, aber keine Täter. Die Lohmeyers haben trotzdem nicht aufgegeben – im Gegenteil. Der musikalische Kampf gegen die Neonazis im Dorf wurde für sie zur Lebensaufgabe. Waren beim ersten Mal nur 30 Festivalbesucher in Jamel, rockte 2018 der Sänger Herbert Grönemeyer als Überraschungsgast vor 1.800 Gästen. In Jamel selbst leben knapp 40 Einwohner. Zumindest an einem Abend im Jahr schaffen es die Lohmeyers mit ihrem Festival, dass die Demokraten in Jamel klar in der Mehrheit sind.[97]

Menschen, die sich wehrten:

Malala Yousafzai (*1997)

Sie war noch ein Schulkind, als die Taliban im Swat-Tal, jener Region in Pakistan, in der Malala Yousafzai mit ihren Eltern lebte, immer stärker wurden. Die Taliban sind eine islamistische Terrorbewegung, die es Frauen und Mädchen ab acht Jahren aus religiösen Gründen verbietet, mit Männern in Kontakt zu treten. Sie dürfen nur mit Blutsverwandten oder Ehepartnern sprechen. Auf der Straße müssen Frauen eine Burka tragen und ein Schulbesuch ist ab dem 8. Lebensjahr ebenfalls verboten.

Auch im Swat-Tal verboten die Taliban den Menschen, Musik zu hören, zu tanzen, und den Mädchen verboten sie, zu lernen. Malala wollte aber etwas lernen und ging weiter zur Schule.

Ein Freund ihres Vaters, der für die BBC arbeitete, hatte die Idee, eine Schülerin der Welt erzählen zu lassen, was es bedeutet, unter dem Terror der Taliban zu leben. Am 3. Jänner 2009, Malala war gerade erst elf Jahre alt, schrieb sie unter dem Pseudonym »Kornblume« ihren ersten Blogeintrag für die BBC: »Ich habe Angst. Gestern hatte ich einen furchtbaren Traum, von Militärhubschraubern und den Taliban. Ich träume oft so, seit die Militäroperation in Swat begonnen hat. Meine Mutter hat mir Frühstück gemacht, und ich bin zur Schule gegangen. Ich hatte Angst, weil die Taliban einen Erlass herausgegeben haben, der alle Mädchen vom Schulbesuch ausschließt. In der Klasse waren nur elf von 27 Schülerinnen ... Auf dem Weg zur Schule hörte ich einen Mann sagen: ›Ich bringe dich um.‹ Ich ging schnell weiter, und als ich etwas später zurückschaute, war er immer noch hinter mir. Aber zu meiner großen Erleichterung sprach er in sein Mobiltelefon und muss jemand anderen bedroht haben.«[98]

In ihrem Blog berichtete sie darüber, wie die Taliban Mädchenschulen zerstören, wie sie traurig zu Hause sitzt und auf ihre Schuluniform, ihr Geodreieck und ihre Stifte sieht, während die Buben am nächsten Tag wieder zur Schule gehen dürfen, wie es ihr verboten wird, ihr schönes pinkes Kleid anzuziehen, weil die Taliban nicht wollen, dass die Mädchen schöne Kleider tragen.[99]

2011 wurde öffentlich, wer sich hinter dem Pseudonym »Kornblume« verbarg. Malala setzte sich weiterhin öffentlich dafür ein, dass Mädchen die Schule besuchen dürfen. Auch sie selbst fuhr weiterhin mit dem Schulbus zum Unterricht.

Bis zum 9. Oktober 2012. An diesem Tag steigt ein bewaffneter Mann in den Bus, fragt »Wo ist Malala?« und schießt dem Mädchen zwei Mal in den Kopf. Der Busfahrer, der sofort ins nächste Spital rast, rettet ihr das Leben. Malala schwebt in Lebensgefahr, wird in die pakistanische Hauptstadt Islamabad überstellt und weiter in ein auf Schusswunden spezialisiertes Militärspital im britischen Birmingham.

Monatelang wird sie stationär behandelt, erst im Jänner 2013 kann sie das Spital zum ersten Mal verlassen. Ihren Kampf für das Recht auf Bildung für alle Mädchen auf der Welt hat die mittlerweile 16-Jährige aber auch nach dem Attentat nicht aufgegeben. Ganz im Gegenteil: Der von ihr und ihrer Familie gegründete »Malala Fonds«[100] unterstützt Mädchenbildungsprojekte nicht nur in Pakistan, sondern auch in Ländern wie Indien, Syrien, Afghanistan oder Nigeria. Malala selbst studiert seit 2018 Philosophie, Politikwissenschaft und Wirtschaft an der Universität Oxford. Und hat immer noch einen Traum: »Ich glaube, dass während meiner Lebenszeit erreicht wird, dass jedes Mädchen auf der Welt die Schule besuchen darf.«

Weiterlesen:
Viviana Mazza: Die Geschichte von Malala. München 2014.

4. Du bist nicht allein: Viele tun etwas

Fast jeder Zweite über 14 Jahren engagiert sich für seine Mitmenschen und unsere Gesellschaft. Auch wenn im Detail Unterschiede bestehen: Freiwilliges Engagement findet man in allen Altersgruppen und Bevölkerungsschichten. Junge Menschen und Erwachsene bis 49 Jahre leisten überdurchschnittlich oft Freiwilligenarbeit. Besonders oft engagieren sich Angehörige der gesellschaftlichen Mittelschicht, die berufstätig und gut ausgebildet sind.

In Deutschland und Österreich engagieren sich mehr als 40 Prozent aller Menschen freiwillig – eine ziemlich hohe Zahl, die bedeutet, dass fast jeder zweite Deutsche und Österreicher Freiwilligenarbeit für die Gesellschaft leistet.

Aktiv werden und sich für die Gesellschaft engagieren – oft denken wir dabei zuerst an große Demonstrationen, zivilen Ungehorsam gegen himmelschreiende Ungerechtigkeiten, abgekämpfte Katastrophenhelfer oder heldenhafte Ärzte, die unter Einsatz ihres Lebens hochansteckende Ebolakranke behandeln. Wer die Latte so hoch hängt, hat nicht nur Schwierigkeiten, selbst aktiv zu werden und für sich die passende Form gesellschaftlichen Engagements zu finden, sondern wird möglicherweise auch die hohe Zahl freiwillig engagierter Menschen stark anzweifeln.

Aber Engagement für die Gesellschaft beginnt nicht bei Tätigkeiten, die großes Wissen, Können, Risikobereitschaft und Selbstaufopferung erfordern. Unsere Gesellschaft lebt von vielen kleinen Beiträgen, die tausende ganz normale Menschen tagtäglich leisten. Freiwilligenarbeit leistet nicht nur der Hundeführer eines Personensuchhunds, der nach einem Erdbeben in Südostasien in das Katastrophengebiet fliegt und unter großen Entbehrungen und Gefahr für sein eigenes Leben mit seinem Hund Erdbebenopfer unter den Trümmern von eingestürzten Häusern sucht. Freiwilligenarbeit leisten auch die zehntausenden Fußballtrainer in den Sportvereinen kleiner Dörfer und Städte in den Regionalligen des Landes, die fußballbegeisterten Kindern die Möglichkeit geben, ihre Leidenschaft auszuleben, regelmäßig zu trainieren und vielleicht sogar an Wettkämpfen teilzunehmen. Die Mitglieder von Blasmusikkapellen leisten einen wichtigen Beitrag für die Vermittlung von Fertigkeiten an Musikinstrumenten und die Erhaltung von Kulturgut. (Das gilt übrigens auch, wenn man Blasmusik nicht mag. Viele Orchestermusiker, Jazzmusiker und Künstler moderner Musikrichtungen haben ihre ersten musikalischen Auftritte als Jugendliche mit Musikvereinen kleiner Dörfer und Städte absolviert, in denen sie aufgewachsen sind.) Omas, die sich einmal die Woche im Sozialzentrum treffen und Migrantenkindern aus deutschsprachigen Kinderbüchern vorlesen, legen den Grundstein dafür, dass diese Kinder später gute Jobs bekommen und ein gutes Leben in ihrer neuen Heimat führen können. Trachtenvereine, Singgruppen, Nachbarschaften, Stammtischgruppen, der Alpenverein, Feuerwehren und viele andere leisten jeweils in ihrem Bereich unzählige kleine, oft hochspezialisierte Beiträge, die als jeweils eigenständige Bausteine gemeinsam ein großes buntes Bild ergeben – das Gesamtbild unseres sozialen Miteinanders und des großen Netzwerks unserer Gesellschaft, wie wir sie kennen und wie sie der Staat allein nie für uns erhalten könnte. Gesellschaftliches Engagement beginnt also im Kleinen. Und ein wesentlicher Teil unseres Umfelds und unseres gesellschaftlichen Lebens ist gerade von diesen kleinen, nur scheinbar weniger wichtigen Beiträgen geprägt. In einer Gesellschaft ohne diese kleinen Beiträge würde es ziemlich schnell ungemütlich werden. Um sich das zu verdeutlichen, muss man sich nur eine Welt ohne Sportvereine, Musikschulen, Nachbarschaftsfeste, Rettungsdienste, Schülerlotsen, Bergrettung, Feuerwehren, Tierschutzvereine, Suppenküchen und viele, viele andere vorstellen.

Was ist Freiwilligenarbeit?
Wer wissen will, wie häufig Menschen für unsere Gesellschaft freiwillige Leistungen erbringen, muss Freiwilligentätigkeit zunächst definieren. Im Wesentlichen liegt für Forscher und Statistiker Freiwilligentätigkeit vor, wenn eine natürliche Person (ein Mensch) Leistungen für andere erbringt, ohne dazu verpflichtet zu sein und ohne dafür Geld zu verlangen.

Freiwilligentätigkeit unterteilt man in formelle und informelle Freiwilligenarbeit. Formelle Freiwilligenarbeit erfolgt über Engagement in Vereinen, Religionsgemeinschaften, Feuerwehren, Rettungsdiensten, über offizielle Stellen des staatlichen Gemeinwesens oder andere formelle Institutionen. Informelle Freiwilligenarbeit erfolgt außerhalb solcher Institutionen durch Menschen, die ohne besondere Organisation freiwillig Tätigkeiten zum Nutzen der Gesellschaft übernehmen. Dabei handelt es sich überwiegend um Leistungen, die auf privater Basis erbracht werden, also direkt zwischen dem Freiwilligen und dem »Leistungsempfänger«, also jener Person, die vom freiwilligen Engagement profitiert. Sehr oft sind dies Handlungen, die wir der Nachbarschaftshilfe zuordnen (zum Beispiel wenn Menschen für ihre betagten Nachbarn die Einkäufe erledigen oder Eltern nicht nur dem eigenen Kind bei den Hausaufgaben helfen, sondern auch dem Flüchtlingskind, das dieselbe Schulklasse besucht). Studien zeigen, dass sich in formeller und informeller Freiwilligenarbeit etwa gleich viele Menschen engagieren.

Mit Freiwilligen durchs Jahr
Fotokalender gibt es von Jungbäuerinnen, Feuerwehrmännern, Blasmusikkapellen und vielen anderen Vereinen und Bevölkerungsgruppen. In Österreich gibt es auch einen Freiwilligenkalender, der mit 52 Fotos (für jede Kalenderwoche eines) durch das Jahr begleitet. Jeder kann Fotos von Freiwilligenarbeit an die Redaktion des Freiwilligenkalenders einsenden, die dann die besten Fotos für den Kalender aussucht.

Alle Kalenderfotos zeigen Freiwillige aus den unterschiedlichsten Sparten bei ihrer Freiwilligenarbeit, unter anderem Bergretter mit Lawinensuchhunden und bei der Personenbergung aus Gletscherspalten, Flüchtlingshelfer der Caritas mit Kindern in Sammelunterkünften, Mitglieder der Berg- und Naturwacht bei der Motorsägenarbeit, Feuerwehrleute im Einsatz nach einem Zugunglück, Kinder und Erwachsene beim Müllsammeln in der Natur, die Wasserrettung beim Hochwassereinsatz und viele andere Menschen, die auf fast allen Fotos konzentriert und zufrieden wirken und lachen.

Der Kalender vermittelt Wissen über Freiwilligenarbeit und würdigt diese für das Gemeinwesen unschätzbare Arbeit. Bestellen kann man den Freiwilligenkalender unter freiwilligenweb@sozialministerium.at.

… und wem nützt sie?
Freiwilligenarbeit nützt natürlich in erster Linie dem »Leistungsempfänger«. Den größten Nutzen an der Tätigkeit des Bergretters, der unter Einsatz seines Lebens nach einem Lawinenabgang im

Hochgebirge nach Lawinenopfern sucht, hat der Gerettete, der rechtzeitig ausgegraben wird, bevor er unter den Schneemassen erstickt.
Auch wem die Nachbarschaftshilfe nützt, die einen regelmäßigen
Einkaufsdienst für alte und immobile Mitbewohner organisiert, ist
augenscheinlich. Aber der Nutzen von freiwilligem Engagement geht
weit über diesen direkten Nutzen hinaus.

Freiwilligenarbeit ist so häufig, dass sie auch gesamtwirtschaftlich
ins Gewicht fällt. Legt man den knapp 15 Millionen in Österreich
jede Woche (!) freiwillig geleisteten Arbeitsstunden den von Eurostat
für 2018 errechneten österreichischen Brutto-Durchschnittsstunden-
lohn von 29,80 Euro zugrunde, ergibt das einen Wert von 447 Millionen Euro, den Österreichs Engagierte Woche für Woche in Form
von Freiwilligenarbeit unserer Gesellschaft zugutekommen lassen
(das sind ungefähr 50 Euro pro Kopf und Woche).

Freiwilligenarbeit schafft aber nicht nur volkswirtschaftlichen
Wert in Form von Arbeitsstunden, die ohne Bezahlung erbracht
werden. Sie unterstützt auch den Aufbau von sozialem Kapital, indem
in ihrem Rahmen unterschiedlichste Menschen aus verschiedensten
Lebenswelten miteinander in Berührung kommen und so Verständnis für den jeweils anderen entwickeln können (zum Beispiel wenn
Topmanager im Rahmen einer betrieblichen Hilfsaktion in einem
Sozialmarkt mit Langzeitarbeitslosen und prekär lebenden Alleinerzieherinnen in Kontakt kommen).

Freiwilligenarbeit wirkt gerade durch diesen Kontakt unter-
schiedlichster Menschen in ganz besonderem Maß integrierend.
Denn durch Freiwilligenarbeit erhalten Menschen mit geistigen
und körperlichen Beeinträchtigungen auch außerhalb ihrer Familien
Kontakt mit anderen Menschen, Migranten mit Inländern, hochbetagte Menschen mit Jugendlichen. Im besten Fall entstehen
Bindungen, die in echte Freundschaft auch außerhalb der Institutionen münden, in deren Rahmen die Freiwilligenarbeit ursprünglich
erbracht wurde. Freiwilligenarbeit trägt damit zur soziokulturellen
Integration von Randgruppen in unsere Gesellschaft bei und eröffnet
diesen Randgruppen so die Chance auf echte Teilhabe am Leben der
Mehrheitsgesellschaft.

Freiwilliges Engagement ist deshalb immer auch politisch.
Ganz besonders trifft das auf formelle Freiwilligenarbeit zu. Denn

die meisten Freiwilligeninstitutionen verstehen sich als Organe der Zivilgesellschaft und beteiligen sich aktiv an politischen Prozessen. Das trifft nicht nur auf Kirche, Diakonie und Caritas zu, die sich regelmäßig zu steuerpolitischen Themen, Verteilungsgerechtigkeit und Migrationspolitik äußern und sich dabei direkt an Politiker und Parteien wenden. Auch Umweltinitiativen, Künstlerkollektive und andere Gruppierungen verfolgen Ziele, die letztendlich politisch sind und zu deren Umsetzung sie sich direkt an die Politik wenden (zum Beispiel durch Demonstrationen oder Informationskampagnen). Genau betrachtet hat aber auch informelles Engagement immer eine politische Komponente. Denn bereits der Tatsache, dass jemand eine Aufgabe übernimmt, um einen Missstand in der Gesellschaft zu beseitigen (zum Beispiel jenen, dass sich niemand um das hochbetagte Ehepaar in der Nachbarwohnung kümmert), wohnt eine politische Aussage inne. Man akzeptiert eben nicht, dass die Gesellschaft auf ihre Alten vergisst, Migrantenkinder oder Kinder schlecht verdienender Alleinerzieherinnen von Schulveranstaltungen und gesellschaftlicher Teilhabe ausgeschlossen sind oder dass hunderte Kröten vor der eigenen Haustür auf ihrer Laichwanderung im Frühling nachts von Autos plattgefahren werden.

Freiwilliges Engagement hilft einem nicht zuletzt immer auch selbst. Es macht Spaß, es macht zufrieden, es macht stolz, dass man nicht einfach zuschaut, sich nicht alles gefallen lässt, nicht jeden Missstand unwidersprochen hinnimmt. Das Gefühl, etwas geschafft, einen Missstand bekämpft oder gar beseitigt zu haben, für eine gerechte Sache einzutreten, stärkt das eigene Selbstbewusstsein. Und was gibt es Schöneres als das Gefühl, jemandem geholfen zu haben? Schlussendlich erwirbt man mit freiwilligem Engagement auch Kompetenzen und Qualifikationen, die auch für den Arbeitsmarkt nützlich sein und den »Wert« des freiwillig Engagierten am Arbeitsmarkt steigern können. Viele Unternehmen werten freiwilliges Engagement bei Bewerbern positiv. Vor allem in den USA ist es in vielen Unternehmen schon seit Jahren Standard, die Bewerber um einen Job auch danach zu fragen, wo und wie sie sich in der Vergangenheit freiwillig engagiert haben.

Freiwilliges Engagement: Ein Massenphänomen

In Deutschland engagieren sich fast 44 Prozent aller Menschen über 14 Jahren freiwillig für die Gesellschaft.[101] Sie übernehmen unterschiedlichste Aufgaben und Arbeiten in allen möglichen gesellschaftlichen Bereichen, zum Beispiel in Religion, Schule, Sport, Umweltschutz oder Kultur. In Österreich ist das nicht anders.[102] Hier leisten knapp drei Millionen freiwillig engagierte Menschen (knapp 46 Prozent aller Österreicher über 15 Jahren) jede Woche fast 15 Millionen Stunden Freiwilligenarbeit (das sind im Durchschnitt zwei Wochenstunden pro Österreicher). Das entspricht der wöchentlichen Arbeitsleistung von 13 Prozent aller österreichischen Arbeitnehmer.

Die meisten Deutschen engagieren sich im Bereich »Religion« (mehr als zehn Prozent), dann folgen Sport (acht Prozent) und der soziale Bereich (sieben Prozent). Bei den freiwillig engagierten Österreichern hat der Kulturbereich die Nase vorne (mehr als sieben Prozent), knapp gefolgt vom Engagement im Sport (sieben Prozent). Weit abgeschlagen rangiert in beiden Ländern der Umweltschutz. Gerade einmal zwei bis vier Prozent aller Österreicher und Deutschen engagieren sich regelmäßig für die Umwelt.

Zwei Drittel empfinden bei ihrer Freiwilligenarbeit »voll und ganz« Spaß, fast ein weiteres Drittel zumindest »eher schon«. Lediglich sieben Prozent aller freiwillig engagierten Menschen geben an, dass ihnen ihre Freiwilligenarbeit »eher keinen« Spaß macht. Freiwilliges Engagement scheint also ziemlich viel Freude zu bereiten, was für die meisten Freiwilligen offenbar das Hauptmotiv ist, sich zu engagieren. Hingegen stimmt dem Motiv der gesellschaftlichen Anerkennung gerade einmal knapp die Hälfte der freiwillig engagierten Menschen zu. Dass man sich über Freiwilligenarbeit auch eigene materielle Vorteile im eigenen oder zukünftigen Beruf schaffen kann, scheint für kaum einen Freiwilligen wichtig zu sein. Lediglich Personen, die in Ausbildung stehen (vor allem Schüler und Studenten), geben vermehrt an, mit ihrer Freiwilligenarbeit auch eigene Qualifikationen erwerben und nachschärfen zu wollen.

> ●

Warum engagieren sich Menschen?
In einer groß angelegten Studie wurden Österreicher gefragt, warum sie sich freiwillig engagieren[103]:
* weil ich anderen helfen kann (93 Prozent);
* weil es Spaß macht (88 Prozent);
* weil ich etwas Nützliches zum Gemeinwohl beitragen will (85 Prozent);
* weil ich meine Erfahrungen teilen kann (83 Prozent);
* weil man Menschen trifft und Freunde gewinnen kann (81 Prozent);
* weil man eigene Fähigkeiten und Kenntnisse einbringen kann (78 Prozent);
* weil es hilft, aktiv zu bleiben (73 Prozent);
* weil es die Möglichkeit bietet, selbst dazuzulernen (72 Prozent);
* weil es meine Lebenserfahrung erweitert (68 Prozent);
* weil es für den eigenen Beruf hilft (23 Prozent);
* weil es hilft, einen bezahlten Job zu finden (18 Prozent).

Warum engagieren sich Menschen nicht?
In einer groß angelegten Studie wurden Österreicher gefragt, warum sie sich nicht freiwillig engagieren[104]:
* weil ich niemals gefragt worden bin (61 Prozent);
* weil ich nie darüber nachgedacht habe (57 Prozent);
* weil ich durch meine familiären Ausgaben ausgefüllt bin (54 Prozent);
* weil ich über die Möglichkeit von Freiwilligenarbeit zu wenig informiert bin (38 Prozent);
* weil es sich mit meinem Beruf nicht vereinbaren lässt (34 Prozent);
* weil das nichts für meine Altersgruppe ist (30 Prozent);
* weil es in meiner Nähe keine attraktive Möglichkeit gibt, ehrenamtlich zu arbeiten (28 Prozent);
* weil ich mich durch Krankheit oder Behinderung dazu nicht in der Lage fühle (22 Prozent);

- weil ich es mir wegen der damit verbundenen Kosten nicht leisten kann (16 Prozent);
- weil ich das Gefühl habe, dass ich keinen nützlichen Beitrag leisten kann (16 Prozent).
- weil ich schlechte Erfahrungen gemacht habe (8 Prozent).

....<

Nicht alle Bevölkerungsgruppen engagieren sich gleich häufig im Freiwilligenbereich. So engagieren sich Menschen mit hoher schulischer und beruflicher Ausbildung fast doppelt so oft freiwillig wie Personen mit niedrigem Bildungsniveau – laut deutschem Freiwilligensurvey 2014: 52,3 Prozent gegenüber 28,3 Prozent. In Österreich ist das nicht anders. Während sich von den Personen mit Pflichtschule als höchstem Bildungsabschluss nur 35 Prozent im Freiwilligenbereich engagieren, liegt die Beteiligungsquote der Personen mit Hochschul- oder akademischem Abschluss bei 61 Prozent. Mit dem scheinbar naheliegenden Schluss, dass gebildetere Menschen hilfsbereiter sind, sollte man allerdings vorsichtig sein. Es ist noch nicht vollständig erforscht, ob die niedrigere Beteiligungsquote von Menschen mit geringerer formaler Bildung nicht auch einfach damit zusammenhängt, dass diese Menschen meistens auch wirtschaftlich weniger gut abgesichert sind als Akademiker und deshalb schlichtweg weniger Möglichkeiten für gesellschaftliches Engagement haben.

Auffällig ist auch, dass die Beteiligungsquote in Wien mit Abstand die höchste aller Bundesländer ist (58 Prozent). In Österreich engagieren sich Menschen in Großstädten häufiger freiwillig als Menschen im ländlichen Raum. Die niedrigste Beteiligungsquote weisen Gemeinden bis 300.000 Einwohner auf (37 Prozent). In Deutschland ist die Situation umgekehrt: Hier engagieren sich Menschen im ländlichen Raum häufiger für ihre Gemeinschaft als in Großstädten lebende Menschen.

Es liegt auf der Hand, dass es Lebensphasen gibt, in denen es leichter fällt, Zeit für freiwilliges Engagement aufzuwenden. So verwundert es kaum, dass die geringste Beteiligungsquote an Freiwilligenarbeit Menschen aufweisen, die gerade in Elternkarenz sind. Die Betreuung von Kleinkindern ist schließlich ein Rund-um-die-Uhr-Vollzeitjob.

Auch das Alter hat großen Einfluss darauf, wie viel Zeit jemand für Freiwilligenarbeit zur Verfügung steht. Pensionisten würden über weit mehr Tagesfreizeit verfügen als Menschen, die voll im Arbeitsleben stehen und vom Büro in den Kindergarten hetzen, um rechtzeitig ihre Kinder abzuholen. Allerdings ist der scheinbar logische Schluss, Menschen, die weniger erwerbstätig sind, würden sich eher in der Freiwilligenarbeit engagieren, unzutreffend. Tatsächlich ist es offenbar gerade die Erwerbstätigkeit, die für viele Menschen auch den Zugang zu Freiwilligenarbeit eröffnet. Denn neben den Schülern und Studenten, die mit 52 Prozent Beteiligungsquote die engagierteste nach Tätigkeit und Beruf geordnete Personengruppe sind, sind es die Erwerbstätigen, die ein überdurchschnittliches freiwilliges Engagement zeigen (48 Prozent). Alle anderen nach Erwerbsstatus definierten Gruppen weisen weitaus geringere Beteiligungsquoten auf. Ausschließlich haushaltsführende Personen (Hausfrauen und Hausmänner) beteiligen sich mit bloß durchschnittlichen 42 Prozent an freiwilligem Engagement. Arbeitslose und Pensionisten leisten mit jeweils 35 Prozent unterdurchschnittlich oft Freiwilligenarbeit.

Unzutreffend ist auch die Vermutung, dass sich das Vorhandensein von Kindern aufgrund des Zeitaufwands für die Kinderbetreuung und -erziehung negativ auf freiwilliges Engagement auswirkt. Tatsächlich ist der Beteiligungsgrad von Personen mit Kindern im Haushalt höher als von Personen ohne Kinder. Allerdings lohnt hier eine genauere Betrachtung. Leben Kinder mit einem Alter von weniger als drei Jahren im gemeinsamen Haushalt, ist der Beteiligungsgrad der Frauen dieses Haushalts sowohl in der formellen als auch in der informellen Freiwilligenarbeit signifikant geringer als von Frauen, die keine Kleinkinder zu betreuen haben. Hingegen haben ältere Kinder offenbar einen positiven Einfluss auf die Beteiligungsquote. Sowohl Männer als auch Frauen mit Kindern zwischen drei und 15 Jahren beteiligen sich an Freiwilligenarbeit signifikant häufiger als kinderlose Menschen oder Menschen, die Kleinkinder haben.

> •

Jugendliches Engagement
Nicht nur in Österreich und Deutschland wird vor allem freiwilliges Engagement von Jugendlichen begrüßt. Auch auf

europäischer Ebene sieht man gerade das Engagement von
Jugendlichen als gesellschaftlich höchst relevant an. Unterstützt
werden die Jugendlichen vor allem durch das Angebot länger-
fristiger Freiwilligeneinsätze und Förderprogramme für selbst
organisierte Projekte.

Grundsätzlich sind Jugendliche im freiwilligen Engagement
auch besonders aktiv. Ihre Beteiligungsquote entspricht in etwa
der der Erwachsenen, beziehungsweise übersteigt sie diese
sogar, obwohl ihnen einzelne Bereiche der Freiwilligenarbeit
nur sehr eingeschränkt zur Verfügung stehen (zum Beispiel das
Engagement in formellen politischen Gremien).

Burschen sind zunächst meist häufiger freiwillig tätig als
Mädchen. Allerdings sinkt das Engagement der Burschen mit
dem Alter, während jenes der Mädchen zunimmt. Das gleicht
den Geschlechterunterschied im Freiwilligenengagement von
jungen Menschen mit zunehmendem Alter weitgehend aus.

Jugendliche sind vor allem in den Tätigkeitsfeldern Kultur,
Katastrophenhilfe, Sport und Religion engagiert, in den ersten
beiden Bereichen verhältnismäßig sogar stärker als Erwachsene.

· ‹

Während sich Jugendliche ziemlich häufig freiwillig engagieren, liegt
die Beteiligungsquote bei älteren Menschen unter dem Gesamt-
durchschnitt. Das ist insofern erstaunlich, als ältere Menschen in
Rente besonders viel Zeit zur freien Verfügung haben und gesellschaftliches Engagement älterer Menschen meist unter sehr positiven Begriffen wie »produktiv« oder »aktiv altern« diskutiert wird.
Allerdings scheint das nur auf die »jungen« Alten zuzutreffen. 50-
bis 59-jährige Menschen leisten mit einer Beteiligungsquote von
55 Prozent besonders häufig Freiwilligenarbeit. Sie bilden die Altersgruppe mit der höchsten Beteiligungsquote (vor allem in der informellen Freiwilligenarbeit). Danach sinkt die Beteiligungsquote mit
zunehmendem Alter (auf 53 Prozent bei den 60- bis 69-Jährigen und
auf 36 Prozent der über 70-Jährigen). Der Grund liegt hier wohl
auch darin, dass es für ältere Menschen durch den altersbedingten
Abbau körperlicher und geistiger Kompetenzen immer schwieriger
wird, das eigene Leben ohne fremde Hilfe zu meistern, geschweige

denn, darüber hinaus auch noch Aufgaben für andere Menschen zu übernehmen.

In Deutschland liegt die Beteiligungsquote an freiwilligem Engagement bei Männern (46 Prozent) und Frauen (42 Prozent) etwa gleich hoch. Im Detail kommt es aber stark auf den Bereich an, in dem das Engagement geleistet wird. Bei Kirchen und religiösen Gemeinschaften engagieren sich Frauen weit häufiger als Männer. Gleiches gilt für Engagement in Kindergärten und Schulen sowie – zumindest in Deutschland – für den sozialen Bereich. Männer hingegen engagieren sich besonders häufig in den Bereichen Politik und Sport. Freiwillige Aktivitäten im Tier- und Umweltschutzbereich sind deutschen Männern und Frauen etwa gleich wichtig.

Abweichend von Deutschland engagieren sich in Österreich im sozialen Bereich nur unwesentlich mehr Frauen als Männer. Auch der Umweltschutzbereich ist – im Unterscheid zu Deutschland – stark in männlicher Freiwilligenhand. Die Bereiche Katastrophenhilfe (77 Prozent Männeranteil), Sport (69 Prozent Männeranteil) und Politik (62 Prozent Männeranteil) sind ebenfalls Männerdomänen. Insgesamt engagieren sich österreichische Männer etwas häufiger als Frauen. Das gilt besonders für die formelle Freiwilligenarbeit, in der 32 Prozent aller Männer, aber nur 24 Prozent aller österreichischen Frauen aktiv sind. Anders stellt sich das Bild in der informellen Freiwilligenarbeit dar. Hier beteiligen sich Frauen fast gleich häufig wie Männer, sodass in Österreich insgesamt 32 Prozent aller Männer und elf Prozent aller Frauen formell und informell freiwillig engagiert sind.

Zur Erinnerung: Der häufigste Grund, warum Menschen keine Freiwilligenarbeit leisten, ist, dass sie niemals gefragt wurden. Und fast die Hälfte aller nicht freiwillig engagierten Menschen hat zumindest schon einmal darüber nachgedacht, sich zu engagieren. Das sind eigentlich gute Nachrichten. Offenbar sind unter den derzeit noch nicht freiwillig engagierten Menschen viele, die bereit wären, Freiwilligenarbeit zu leisten. Man muss sie nur fragen.

> •

Freiwilligenarbeit als Lohndrücker?
Kaum zu glauben, aber Freiwilligenarbeit wird manchmal auch kritisiert. Ein Kritikpunkt ist, dass Freiwilligenarbeit die Arbeit von Menschen entwertet, die mit ihrer Arbeit Geld verdienen und von ihr leben müssen. Dieses Argument ist nicht ganz von der Hand zu weisen. Denn der Staat und Unternehmen versuchen, bei der Umsetzung ihrer Tätigkeiten möglichst sparsam zu sein. Und weshalb sollte man jemandem Geld für eine Leistung zahlen, die ein anderer vielleicht gratis erbringt? Menschen, die bereit sind, unbezahlt zu arbeiten, gefährden damit manchmal die Lebensgrundlage anderer Menschen, die von genau dieser Arbeit leben.

Tatsächlich zeigt eine Analyse von Arbeitslöhnen in unterschiedlichen österreichischen Hilfsorganisationen, dass die Löhne der Arbeitskräfte in jenen Organisationen besonders niedrig sind, in denen auch unbezahlte Freiwillige engagiert sind. In Organisationen, die auf keinerlei unbezahlte Freiwilligentätigkeit zurückgreifen können, sind die Arbeitslöhne im Durchschnitt höher.

Freiwilligenorganisationen wehren sich gegen die Behauptung, unbezahlte Freiwillige würden als Lohndrücker für bezahlte Arbeitskräfte wirken. Sie argumentieren, dass sie über besonders engagierte Mitarbeiter verfügen, die sich stark mit dem Ziel ihrer Organisation identifizieren, für die sie arbeiten. Bezahlte Arbeitskräfte würden deshalb bewusst einen niedrigeren Lohn in Kauf nehmen, um auf diese Weise einen zusätzlichen Beitrag zur Hilfe zu leisten.

Unabhängig davon, was man von diesem Argument hält: Viele Organisationen könnten ihre Tätigkeit ohne unbezahlte Freiwillige nicht aufrechterhalten (zum Beispiel Feuerwehren, die Caritas, das Rote Kreuz). Für sie ist – zumindest solange die Öffentlichkeit nicht die Lohnkosten für die derzeit von Freiwilligen gratis geleistete Arbeit übernimmt – eine Abgeltung dieser Arbeit und ein Weiterarbeiten auf bisherigem Niveau schlichtweg nicht leistbar. Wesentliche Hilfsdienste für uns alle (zum Beispiel Katastrophen- und Rettungsdienste) und Unterstützungen insbesondere für die sozial Schwächsten würden mit einem

Schlag zusammenbrechen und verschwinden. Bis auf Weiteres führt also an freiwilligem Engagement kein Weg vorbei, selbst wenn diese Freiwilligenarbeit in einzelnen Details vielleicht auch negative Aspekte hat.

• ‹

Freiwilliges Engagement von Migranten
Insbesondere im Zusammenhang mit den Ereignissen vom Sommer 2015 waren Migranten besonders häufig Nutznießer freiwilligen Engagements. Viele Menschen, alte und junge, haben in beispielloser Weise geholfen, die sogenannte Flüchtlingskrise zu bewältigen und die angekommenen Menschen zu empfangen, unterzubringen, sie mit Kleidung auszustatten, ihnen Deutsch zu lehren oder mit ihren Kindern Hausaufgaben zu machen. Aber wie sieht es mit freiwilligem Engagement durch Migranten aus? Sind Migranten auch bereit, sich in unserer Gesellschaft zu engagieren und »etwas zurückzugeben«?

Die zur Beantwortung dieser Frage notwendige statistische Erhebung der relevanten Zahlen stößt auf erhebliche Probleme. Migranten aus einem bestimmten Herkunftsland lernen besonders häufig andere Migranten aus demselben Land kennen. So ergibt sich die gegenseitige Hilfeleistung innerhalb bestimmter Herkunftsgruppen von selbst. Gesellschaftliches Engagement von Migranten findet deshalb oft innerhalb der – manchmal sehr abgeschotteten – Communitys einzelner Migrantengruppen statt. Von außen wahrnehmbar ist ein solches Engagement meist nicht. Überdies werden Daten zur Freiwilligenarbeit oft als »Nebenprodukt« im Rahmen von Erhebungen zu anderen Themen erhoben, die sich oft nur an die eingesessene, voll integrierte Wohnbevölkerung richten. Solche Datensätze erfassen die von Migranten geleistete Freiwilligenarbeit naturgemäß nicht.

Die dennoch vorhandenen Daten zeigen aber übereinstimmend, dass Migranten tatsächlich seltener Freiwilligenarbeit leisten als Österreicher und Deutsche. Das gilt insbesondere für Angehörige von Arbeitsmigration. Wer dies dahingehend deutet, dass Migranten grundsätzlich nur selten bereit sind, sich für unsere Gesellschaft zu engagieren, liegt allerdings falsch.

Denn vieles deutet darauf hin, dass Migranten besonders häufig im informellen Bereich aktiv sind. Neuere Untersuchungen gehen sogar davon aus, dass Migranten die Personengruppe mit der mit Abstand höchsten Beteiligungsquote in der informellen Freiwilligenarbeit sind. Der informelle Bereich ist aber gerade bei Migranten nur schwer statistisch fassbar. Das verzerrt die Datenlage zuungunsten von Migranten. Außerdem nennen Migranten als Gründe, warum sie sich nicht oder nur vermindert freiwillig engagieren, besonders oft ihre schlechte berufliche Situation und ihre prekären finanziellen Verhältnisse, die ihnen Freiwilligenarbeit nicht erlauben oder sehr erschweren. Dass Migranten (zumindest formell) seltener Freiwilligenarbeit leisten, liegt also nicht daran, dass sie dies nicht wollen, sondern daran, dass ihnen ihre eigene schlechte Lebenssituation wenig Spielraum für freiwilliges Engagement bietet.

Und schließlich hemmt offenbar auch das Gefühl, nicht dazuzugehören, die Bereitschaft zu freiwilligem Engagement. Für diese Vermutung spricht zumindest der Umstand, dass der Anteil freiwillig Engagierter unter Menschen mit Migrationshintergrund, die zwar in Deutschland geboren wurden, aber keine deutsche Staatsbürgerschaft haben, mit gerade einmal 31 Prozent weit unter dem Anteil freiwillig engagierter deutscher Staatsbürger ohne Migrationshintergrund liegt (fast 47 Prozent). Sind Migranten hingegen erst einmal integriert, engagieren sie sich auch im gleichen Maße wie Inländer. So liegt der Anteil der freiwillig Engagierten bei Menschen mit Migrationshintergrund, die die deutsche Staatsbürgerschaft besitzen, in etwa gleich hoch wie der Anteil der freiwillig Engagierten unter den deutschen Staatsbürgern ohne Migrationshintergrund.

Und noch in Klischee findet in den vorhandenen Daten zu Freiwilligenarbeit durch Migranten keine Deckung. Entgegen gängigen Vorurteilen sind Migrantinnen nicht seltener freiwillig engagiert als männliche Migranten. Sie sind sowohl in formeller als auch informeller Freiwilligenarbeit im selben Maß aktiv wie ihre Männer.

Hilfe beim Helfen in Deutschland

Jeder von uns kann etwas, womit er anderen Menschen helfen kann. Was für einen selbst keine große Sache ist, eröffnet einem anderen Menschen vielleicht eine völlig neue Welt. Anderen Menschen das Schwimmen beibringen, für bettlägerige Menschen mit deren Dackel spazieren gehen, für alte Menschen einkaufen gehen oder Essen verteilen, das kann fast jeder von uns. Bloß, wie erfährt man, welche Hilfe notwendig ist? Und was tun, wenn man helfen will, aber nicht weiß, wann, wo und wie?

Zumindest in Deutschland ist die Antwort für motivierte junge Menschen einfach. Viele deutsche Städte betreiben Freiwilligenagenturen. Allein die älteste deutsche Freiwilligenagentur – »Tatendrang« in München – vermittelt Freiwillige in über 400 Einrichtungen und Projekte. Da ist für jedes Interesse etwas dabei, von Tierschutz über Bildung, Arbeit mit alten Menschen bis hin zu sportlichen Aktivitäten.

Die meisten Freiwilligenagenturen haben Websites, auf denen »Freiwilligenbörsen« betrieben werden. Diese Börsen funktionieren wie Suchmasken, in die interessierte Menschen unter anderem genau eingeben können, in welchen Bereichen und in welchem Ausmaß sie sich engagieren wollen. Die Suchmaske spuckt dann die passenden Angebote samt Kontaktdaten der Organisationen zu diesen Angeboten aus, mit denen man dann in Verbindung treten kann.

Eine Liste zu den deutschen Freiwilligenagenturen gibt es auf der Website der Bundesarbeitsgemeinschaft der Freiwilligenagenturen (bagfa) unter www.bagfa.de.

> •

Hilfe beim Helfen in Österreich

Auch Österreich versucht, motivierten Helfern den Einstieg ins Freiwilligenengagement möglichst leicht zu machen. Seit 2012 gibt es sogar ein eigenes Bundesgesetz zur Förderung von freiwilligem Engagement (Freiwilligengesetz). Außerdem betreibt das Sozialministerium das Freiwilligenweb, in dem sich Interessierte über Freiwilligenarbeit informieren können.

In eigens eingerichteten Freiwilligenzentren können sich Interessierte über passende Stellen in ihrer Umgebung informieren und beraten lassen. Experten der Freiwilligenzentren unterstützen bei der Auswahl und nehmen auch Anfragen von Organisationen auf, die freiwillige Helfer suchen. Wer sich über ein Freiwilligenzentrum vermitteln lässt, ist vor unangenehmen Überraschungen bestmöglich geschützt. Freiwilligenzentren vermitteln Interessierte nur an Organisationen, die nachweislich die vom Sozialministerium definierten Qualitätskriterien für die Arbeit mit Freiwilligen einhalten.

Informationen zum nächstgelegenen Freiwilligenzentrum gibt es unter http://www.freiwilligenweb.at/de/nuetzliches/freiwilligenzentren.

• <

Menschen, die sich wehrten:

Sophie Scholl (1921–1943)

Sie war eine ganz junge Studentin, hatte erst im Jahr zuvor Biologie und Philosophie an der Universität München inskribiert, als Sophie Scholl im Juni 1942 gemeinsam mit ihrem Bruder Hans und weiteren Studierenden die antifaschistische Widerstandsgruppe »Weiße Rose« gründete. Mit heimlich verteilten Flugblättern wollten sie Professorinnen und Professoren, aber auch ihre Studienkolleginnen und -kollegen auf die Verbrechen der Nationalsozialisten aufmerksam machen und zum Widerstand aufrufen.

Dabei waren Sophie und Hans Scholl in ihrer Jugend selbst von den Nazis begeistert gewesen. Die beiden schrieben sich freiwillig bei der Hitlerjugend beziehungsweise dem Bund Deutscher Mädel ein. Dort wurde Sophie sogar Gruppenführerin und liebte die Ausflüge mit ihren »Mädels« in den Wald.

Den Eltern Scholl, beide gläubige Christen, gefiel dieses Engagement ihrer Kinder gar nicht. Die Familie diskutierte immer wieder über Adolf Hitler und die Nationalsozialisten. Bis 1941 besuchte Sophie Scholl aber regelmäßig Nazi-Treffen. Als ihr Vater für vier Monate ins Gefängnis musste, weil er Hitler als »Gottesgeißel« bezeichnet hatte, schnappte sich Sophie Scholl ihre Blockflöte und spielte vor der Gefängnismauer das Lied »Die Gedanken sind frei«.

Wenig später schloss sie sich der »Weißen Rose« an. Sie legte heimlich Flugblätter in Telefonzellen oder in die Lehrsäle der Universität. Doch am 18. Februar 1943 wurden die Geschwister Scholl dabei vom Hausmeister der Universität überrascht, der sie an die Gestapo verriet. Die Geschwister Scholl und weitere Mitstreiter der Weißen Rose wurden verhaftet und hingerichtet.

Sophie Scholl und ihr Bruder wurden am 22. Februar 1943 von den Nazis hingerichtet. Auf dem Weg zum Schafott waren ihre letzten Worte: »So ein herrlicher Tag, und ich soll gehen. Aber was liegt an unserem

Leben, wenn wir es damit schaffen, Tausende von Menschen aufzurütteln und wachzurütteln.«[105]

Weiterlesen:
Inge Scholl: Die weiße Rose. Frankfurt am Main 2009.

5. Mitbestimmen durch Mitstimmen: Warum wählen gehen wichtig ist

Mit der Dauer eines jeden Wahlkampfs steigt das Übersättigungsgefühl derjenigen, um deren Stimmen gekämpft wird. Besonders vor Wahlen bezeichnen sich deshalb viele Menschen als Nichtwähler, die gar nicht zur Wahl gehen, oder Weißwähler, die bewusst ungültig wählen. Mit diesem Verhalten ist oft Protest gegen das politische System oder »die Politiker« allgemein verbunden. Bei genauerer Betrachtung gibt es aber keinen guten Grund, nicht wählen zu gehen, dafür aber viele Gründe, warum man wählen gehen soll.

Nichtwähler kennen viele Gründe, warum sie nicht zur Wahl gehen[106]:

- weil es den Politikern nur um die eigene Karriere gehe (50 Prozent);
- weil sie mit dem politischen System insgesamt unzufrieden seien (32 Prozent);
- weil keine Partei ihre Interessen vertrete (22 Prozent);
- weil ihre Stimme nichts bewirke (20 Prozent);
- weil ihnen die Kandidaten nicht zusagten (20 Prozent) und sie sich zwischen den Kandidaten nicht entscheiden könnten.

Manche dieser Behauptungen sind nicht völlig von der Hand zu weisen. Politiker wollen – so wie jeder von uns – beruflich erfolgreich sein. Natürlich haben sie also auch ihre Karriere im Blick. Tatsächlich ist unsere Wählerstimme auch nur eine von vielen. Allein bewirkt sie wenig. Und es kann vorkommen, dass kein einziger Kandidat zur Wahl antritt, mit dem wir in allen wichtigen Punkten übereinstimmen.

Bei genauerer Betrachtung sind das aber alles keine Gründe, nicht wählen zu gehen oder absichtlich ungültig zu wählen. Denn letztendlich bekommen wir jene Politiker, die wir wählen – nur muss man dazu eben erst einmal wählen gehen. Wer nicht oder ungültig wählt und damit die Auswahl anderen überlässt, darf sich hinterher nicht beschweren, wenn er nicht bekommt, was er sich wünscht. Das ist übrigens nur einer von vielen guten Gründen, wählen zu gehen.

Wählen gehen ist die einfachste Möglichkeit, sich an Politik zu beteiligen

Nur schimpfen ändert nichts. Wenn man mit etwas unzufrieden ist, hat man zwei Möglichkeiten: Man akzeptiert, womit man unzufrieden ist, und lebt damit. Oder man versucht es zu ändern.

Wer Politik ändern will, muss sich an ihr beteiligen. Das funktioniert auf vielen Ebenen. Man kann im Gespräch mit Freunden, in sozialen Medien, in Schule und Arbeit aktiv für die eigene

Meinung eintreten. Man kann versuchen, Gesprächspartner zu überzeugen, oder sich für bestimmte Anliegen engagieren (zum Beispiel für Tierschutz), demonstrieren, bei Wahlen kandidieren, Unterschriftenaktionen starten und vieles mehr. All das ist mit viel Aufwand verbunden und anstrengend.

Das Wahlrecht auszuüben ist nicht anstrengend. Der Aufwand beschränkt sich auf einen Sonntagsspaziergang (zum Wahllokal) und ein Kreuz auf einem Stimmzettel (im Wahllokal). Wählen zu gehen ist die einfachste Möglichkeit, sich an Politik zu beteiligen.

Nur wer seine Stimme abgibt, verliert sie nicht
Kein Mensch hat in einer Demokratie Anspruch darauf, dass seine Meinung nach einer Wahl berücksichtigt und umgesetzt wird. Wahlversprechen sind nicht einklagbar. Deshalb kann niemand Politiker dazu zwingen, ihre Wahlversprechen umzusetzen – selbst dann nicht, wenn man den betreffenden Politiker gewählt hat, weil man auf seine Wahlversprechen vertraut hat.

Eine einzelne Stimme wird also die Welt (und die Politik) nicht verändern. Aber viele Stimmen können das. Denn je mehr Stimmen sich hinter einer Meinung vereinigen, desto größer ist die Chance, dass die Politik diese Meinung berücksichtigt. Und nur wer bei einer Wahl seine Stimme abgibt, hat die Chance, dass seine Stimme eine von vielen wird.

Die eigene Haltung oder Meinung wird also nur zur Stimme, wenn man zur Wahl geht und seine Stimme abgibt. Wer daheim bleibt, vergeudet sein Wahlrecht und bleibt ungehört. Die eigene Meinung kann dann noch so richtig sein – eine Stimme, die nicht abgegeben wird, hat keinen Einfluss auf das Wahlergebnis.

Aus Protest nicht wählen funktioniert nicht
Viele Nichtwähler geben nicht aus Faulheit keine gültige Stimme ab, sondern aus Protest. Sie wollen damit ihre Unzufriedenheit mit den Kandidaten, politischen Parteien oder »dem System« schlechthin ausdrücken. So weit, so nachvollziehbar. Das Blöde daran ist: Die, gegen die der Nichtwähler protestiert, merken gar nichts von diesem Protest.

Denn bei jeder Wahl werden die auf die Parteien und Kandidaten entfallenden Stimmen auf Basis der Anteile an den gültigen Stimmen

ermittelt. Da können Kommentatoren noch so oft darauf hinweisen, dass wieder einmal die Nichtwähler »die stärkste Partei« seien.
Tatsächlich läuft die Wahlauszählung anders ab. Zuerst werden alle
ungültigen Stimmen (also die Weißwähler) aussortiert. Stimmen der
Nichtwähler gibt es ohnehin nicht (sonst hätten sie ja gewählt und
wären keine Nichtwähler). Übrig bleiben die gültigen Stimmen –
und nur die werden ausgezählt.

Wie viele Abgeordnete eine Partei in den Bundestag (in Österreich: den Nationalrat) entsenden darf, hängt dann davon ab, wie viele
Prozent der gültigen Stimmen auf diese Partei entfallen. Für eine Partei
ist es deshalb ziemlich egal, ob sie bei einer Parlamentswahl 30 Prozent
von insgesamt einer Million gültiger Stimmen oder 30 Prozent von
insgesamt zehn Millionen gültiger Stimmen erhalten hat. Wichtig ist
allein der Anteil an den insgesamt gültigen Stimmen, nicht wie viele
gültige Stimmen es überhaupt gegeben hat oder wie viele gültige
Stimmen in absoluten Zahlen auf diese Partei entfallen sind.

Es nützt also nichts, zu Hause zu bleiben, wenn man eine Partei
schwächen will. In vielen Fällen unterstützt man so sogar jemanden,
den man eigentlich keinesfalls unterstützen will. Denn die meisten
Protest-Nichtwähler stoßen sich vor allem an den großen, mächtigen
Parteien. Aber gerade diese großen Parteien haben eine hohe Mobi-
lisierungskraft. Ihre Anhänger weisen deshalb meist eine besonders
hohe Wahlbeteiligung auf. Damit steigt der Prozentanteil der Par-
teigänger großer Parteien gemessen an allen gültigen Stimmen umso
mehr, je weniger Leute insgesamt wählen gehen. Dieser Effekt wird
noch dadurch verstärkt, dass einige Wahlsysteme (zum Beispiel jenes
zur österreichischen Nationalratswahl) bei der Zuteilung von Rest-
mandaten die stimmenstarken Parteien bevorzugen. Große Parteien
bekommen so mehr Sitze für weniger Stimmen.

Jeder Nichtwähler unterstützt also mit seinem »Protest« tenden-
ziell die großen Parteien – ein Umstand, der den meisten Nichtwählern sicher nicht bewusst ist. Und der noch dazu der Intention ihrer
Nichtwahlentscheidung genau zuwiderläuft.

Wer also will, dass eine oder mehrere Parteien möglichst wenig
Sitze im Parlament haben, darf am Wahlsonntag auf keinen Fall zu
Hause bleiben, sondern muss wählen gehen und einer anderen Partei
seine Stimme geben – notfalls eben dem »geringsten Übel«.

Nichtwähler schmerzen die Parteien nicht
Es gehört zwar zu den Pflichtübungen jedes Politikers, nach Wahlen mit niedriger Wahlbeteiligung betroffen in die Mikrofone zu murmeln, dass man die Menschen wieder zurück zu den Wahlurnen bringen müsse. Aber in Wahrheit können Nichtwähler den Parteien herzlich egal sein – und sind es meistens auch.

Denn der Wahlerfolg und die Anzahl der Mandate misst sich eben an den Anteilen an allen gültigen Stimmen. Nichtwähler zählen bei der Ermittlung nicht. Und auch finanziell sind Nichtwähler für politische Parteien kein besonderer Verlust. Denn die Höhe der Parteienförderung bemisst sich in Deutschland nur zu einem geringen Teil an der Anzahl erhaltener Stimmen. Auf kommunaler Ebene gibt es gar keine stimmabhängige Wahlkampfkostenrückerstattung. Österreich hat die stimmanzahlabhängige Wahlkampfkostenrückerstattung überhaupt abgeschafft (mit Ausnahme der Kosten für die Europawahl). Stattdessen gibt es Parteienförderungen, die unabhängig von der absoluten Stimmanzahl einer Partei bemessen werden.

Nicht- und Weißwähler spielen also auch bei der Höhe der finanziellen Zuwendungen an Parteien keine Rolle. Wer vermeiden will, dass eine bestimmte Partei hohe Zuwendungen erhält, muss eine andere Partei wählen.

Jede Stimme zählt!
Der Eindruck, dass die eigene Stimme nichts bewirkt, ist ein gefährlicher Trugschluss. Das Schicksal eines Landes kann von wenigen Stimmen abhängen. Die Volksabstimmung über einen Friedensschluss des kolumbianischen Staats mit linksgerichteten Guerillabewegungen scheiterte mit gerade einmal 0,2 Prozent Unterschied.

Und auch, welcher Kandidat siegreich aus einer Wahl hervorgeht oder welche Regierungskoalitionen sich nach einer Wahl ausgehen, entscheidet sich oft anhand weniger Stimmen. Es ist nie ausgeschlossen, dass gerade die eigene Stimme eine dieser wenigen Stimmen ist, die den Wahlausgang entscheiden.

Beim ersten Stichwahlgang zur österreichischen Bundespräsidentenwahl 2016 (der aufgrund von Formalmängeln wiederholt werden musste) haben 164.875 Menschen zwar gewählt, aber eine ungültige Stimme abgegeben (Weißwähler). Im Ergebnis lagen die beiden

Kandidaten gerade einmal 30.863 Stimmen auseinander. Diese Differenz entspricht weniger als 19 Prozent der Weißwähler. Das bedeutet, dass 20 Prozent der Weißwähler (das entspricht genau jenem Anteil, die als Grund angeben, ihre Stimme bewirke ohnehin nichts) die Bundespräsidentenwahl 2016 in Österreich entscheiden hätten können. Aber stattdessen haben sie sich dazu entschieden, ungültig zu wählen und mit ihrer Stimme nichts zu bewirken …

Wählen ist kein Bund fürs Leben
Immer wieder begründen Menschen ihre Entscheidung, nicht wählen zu gehen, damit, dass ihnen keine Partei zusagt, sie von keinem Kandidaten begeistert sind und »die Politiker« in letzter Zeit wieder einmal allesamt »gar nicht auszuhalten« sind.

Wählen ist keine Liebesheirat. Wir wählen in der Wahlkabine nicht unseren Lebenspartner, mit dem wir zusammenbleiben müssen, in guten wie in schlechten Tagen, bis dass der Tod uns scheidet. Wir entscheiden uns für einen Kanzlerkandidaten, wählen eine politische Partei, eine Bürgermeisterin, in Österreich auch den Bundespräsidenten. Und das alle vier beziehungsweise fünf Jahre (den Bundespräsidenten alle sechs). Und wenn uns ein Kandidat dann nicht mehr passt, schmeißen wir den alten raus (aus unserer Wählergunst) und wählen einen neuen. Einfach so, begründungslos und ganz ohne komplizierte Scheidung.

Für das Wählen ist es also gar nicht notwendig, dass wir in allem mit einem Kandidaten übereinstimmen, ihn entsetzlich sympathisch finden und Schmetterlinge im Bauch haben, wenn wir seine Wahlreden hören. Ziemlich sicher steht gar kein Kandidat zur Wahl, auf den das auch nur annähernd zutrifft. Aber die Auswahl ist nun einmal, wie sie ist.

Wenn also kein geeigneter Lebenspartner zur Wahl antritt, müssen wir uns wohl oder übel mit jenen Kandidaten begnügen, die zur Wahl stehen. Wer sich schwertut, herauszufinden, welcher Kandidat ihm am meisten zusagt, kann das Pferd ruhig von hinten aufzäumen und sich überlegen, welcher Kandidat ihm »am wenigsten nicht zusagt«. Oder um beim soeben bemühten Bild der Liebesheirat zu bleiben: Wer unter den Kandidaten, die zur Wahl stehen, niemanden findet, mit dem er bis ans Lebensende zusammenleben möchte, sucht sich denjenigen Kandidaten aus, mit dem das Zusammenleben die nächsten vier (fünf) Jahre vermutlich am wenigsten unerträglich sein wird. Denn anders als in Liebessachen können wir uns in der Politik nicht dafür entscheiden, solo zu bleiben. Mit einem der zur Wahl stehenden Kandidaten werden wir in den kommenden Jahren bis zur nächsten Wahl jedenfalls leben müssen.

Das ist die gute Nachricht für alle, die zur Wahl gehen, obwohl sie sämtliche Kandidaten übel finden: Wer wählt, darf sich das geringste Übel selbst aussuchen. Für Nichtwähler gibt es bloß eine schlechte Nachricht: Wer nicht wählt, bekommt das Übel serviert, das die anderen ausgesucht haben.

Das Wahlrecht ist ein Privileg

Dass wir wählen dürfen, ist nicht selbstverständlich. Frühere Generationen mussten lange für unser Wahlrecht kämpfen.

Zwar haben Wahlen in manchen Ländern eine lange Tradition. Die Tatsache, dass Wahlen stattfinden, bedeutet aber nicht, dass auch alle wählen dürfen (allgemeines Wahlrecht). So besteht beispielsweise in Großbritannien bereits seit dem 17. Jahrhundert ein parlamentarisches System, weshalb dort auch seit damals Parlamentswahlen abgehalten werden. Das Wahlrecht zu diesen Parlamentswahlen war aber von der wirtschaftlichen Situation des Einzelnen beziehungsweise seiner Zugehörigkeit zum Adel abhängig, sodass bis zur Einführung des allgemeinen Wahlrechts 1918 in Großbritannien gerade einmal jeder zweite erwachsene männliche Brite wahlberechtigt war.

Auch die »falsche« Hautfarbe war lange ein Ausschlussgrund für das Wahlrecht. Dass das Apartheitsregime in Südafrika bis 1994 Menschen mit dunkler Hautfarbe von Wahlen ausschloss, ist wohl wenig überraschend. Aber wer weiß schon, dass selbst die Musterdemokratie USA, deren Verfassung seit 1787 ein allgemeines Wahlrecht (für Männer) garantiert, seinen Staatsbürgern indigener Abstammung erst mit dem »Indian Citizenship (Snyder) Act« 1924 das Wahlrecht zubilligte? Und Afroamerikanern trotz verfassungsrechtlicher Absicherung ihres Wahlrechts im Jahr 1870 bis in die 1960er Jahre die Wahlrechtsausübung durch Einschüchterungen, Gewalt, Kopfsteuern, Wahlmanipulationen und den diskriminierenden Nachweis von

Lese- und Schreibkenntnissen praktisch oft verunmöglichte, zumindest aber erschwerte? In Europa setzte sich ein allgemeines Wahlrecht erst nach 1918 halbwegs flächendeckend durch. Und auch da zunächst meist nur für Männer. Damit war – neben Kindern und Jugendlichen – zumindest die Hälfte der Bevölkerung vom Wahlrecht weiter ausgeschlossen. Während sowohl in Deutschland als auch in Österreich 1919 die ersten bundesweiten Wahlen stattfanden, an denen sich Frauen beteiligten durften, dauerte es in anderen europäischen Staaten noch lange, bis auch Frauen endlich allgemein wählen durften. In Italien wurde das Frauenwahlrecht 1946 eingeführt, in Spanien und Portugal erst in den 1970er Jahren. Auch in der Schweiz dürfen Frauen erst seit 1971 wählen, in Liechtenstein überhaupt erst seit 1984.

In manchen Ländern ist ein Großteil der Bevölkerung bis heute von Wahlen ausgeschlossen, beispielsweise in den Vereinigten Arabischen Emiraten, in denen es kein allgemeines Wahlrecht gibt – weder für Frauen noch für Männer. In Saudi-Arabien sind Frauen bis heute von den meisten Wahlen ausgeschlossen, nur bei Kommunalwahlen durften sie erstmals 2015 ihre Stimme abgeben. Im Libanon müssen Frauen bis heute einen bestimmten Bildungsabschluss nachweisen, um wählen zu dürfen. Für libanesische Männer gilt diese Nachweispflicht nicht. Sie dürfen auch ungebildet wählen gehen.

In anderen Ländern ist die Bevölkerung zwar auf dem Papier wahlberechtigt, es ist jedoch nur eine Partei erlaubt oder es tritt nur ein Kandidat zu den Wahlen an (zum Beispiel in Nordkorea, wo regelmäßig nur ein einziger Kandidat zur Wahl steht – nämlich der von der »Partei der Arbeit« aufgestellte – und dieser Kandidat bei fast 100 Prozent Wahlbeteiligung nach der amtlichen Zählung 100 Prozent der Stimmen erhält). Manche Länder schließen ihre Staatsbürger von Wahlen aus, bloß weil sie in einem bestimmten Gebiet wohnen. Beispielsweise sind die Einwohner von Puerto Rico oder Guam zwar US-Bürger, von den US-Präsidentschaftswahlen sind sie jedoch ausgeschlossen.

Und in noch viel mehr Ländern finden zwar Wahlen statt; dass diese aber auch frei, geheim, gleich, allgemein und fair ablaufen, ist hingegen nicht selbstverständlich. In diese Länder schicken gefestigte Demokratien Wahlbeobachter, um den fairen Ablauf dieser Wahlen zu unterstützen. Allein das deutsche Zentrum für Internationale Friedenseinsätze (ZIF) entsandte in den Jahren 2002 bis 2014 zirka 3.600 Wahlbeobachter zu Wahlbeobachtungsmissionen der EU oder OSZE. Wahlberechtigt zu sein ist also nicht selbstverständlich. Und – so wie in Deutschland und Österreich – die Gelegenheit zur Teilnahme an allgemeinen, gleichen, freien und fairen Wahlen zu haben ist global gesehen überhaupt ein Privileg. Dieses Privileg sollten wir nutzen. Wenn schon nicht aus eigener Begeisterung, dann wenigstens aus Achtung vor jenen, die uns dieses Privileg erkämpft haben, und in Solidarität mit jenen, die dieses Privileg bis heute nicht genießen.

> ●

Wer in Deutschland nicht wählen darf
In Deutschland darf jeder wählen. Stimmt – leider nicht. Tatsächlich sind auch in Deutschland viele Menschen vom Wahlrecht ausgeschlossen:

- alle Menschen, die noch nicht 18 Jahre alt sind. Ausnahmen bestehen nur für Kommunalwahlen in manchen Bundesländern sowie für Landtagswahlen in Bremen, Brandenburg, Hamburg und Schleswig-Holstein (Wahlalter 16 Jahre);

- alle Menschen, für die ein Betreuer mit dem Aufgabenkreis »alle Angelegenheiten« angeordnet ist. Dieser Wahlrechts-Ausschlussgrund betrifft Menschen, die aufgrund körperlicher oder geistiger Gebrechen nicht in der Lage sind, ihr Leben (oder Teilbereiche davon) selbst zu regeln und für die deshalb ein gesetzlicher Vertreter (früher: Vormund, Sachwalter) bestellt worden ist;

- alle Menschen, die sich in strafrechtlicher Unterbringung befinden, die also eine Straftat begangen haben, für die sie wegen fehlender Schuldfähigkeit (meist aufgrund einer geistigen Störung oder Erkrankung) nicht bestraft werden können und stattdessen in einem psychiatrischen Krankenhaus im sogenannten »Maßnahmenvollzug« untergebracht sind;

- Straftäter, die wegen bestimmten »politischen Straftaten« (zum Beispiel Hoch- oder Landesverrat, Wahlfälschung und Wählernötigung) verurteilt wurden und denen mit Richterspruch das Wahlrecht entzogen wurde. Dieser Entzug ist bis zur Höchstdauer von fünf Jahren möglich).

Manche Menschen sind zwar von der Wahlrechtsausübung nicht ausgeschlossen, können aber nur unter erschwerten Bedingungen wählen. Das trifft zum Beispiel auf inhaftierte Straftäter zu, die nur per Briefwahl wählen können, und auch das nur, wenn sie die Briefwahl zuvor extra beantragen.

• ‹

Menschen, die sich wehrten:

Rosa Parks (1913–2005)

Sie war müde und hatte es satt, ständig nachgeben zu müssen. Also blieb Rosa Parks an diesem Nachmittag im Dezember 1955 einfach sitzen, als ein Mann mit weißer Hautfarbe im Bus ihren Sitzplatz haben wollte. Parks stammte aus Alabama, einem Bundesstaat in den USA, der zu den Südstaaten zählt.

Mitte der 1950er Jahre herrschte in den USA noch strikte Rassentrennung. Menschen mit dunkler Hautfarbe durften nur im hinteren Teil der Busse sitzen und mussten aufstehen, sobald ein Passagier mit weißer Hautfarbe sich setzen wollte.

Damals, an diesem 1. Dezember 1955, war Rosa Parks bereits 42 Jahre alt und hatte schon sehr viele Diskriminierungen erlebt. Menschen mit dunkler Hautfarbe wurden in viele Lokale nicht eingelassen, sie durften nicht mit weißen Kindern dieselben Schulen besuchen, durften nur bestimmte öffentliche Toiletten benutzen und vieles mehr.

Parks war in einer armen Familie aufgewachsen. Aber trotz des fehlenden Geldes hatte ihre Mutter dafür gesorgt, dass sie eine Ausbildung bekam. Die Mutter war Lehrerin und unterrichtete das Kind zu Hause, aber weil der Vater die Familie früh verlassen hatte, musste Rosa Parks schon im Alter von sechs Jahren auf einer Plantage arbeiten.

Gemeinsam mit ihrem Ehemann Raymond Parks schloss sie sich schon früh der Bürgerbewegung gegen Rassendiskriminierung in den USA an. Ihre Weigerung, im Bus aufzustehen, war der erste große gewaltfreie Protest dieser Bewegung in den USA.

Parks wurde verhaftet, musste ein paar Tage im Gefängnis verbringen und wurde vor Gericht zu einer Geldstrafe verurteilt. Damit begann der Protest aber erst richtig. Am 5. Dezember, dem Tag der Gerichtsverhandlung gegen Parks, startete die schwarze Bevölkerung von Alabama einen Boykott der öffentlichen Verkehrsbetriebe. Sie gründeten Fahrgemeinschaften, gingen zu Fuß zur Arbeit oder nahmen ein Taxi. Denn auch die schwarzen Taxifahrer schlossen sich dem Protest an und senkten ihre Fahrpreise auf zehn Cent, genau so viel, wie ein Busticket damals kostete.

Die Protestierenden erklärten, die Öffis so lange zu boykottieren, bis die Rassentrennung in den Bussen aufgehoben würde. Nach mehr als einem Jahr Busboykott hatten sie ihr Ziel erreicht. Am 20. Dezember 1956 hob der US Supreme Court, das Höchstgericht der USA, die diskriminierende Rassentrennung in den öffentlichen Verkehrsbetrieben auf. Und Rosa Park hatte mit ihrem mutigen Sitzenbleiben die Welt verändert. Der gelbe Bus, in dem sie sich geweigert hatte, aufzustehen, ist heute übrigens ein Ausstellungsstück im Henry-Ford-Museum im US-Bundesstaat Michigan.

Weiterlesen:
National Women's History Museum: Rosa Parks, https://cutt.ly/ahUoDe

6. Mitbestimmen mit den Großen: Was man über direkte Demokratie wissen muss

Die Bürger der Europäischen Union haben es gut – sie leben alle in Demokratien. Trotzdem fühlen sich viele Europäer von politischen Entscheidungen ausgeschlossen. Manche meinen gar, »die da oben« arbeiten alle nicht für uns, sondern für die Interessen von Industrie, Konzernen oder gar im Auftrag von Geheimbünden. Gemeint sind Politiker sowohl in den jeweiligen Mitgliedsstaaten als auch »in Brüssel«. Undemokratisch sei das, mehr direkte Demokratie müsse her! Aber direktdemokratische Instrumente gibt es nicht nur in Österreich und Deutschland, sondern auch auf EU-Ebene. Und immer wieder werden sie auch durchaus erfolgreich genutzt.

Wer in der Demokratie entscheidet

Tatsächlich bedeutet in einer Demokratie zu leben nicht, dass die Mehrheit der Wahlberechtigten alle denkbaren Entscheidungen herbeiführen kann. Denn das wäre nichts anderes als die Diktatur der Masse. Unser europäisches Demokratieverständnis erlegt der bloßen Masse zahlreiche Selbstbeschränkungen auf: Minderheitenschutz, Rechtsstaatlichkeit, das Gebot von Sachlichkeit, Angemessenheit und Fairness in allem staatlichen Handeln, auch in der Gesetzgebung. Nicht zuletzt deshalb sind unsere europäischen Demokratien »repräsentative« (indirekte) Demokratien.

In repräsentativen Demokratien geht zwar alle Macht vom Volk aus, wie das das deutsche Grundgesetz und die österreichische Bundesverfassung formulieren. Das heißt aber zunächst bloß, dass das Volk seine Repräsentanten (Abgeordneten) wählt, die anschließend im Auftrag dieses Volks Gesetze machen, Minister bestimmen, Höchstrichter ernennen und viele andere wichtige Aufgaben im Staat wahrnehmen. Sind diese Abgeordneten erst einmal gewählt, treffen sie alle diese Entscheidungen, ohne das Volk (also uns) dazu noch einmal zu fragen. Das Volk wird erst wieder gefragt, wenn in einem neuen Wahlgang neue Repräsentanten gewählt werden sollen.

Das ist grundsätzlich auch gut so. Denn seit den ersten Demokratien in der Antike ist die Welt komplizierter geworden. Die Idealvorstellung, dass alle Bürger bei allen Entscheidungen mitbestimmen dürfen, ist in unserer komplexen Welt nicht mehr umsetzbar. In unserer heutigen Zeit müssen in jedem Staat täglich schwierige Entscheidungen getroffen werden, die viel Fachwissen erfordern und in deren Materie man sich erst mühsam einarbeiten muss. Wer von uns will sich schon nach einem langen Arbeitstag zu Hause an den Schreibtisch setzen und in die Vor- und Nachteile eines neuen Gesetzesvorhabens zur Strommarktliberalisierung oder in den englischsprachigen Vertragstext eines neuen Handelsabkommens mit einem Kleinstaat am anderen Ende der Welt einarbeiten, anstatt die Füße auszustrecken und auf dem Sofa lümmelnd die neueste Netflix-Serie anzusehen? Für genau diese Arbeit haben wir unsere Volksvertreter, die dafür bezahlt werden und bei der Entscheidungsfindung von ihren Mitarbeitern und Fachleuten unterstützt werden.

Auch gibt es Themen, die man vernünftigerweise nicht direkt vom Wahlvolk abstimmen lassen kann. Ein Staat, der seine Bürger fragt, ob sie Steuern zahlen wollen, riskiert, dass diese »nein« sagen und ihn so um seine Einnahmen bringen. Könnten die Bürger jeder Stadt darüber abstimmen, ob in ihrer Stadt eine Müllverbrennungsanlage stehen soll, gäbe es in Deutschland und Österreich wohl ein ziemliches Müllproblem. Wer würde schon freiwillig dafür stimmen, dass in seiner unmittelbaren Nachbarschaft eine solche Anlage errichtet werden soll, wenn er das Bauvorhaben mit seiner Stimmabgabe auch verhindern kann?

Außerdem würde jeder Entscheidung eine öffentliche Diskussion vorausgehen, in der verschiedenste Gruppen und Parteien jeweils ihre Meinung bewerben. Unsere Demokratie befände sich in einer Art Dauerwahlkampf. Das würde nicht nur nerven, sondern auch den Staat blockieren. Notwendige Entscheidungen würden nicht oder viel zu spät getroffen werden. Die direkte Demokratie hat also ziemlich grobe Nachteile, auch wenn es auf den ersten Blick verlockend scheint, alle Bürger in möglichst viele Entscheidungsprozesse direkt einzubinden.

Aber auch die repräsentative Demokratie ist nicht frei von Nachteilen. Zwar nehmen uns die Abgeordneten viel Arbeit und Entscheidungsdruck ab, sodass der Wähler sich nur alle paar Jahre einbringen muss, nämlich wenn die Zusammensetzung des Bundestags, Nationalrats, Landtags oder das Europäische Parlament neu bestimmt wird. Zwischen diesen Wahlen geben die Abgeordneten den Ton an – ganz ohne das Volk noch einmal fragen zu müssen. Gleichzeitig können Personen und Gruppen, die gute Zugangsmöglichkeiten zur hohen Politik haben (zum Beispiel Lobbyisten), ihre Interessen bei den Abgeordneten deponieren, während die Interessen und Meinungen derer, die keinen solchen privilegierten Zugang zu den Entscheidungsträgern haben und sich nicht so gut Gehör verschaffen können, unberücksichtigt bleiben. Das erzeugt Frust und das Gefühl, machtlos zu sein gegen »die da oben«.

Aber dieses Gefühl ist falsch! Denn die Gefahr einer vom Volk abgekoppelten Politikerklasse haben die Architekten unserer Verfassungen schon vor hundert Jahren erkannt und unsere repräsentativen Demokratien mit direktdemokratischen Elementen ausgestattet, mit denen wir, das Volk, uns auch zwischen den Wahlen direkt in die Entscheidungsprozesse der hohen Politik einmischen können. Welche direktdemokratischen Elemente die Verfassung eines Staates vorsieht und welchen Einfluss sie den Bürgern gegen die Regierung ermöglichen, ist aber von Staat zu Staat verschieden.

Die Schweiz: Direktdemokratischer Musterschüler mit Gaspedal und Bremse

Der Staat mit den meisten direktdemokratischen Elementen weltweit ist die Schweiz. Die Schweiz ist das einzige Land, in dem keine wichtige Entscheidung von einer Volksentscheidung ausgenommen ist. Jedes Jahr stimmen die Schweizer drei- bis viermal über ein ganzes Paket an Sachfragen ab. Das tun die Schweizer aber nicht uninformiert. Vor jedem Volksentscheid erhalten sie eine Informationsbroschüre mit den Argumenten und Gegenargumenten sowie einer Empfehlung der Schweizer Bundesregierung zum Abstimmungsthema. Die Schweizer Verfassung kennt dabei unterschiedliche Arten von Volksabstimmungen:

Plant die Bundesregierung eine Verfassungsänderung, muss sie diese einem verpflichtenden Verfassungsreferendum unterziehen. Die Berufspolitiker allein können ein verfassungsänderndes Vorhaben der Bundesregierung zwar ausformulieren und beschließen. Damit es tatsächlich umgesetzt wird, muss es aber einer bundesweiten Volksabstimmung unterzogen werden und dort eine doppelte Mehrheit erzielen: Es reicht nicht, dass die Mehrheit aller Schweizer insgesamt für die Verfassungsänderung stimmt. Zusätzlich muss ein solches positives Ergebnis auch in der Mehrheit aller Kantone vorliegen.

Die Schweizer Bürger können Regierung und Parlament aber nicht nur bei Verfassungsänderungen, sondern bei jeder Gesetzesänderung in die Suppe spucken. Denn mit einem optionalen Gesetzesreferendum können die Schweizer Bürger über jedes beliebige bereits im Schweizer Parlament beschlossene Gesetz abstimmen. Dazu reicht es, dass 50.000 Stimmberechtigte einen entsprechenden Antrag unterschreiben oder acht Kantone diesen Antrag unterstützen. Mit dem optionalen Gesetzesreferendum wenden sich Gruppen, die mit einer Gesetzesänderung unzufrieden sind, an das Schweizer Wahlvolk. Das optionale Gesetzesreferendum ist also ein Veto in der

Hand des Volkes, mit dem das Wahlvolk Regierung und Parlament bei Gesetzesvorhaben ausbremsen kann. In der Vergangenheit kam es lediglich zu wenigen solcher Referenden. Allerdings war die Mehrzahl dieser Referenden erfolgreich, sodass ihre Initiatoren gemeinsam mit dem Wahlvolk Regierung und Parlament in diesen Fällen tatsächlich »ausgebremst« haben.

Umgekehrt können die Schweizer Bürger ihren Politikern mit einer sogenannten Verfassungsinitiative beziehungsweise Volksinitiative auch Beine machen. Erreicht ein Anliegen die Unterstützung von 100.000 Unterschriften, müssen Parlament und Regierung über diese Initiative beraten und – sofern sie die Initiative nicht annehmen – einen Gegenvorschlag ausarbeiten. Die Schweizer stimmen dann in einer Volksabstimmung über Vorschlag und Gegenvorschlag ab. Damit die Initiative angenommen wird, muss wieder die Mehrheit aller Schweizer und die Mehrheit der Kantone dafür stimmen. In der Vergangenheit sind die meisten Volksinitiativen gescheitert. Allerdings erreichen die Initiatoren einer solchen Initiative, dass ihr Anliegen in einer breiten Öffentlichkeit diskutiert wird und sich die Politik damit beschäftigen muss. Kleine Initiativen können der großen Politik so ihre Themen aufzwingen. Dieses Agenda-Setting bewirkt, dass Themen früher in den Fokus der Politik gelangen, als dies ohne Initiativen der Fall gewesen wäre. Volksinitiativen sind also der Beschleuniger der Schweizer Innenpolitik. Die Schweizer Bürger stehen auf dem Gaspedal, Regierung und Parlament sind bloß Mitfahrer.

Seit 1848 fanden in der Schweiz fast 600 obligatorische Verfassungsreferenden, Gesetzesreferenden und Volksinitiativen statt. Durchschnittlich beteiligen sich etwa 40 Prozent der Schweizer an den Abstimmungen. Die tatsächliche Beteiligung schwankt je nach Thema zwischen einem Drittel und drei Viertel der Stimmberechtigten.

> •••

Direkte Demokratie und Diktatur
Auf den ersten Blick scheint es erstaunlich, dass es auch in Diktaturen Elemente direkter Demokratie gibt. Selbst Nazideutschland bediente sich direktdemokratischer Mittel. Zwischen 1933 und 1945 fanden im Deutschen Reich vier Volksbefragungen statt.

Nicht ganz einen Monat nach dem Einmarsch Deutschlands in Österreich gab es eine Volksabstimmung über die Wiedervereinigung Österreichs mit dem Deutschen Reich (»Anschluss«). Die Abstimmung war alles andere als fair. Die Nazi-Propagandamaschine lief auf Hochtouren. Allein in Wien waren über 200.000 Hitlerbilder plakatiert. Wahlwerbung gegen den »Anschluss« gab es nicht. Nazis übten Druck auf Menschen aus, von denen sie wussten, dass sie dem »Anschluss« ablehnend gegenüberstanden. In vielen Orten mussten die Menschen ihre Stimmzettel unter Beobachtung der (von Nationalsozialisten besetzten) Wahlkommissionen ausfüllen.

Die Antwortmöglichkeiten waren ein »Ja« zum »Anschluss« mit einem großen Kreis und ein »Nein« mit einem sehr kleinen Kreis. Wer den kleinen Kreis ankreuzte, musste mit schlimmen Folgen rechnen. Es kam zu Verhaftungen und sogar Ermordungen. Unter diesen Umständen verwundert es nicht, dass offiziell in ganz Österreich nur 11.929 Wahlberechtigte gegen den »Anschluss« gestimmt haben. Nach dem offiziellen Ergebnis sprachen sich 99,7 Prozent der Österreicher für den »Anschluss« aus.

Direkte Demokratie ist also nicht immer demokratisch. Manchmal ist sie auch bloß ein Feigenblatt, mit dem skrupellose Machthaber ihre Schandtaten legitimieren wollen. Das wird auch bei allen im nationalsozialistischen Deutschen Reich abgehaltenen Volksbefragungen deutlich. Keine der vier Volksbefragungen befasste sich mit einem Zukunftsprojekt. Jede dieser Volksbefragungen bezog sich auf bereits vollzogene Akte, die »das Volk« im Nachhinein legitimieren sollte.

•• <

Direkte Demokratie in Deutschland und Österreich

Auf Bundesebene ist die direkte Demokratie in Deutschland nur sehr schwach ausgeprägt. Das Grundgesetz sieht bloß für zwei Fälle Volksabstimmungen vor: wenn das Bundesgebiet »neu gegliedert« und wenn das Grundgesetz durch eine neue Verfassung abgelöst werden soll. Abseits dieser Sonderfälle sollen nach Ansicht der meisten Staatsrechtler Volksabstimmungen auf Bundesebene nur möglich sein, wenn das Grundgesetz entsprechend ergänzt wird.

Umso stärker sind direktdemokratische Elemente in den Bundesländern ausgeprägt. In allen deutschen Bundesländern ist die Volksgesetzgebung verfassungsrechtlich verankert. Darunter versteht man Gesetzgebungsverfahren, bei denen das Initiativrecht beim Volk liegt. Diese Gesetzgebungsverfahren sind je nach Bundesland verschieden gestaltet. In den meisten Bundesländern leitet eine Volksinitiative dieses Gesetzgebungsverfahren ein. Das geschieht über eine Unterschriftensammlung. Erreicht die Initiative eine bestimmte – je nach Bundesland unterschiedlich hohe – Anzahl an Unterschriften, muss der Landtag die Initiative behandeln. Nimmt der Landtag die Initiative nicht an, kommt es zum Volksbegehren. Wieder werden Unterschriften gesammelt – teilweise in freier Sammlung, teilweise durch Amtseintragung (sodass also, wer das Volksbegehren unterstützen will, zur Unterschriftsleistung auf ein Amt gehen muss). Erfolgreiche Volksbegehren werden anschließend dem Landtag neuerlich vorgelegt. Lehnt er auch dieses Volksbegehren ab, kommt es zum Volksentscheid, in dem das Wahlvolk verbindlich über die Initiative abstimmt. Jetzt entscheidet das Wahlvolk, ob die Initiative zum Gesetz wird oder nicht.

Auch auf kommunaler Ebene gibt es in Deutschland direktdemokratische Mitbestimmungsmöglichkeiten. In allen Bundesländern können Bürger mittels Bürgerbegehren erzwingen, dass ein bestimmtes Thema vor den Gemeinderat gebracht wird. Die Unterschriftenhürde, die ein Bürgerbegehren dazu erreichen muss, ist in den einzelnen Bundesländern unterschiedlich hoch, liegt aber zwischen zwei Prozent (Hansestadt Hamburg) und 15 Prozent (manche Bürgerbegehren im Saarland). Übernimmt der Gemeinderat das Begehren nicht, können die Wahlbeteiligten in einem Bürgerentscheid direkt über das Begehren abstimmen. Die Bedeutung von Bürgerbegehren auf kommunaler Ebene ist in letzter Zeit stark gestiegen. In den vergangenen Jahren fanden in Deutschland jedes Jahr etwa 300 solche Begehren statt.

In Österreich kennt man kein vergleichbares Instrument, mit dem das Volk von der Initiative bis zur Sachentscheidung selbst so stark das Heft in der Hand hat wie das deutsche Wahlvolk bei Volksbegehren und Bürgerbegehren. Die österreichische Bundesverfassung verlangt verpflichtende Volksabstimmungen, wenn ihre Grundprinzipien geändert werden sollen. Eine solche verpflichtende Volksabstimmung fand 1994 über den Beitritt Österreichs zur Europäischen Union statt, der gleich mehrere Grundprinzipien der österreichischen Bundesverfassung berührte. Auch kann das österreichische Parlament, der Nationalrat, jede andere beliebige Frage dem österreichischen Wahlvolk zur Entscheidung durch Volksabstimmung vorlegen. Das Ergebnis solcher Volksabstimmungen ist für das Parlament bindend. Eine Angelegenheit, der die Mehrheit des Wahlvolks in einer Volksabstimmung zustimmt, wird also zum Gesetz. Jede Angelegenheit, die in einer Volksabstimmung abgelehnt wird, muss verworfen werden.

Das österreichische Parlament hat aber auch die Möglichkeit, das Volk nur unverbindlich zu befragen. Solche Volksbefragungen laufen im Wesentlichen ähnlich ab wie Volksabstimmungen. Allerdings ist ihr Ergebnis für den Gesetzgeber nicht bindend. Sie sind letztendlich nur Stimmungsbarometer, der Gesetzgeber kann über die Angelegenheit dennoch frei entscheiden, egal wie die Volksbefragung ausgegangen ist.

Während die Initiative von Volksabstimmung und Volksbefragung vom Nationalrat ausgeht, liegt das Initiativmoment des Volksbegehrens tatsächlich beim Wahlvolk. Volksbegehren, die von zumindest 100.000 Wahlberechtigten unterstützt werden, muss der Nationalrat behandeln. Eine Zustimmungspflicht gibt es aber auch bei erfolgreichen Volksbegehren für den Nationalrat nicht. Wenn die Mehrheit der »Berufspolitiker« im Nationalrat nicht will, wird auch das erfolgreichste Volksbegehren nie zum Gesetz und die Initiative versandet nach ein paar Tagen politischer Aufregung im Nirwana der Nationalratsdebatten.

> •••

Die fünf erfolgreichsten Volksbegehren in
Österreich

1. Platz mit 1.361.562 gültigen Eintragungen: Volksbegehren
zum Konferenzzentrum-Einsparungsgesetz gegen das von der
damals SPÖ-geführten Regierung geplante Konferenzzentrum
(Austria Center Vienna). Das stimmenmäßig erfolgreichste
Volksbegehren Österreichs wurde von sämtlichen ÖVP-Land-
tagsabgeordneten aller Bundesländer unterstützt. Dem Erfolg
beim Wahlvolk steht ein Misserfolg in der Umsetzung gegenüber. Der SPÖ-Bundeskanzler Bruno Kreisky setzte 1982 den
Bau des Konferenzzentrums dennoch durch. Es wird unter dem
Namen Austria Center Vienna bis heute erfolgreich betrieben.

2. Platz mit 1.225.790 gültigen Eintragungen: Gentechnik-
Volksbegehren, mit dem gentechnikfreies Essen durchge-
setzt werden und die Freisetzung gentechnisch veränderter
Organismen und das »Patent auf Leben« verhindert werden
sollten. Die Forderungen des 1997 durchgeführten, zweiter-
folgreichsten Volksbegehrens Österreichs wurden zumindest
teilweise erfüllt. Bis heute finden sich verhältnismäßig wenige
gentechnisch manipulierte Lebensmittel am österreichischen
Lebensmittelmarkt, tatsächlich gentechnisch veränderte
Lebensmittel müssen gesondert gekennzeichnet sein.
Auch werden in Österreich so gut wie keine gentechnisch
veränderten Pflanzen angebaut. Das Patent auf Leben ist aber
zumindest über die Hintertür möglich.

3. Platz mit 914.973 gültigen Eintragungen: Volksbegehren
»Veto gegen Temelin«, mit dem der EU-Beitritt Tschechiens verhindert werden sollte, solange das nahe der österreichischen
Grenze gelegene tschechische Atomkraftwerk Temelin, gegen
das schwerwiegende Sicherheitsbedenken bestanden, nicht
zuvor stillgelegt worden ist. Tschechien trat am 1. Mai 2004 der
EU bei. Das Atomkraftwerk Temelin ist bis heute in Betrieb.

4. Platz mit 895.665 gültigen Eintragungen: Volksbegehren
zum »Schutz des menschlichen Lebens«, mit dem die geplante
Lockerung des Abtreibungsverbots und die Einführung der Fristenlösung verhindert werden sollten. Das Volksbegehren wurde

vom Nationalrat abgelehnt, die Fristenlösung mit 1. Jänner 1975 eingeführt.

5. Platz mit 889.659 gültigen Eintragungen: Volksbegehren zur schrittweisen Einführung der 40-Stunden-Woche, mit dem die SPÖ 1969 die bereits seit 1959 in der legistischen Umsetzung feststeckende 40-Stunden-Woche durchsetzen wollte. Aufgrund des Erfolgs dieses Volksbegehrens einigten sich Wirtschaftskammer und Gewerkschaften schließlich auf eine schrittweise Senkung der Wochenarbeitszeit, sodass 1975 tatsächlich die 40-Stunden-Woche österreichweit eingeführt wurde.

• <

> •

Auswahl aktueller Volksbegehren in Deutschland
In Deutschland gibt es – mit Ausnahme von Gebietsneugliederungen und für den Fall, dass das Grundgesetz durch eine neue Verfassung abgelöst werden soll – keine bundesweiten Volksabstimmungen. Eine Liste der erfolgreichsten Volksabstimmungen auf Bundesebene ist daher nicht möglich. Allerdings finden in Deutschland Volksbegehren auf Landesebene statt, sodass in Deutschland weit öfter Volksbegehren laufen als in Österreich. Die Themen dieser Volksbegehren sind breit gestreut: Volksbegehren gegen Massentierhaltung im Land Brandenburg (Juli 2015 bis Jänner 2016). Die notwendige Stimmenanzahl wurde erreicht. Der Landtag Brandenburg hat das Volksbegehren in veränderter Form angenommen. Die Initiatoren haben die Änderungen akzeptiert und das Volksbegehren als erledigt erklärt.

Volksbegehren »Artenvielfalt & Naturschönheit in Bayern« (Mai 2018 bis Februar 2019). 18,4 Prozent der wahlberechtigten Bayern unterstützten das sogenannte Bienen-Volksbegehren und machten es so zum bislang erfolgreichsten Volksbegehren Bayerns.

Geplantes Volksbegehren »Stoppt den Pflegenotstand« in Bayern (Frühjahr 2019). Kernanliegen des Volksbegehrens ist die Forderung nach mehr Pflegekräften in den Krankenhäusern,

die derzeit aufgrund des hohen Kostendrucks im Gesundheits-
bereich fehlen. Die Initiatoren haben über 100.000 Unterschriften gesammelt und Anfang März 2019 dem bayerischen
Innenministerium übergeben, um die Zulassung zum Volksbegehren zu erreichen. Der bayerische Verfassungsgerichtshof
hat die Initiative allerdings im Juli 2019 für unzulässig erklärt,
weil ihr Inhalt nicht in die Zuständigkeit des Freistaats Bayern,
sondern in jene des Bundesgesetzgebers fällt. Ganz erfolglos
war die Initiative allerdings nicht. Die Initiatoren wollen nun die
gesammelten Unterschriften dazu nutzen, politischen Druck
außerhalb eines Volksbegehrens auszuüben.

Geplantes Volksbegehren »Deutsche Wohnen & Co enteignen«
in Berlin (Frühjahr 2019). Die Initiatoren sammeln Unterschriften, um ein Volksbegehren mit dem Ziel zu initiieren, die Immo-
bilien von Großvermietern in Berlin zu enteignen. Betroffen
sein sollen Vermieter, die mehr als 3.000 Mietwohnungen
besitzen. Insgesamt geht es um mehr als 200.000 Wohnun-
gen. Das Vorhaben ist eines der am heftigsten diskutierten der
letzten Jahre. Befürworter sehen in den geplanten Enteignungen ein Mittel, die Wohnungsnot in Berlin zu mindern und für
eine sozial gerechte Umverteilung zu sorgen. Gegner sehen sich
an Enteignungen im großen Stil erinnert, wie sie in der Vergangenheit für Diktaturen typisch waren. Fraglich ist auch, wie die
öffentliche Hand jenen Milliardenbetrag finanzieren soll, der
als Entschädigung für diese Enteignungen zu leisten wäre. Die
Initiatoren sammelten dreimal so viele Unterschriften, wie für
die Zulassung des Volksbegehrens nötig gewesen wären. Nun
müssen sieben Prozent der Wahlberechtigten zum Berliner
Abgeordnetenhaus dieses Volksbegehren unterschreiben,
damit es zu einem Volksentscheid kommt.

Europäische Bürgerinitiative

Auch die Europäische Union hat sich im Jahr 2010 – spät, aber doch – selbst ein Instrument der Bürgerbeteiligung gegeben, das an die deutsche Volksinitiative und das österreichische Volksbegehren erinnert: die europäische Bürgerinitiative. Mit ihr können sich Unionsbürger an die Europäische Kommission wenden. Ähnlich wie der österreichisch Nationalrat mit dem Anliegen eines Volksbegehrens muss sich aber auch die Europäische Kommission mit dem Anliegen der Bürgerinitiative bloß beschäftigen, kann dieses aber ohne weitere Konsequenzen ablehnen. Anders als das auf eine Volksinitiative hin eingeleitete deutsche Volksbegehren, das – wenn es der deutsche (Landes-)Gesetzgeber ablehnt – einer Volksabstimmung unterzogen werden muss, kann die Europäische Kommission das Anliegen einer europäischen Bürgerinitiative ergebnislos entsorgen, ohne dass sich die Initiatoren oder das europäische Wahlvolk dagegen wehren könnten. Die europäische Bürgerinitiative ist also kein starkes Instrument, um Gesetzesvorhaben zu initiieren und durchzusetzen, sondern relativ schwach. Um tatsächlich zu Recht zu werden, muss das Anliegen einer europäischen Bürgerinitiative von der Europäischen Kommission übernommen werden, die es dann in das Rechtssetzungsverfahren der Europäischen Union durch Europäischen Rat und Europäisches Parlament einbringt. Ohne Unterstützung durch die Kommission geht also gar nichts …

So weit die schlechte Nachricht. Die gute: Die Einleitung einer europäischen Bürgerinitiative weist recht wenig formale Hürden auf. Das Anliegen muss bloß im Rahmen der Befugnisse der Europäischen Kommission liegen und von einem Bürgerausschuss bei der Kommission registriert werden. Damit nur Anliegen registriert werden, die über einen Mitgliedsstaat hinaus gesamteuropäische Relevanz haben, muss der Bürgerausschuss aus Personen aus zumindest sieben Mitgliedsstaaten bestehen. Das kann für Einzelpersonen schwierig zu erfüllen sein. Wer allerdings tatsächlich ein interessantes Thema aufgreift, sollte Unterstützer in sieben Mitgliedsstaaten finden können. Immerhin betreffen zum Beispiel Umweltschutz, Menschenrechte, Tierschutz, soziale Gerechtigkeit, Datenschutz, die Zukunftschancen junger Menschen und viele andere Themen nicht bloß Menschen aus Deutschland oder Österreich, sondern alle Europäer.

Nach der Registrierung prüft die Kommission, ob das Anliegen zulässig ist (also im Rahmen der Befugnisse der Kommission liegt) und von einem Bürgerausschuss aus zumindest sieben Mitgliedsstaaten registriert wurde. Nach dieser Prüfung haben die Initiatoren zwölf Monate Zeit, um zumindest eine Million Unterschriften für ihr Anliegen zu sammeln.

Dabei reicht es aber nicht, dass eine Million Unterschriften vorliegen. Vielmehr müssen diese Unterschriften aus zumindest einem Viertel aller EU-Mitgliedsstaaten stammen (also derzeit ebenfalls aus zumindest sieben EU-Staaten). Und die Unterschriften aus einem EU-Mitgliedsstaat zählen erst, wenn die Bürgerinitiative in diesem Mitgliedsstaat eine Mindestanzahl gültiger Unterschriften erreicht hat. Diese Mindestanzahl entspricht in etwa dem 750-Fachen der Mitglieder (Abgeordneten) des Europäischen Parlaments aus diesem Mitgliedsstaat. Weil die Mitgliedsstaaten abhängig von ihrer Größe unterschiedlich viele Abgeordnete in das Europäische Parlament entsenden und dabei außerdem kleine Mitgliedsstaaten bevorzugt werden, ist die Mindestanzahl der erforderlichen Unterschriften von Staat zu Staat sehr verschieden. Je kleiner ein Mitgliedsstaat ist, desto kleiner ist die absolute Zahl und umso größer ist gleichzeitig der relative Anteil (Prozentanteil) an erforderlichen Unterstützern.

ERFORDERLICHE UNTERSTÜTZUNGS-UNTERSCHRIFTEN IN AUSGEWÄHLTEN MITGLIEDSSTAATEN		
Mitgliedsstaat	Mindestzahl der Unterstützungs-unterschriften	Anteil an der Bevölkerung
Deutschland	74.250	0,09 %
Frankreich	55.500	0,09 %
Italien	54.750	0,09 %
Luxemburg	4.500	0,90 %
Malta	4.500	1,08 %
Niederlande	19.500	0,11 %
Österreich	14.250	0,17 %
Polen	38.250	0,10 %

Um als Unterstützer unterschreiben zu können, muss man Unionsbürger sein und das erforderliche Alter für das aktive Wahlrecht bei
Wahlen zum Europäischen Parlament haben (in Österreich 16 Jahre,
in Deutschland 18 Jahre). In jedem Mitgliedsstaat gelten andere
Anforderungen an die Abgabe der Unterstützungsunterschriften.
Während beispielsweise österreichische Staatsbürger bei der Abgabe
ihrer Unterstützungsunterschrift die Nummer ihres Personalauswei-
ses oder Reisepasses angeben müssen, können deutsche Staatsbürger
ihre Unterschrift ohne solche Angaben leisten.

Nach Auslaufen der Eintragungsfrist prüft jeder Mitgliedsstaat
die von seinen Staatsbürgern abgegebenen Unterstützungsunterschriften. Erreicht die Bürgerinitiative die erforderliche Anzahl an
Unterstützern (zumindest eine Million Unterstützer in sieben Mitgliedsstaaten), muss im EU-Parlament eine Anhörung stattfinden,
an der auch die Kommission teilnehmen muss. Danach erarbeitet
die Kommission eine Stellungnahme und entscheidet, ob sie das
Anliegen der Bürgerinitiative unterstützt und ein Verfahren zur
Schaffung von EU-Recht zum unterstützten Anliegen einleitet. Die
Kommission kann diese Unterstützung aber auch verweigern. Es gibt
keine Pflicht zur Umsetzung einer erfolgreichen Bürgerinitiative. Die
Stellungnahme der Kommission wird veröffentlicht.

Damit ist die europäische Bürgerinitiative lediglich ein Instrument, um die Kommission (und die politisch interessierte Öffentlichkeit) auf ein Thema aufmerksam zu machen. Ein Vehikel, um
Anliegen des europäischen Wahlvolks gegen den Willen der EU-
Institutionen durchzusetzen, ist sie hingegen nicht. Nur wer genug
Wirbel macht und medialen Druck erzeugt, hat Chancen darauf,
dass seine Bürgerinitiative ernsthaft zur Umsetzung berücksichtigt
wird.

AUSWAHL EUROPÄISCHER BÜRGERINITIATIVEN			
Name	Thema	Sammlungs-frist	Ergebnis
Rettet die Bienen!	Schutz der Artenvielfalt und Verbesserung der Lebensräume von Insekten in Europa	Am 27.5.2019 registriert, Sammlungsfrist noch nicht festgesetzt	
End the Cage Age	Ende der Käfighaltung von Nutztieren	11.9.2018 bis 11.9.2019	laufend
Stop Plastic in the Sea	Regelung der Kunststoffentsorgung	19.10.2015 bis 19.10.2016	Sammlung beendet, Ergebnis noch nicht bekannt
My voice against nuclear power	Initiative gegen Kernenergie in Europa	Registrierung von der Kommission abgelehnt	
Wasser ist ein Menschen-recht	Ablehnung der Privatisierung und Kommerzialisierung von Wasser und sani-tärer Grundversorgung	10.5.2012 bis 1.11.2013	Erforderliche Unterstützer-anzahl erreicht, von der Kommission nicht umgesetzt
Fraternité 2020	Förderung europä-ischer Austausch-programme (zum Beispiel Studenten-austausch, Freiwilligendienste)	9.5.2012 bis 1.11.2013	Bürgerinitiative gescheitert (nicht genügend Unterschriften)

Und was nützt uns das alles?

Diese Elemente direkter Demokratie stellen teilweise sehr hohe Anforderungen, damit sie vom Adressaten (der Regierung, dem Gesetzgeber) gehört werden müssen. Das macht die Sache für Einzel-personen einigermaßen kompliziert, ist aber durchaus beabsichtigt. Denn ein Gesetzgeber, der sich mit jedem noch so absurden Anliegen beschäftigen muss, das von einzelnen Proponenten des Wahlvolks an ihn herangetragen wird, ist schnell mit nichts anderem mehr beschäf-tig als mit diesen Absurditäten. Wichtige und sinnvolle Anliegen gehen dann in der Masse unwichtiger Anliegen unter. Um eine Vorauswahl zu treffen, verlangt die Verfassung daher, dass einzelne

Anliegen Unterstützung durch eine größere Gruppe von Menschen erfahren müssen, bevor sich die demokratischen Institutionen mit ihnen beschäftigen müssen.

Aus diesem Grund sind direktdemokratische Instrumente nichts für Einzelkämpfer. Wer sich mit einem Volksbegehren oder einer europäischen Bürgerinitiative an die hohe Politik wenden will, braucht Verbündete. Für Einzelpersonen ist es hingegen meist unmöglich, die erforderliche Anzahl an Unterstützungsunterschriften zu sammeln, damit aus einem Anliegen überhaupt ein Volksbegehren wird. Am Anfang jeder Initiative, die zu einem Volksbegehren werden soll, steht daher die Suche nach Verbündeten.

Von allen direktdemokratischen Instrumenten in Österreich und Deutschland kann der einzelne Bürger nur das Volksbegehren (beziehungsweise die europäische Bürgerinitiative) selbst starten. Die meisten direktdemokratischen Instrumente (Volksbefragung, Volksabstimmung) können nur durch den Gesetzgeber oder ein anderes staatliches Organ eingeleitet werden. Diese direktdemokratischen Instrumente funktionieren letztendlich wie Wahlen. Die Mitwirkung des Einzelnen ist auf die Stimmabgabe beschränkt (sofern er sich nicht im Wahlkampf für oder gegen den Abstimmungsgegenstand engagiert).

Wer also die hohe Politik dazu zwingen will, sich mit seinem Anliegen zu beschäftigen, muss zum Volksbegehren greifen.

> •

Drei Schritte zum Volksbegehren (Österreich)
Erster Schritt: Die Anmeldung
Jedes Volksbegehren muss beim Bundesminister für Inneres angemeldet werden. Die Anmeldung muss mit einem vorgegebenen Formular erfolgen.[107] Die Anmeldung muss enthalten:

- den Text des Volksbegehrens in Form eines Gesetzesantrags oder einer Anregung;
- eine Kurzbezeichnung mit maximal drei Worten;
- die Bezeichnung und Unterschrift des Bevollmächtigten, also der Person, die den Antrag stellt oder für den Antragsteller spricht (Vorname, Nachname, Beruf, Adresse);
- die Einzahlungsbestätigung über den Kostenbeitrag von € 500,– an das Innenministerium.

Der Innenminister muss innerhalb von zwei Wochen prüfen, ob der Antrag vollständig und zulässig ist. Wird die Anmeldung zugelassen, wird das Volksbegehren im Zentralen Wählerregister eingetragen.
Dieser erste Schritt ist noch recht einfach ohne besondere Unterstützung von anderen zu erledigen.

Zweiter Schritt: Unterstützungserklärungen sammeln
Nachdem der erste Schritt geschafft ist, beginnt der schwierige Teil – das Unterschriftensammeln. Damit das gelingt, müssen möglichst viele Menschen von dem Anliegen erfahren und es unterstützen.
Unterstützer können ihre Unterstützungserklärung auf zwei Arten abgeben:

*   durch persönliche Unterschriftsleistung an jedem beliebigen Gemeindeamt in Österreich;
*   im Internet durch elektronische Signatur (»Handy-Signatur« oder Bürgerkarte).

Jeder Unterstützer muss zu den österreichischen Nationalratswahlen wahlberechtigt sein, also österreichischer Staatsbürger und zumindest 16 Jahre alt sein. Die Unterstützungserklärungen werden auf die im dritten Schritt zu erreichende Unterschriftenanzahl angerechnet.
Wer zumindest 8.401 Unterstützungserklärungen gesammelt hat, kann die Einleitung des Eintragungsverfahrens beantragen. Auch diese Anmeldung muss mit einem vorgegebenen Formular an den Innenminister erfolgen.[108] Die Anmeldung muss enthalten:

*   den Text des Volksbegehrens (gleichlautend mit der Anmeldung);
*   die Kurzbezeichnung (gleichlautend mit der Anmeldung);
*   die Bezeichnung und Unterschrift des Bevollmächtigten sowie insgesamt vier Stellvertretern (Vorname, Nachname, Beruf, Adresse);
*   die Einzahlungsbestätigung über den Kostenbeitrag von € 500,– an das Innenministerium.

Der Innenminister muss dann innerhalb von drei Wochen über die Einleitung des Eintragungsverfahrens entscheiden.

Dritter Schritt: Noch mehr Unterschriften sammeln

Im Eintragungsverfahren gibt es einen Eintragungszeitraum von zumindest acht aufeinanderfolgenden Tagen. Genaue Dauer und Zeitpunkt des Eintragungszeitraums verlautbart der Innenminister. Damit es tatsächlich zum Eintragungsverfahren kommt, müssen die Antragsteller binnen 14 Tagen nach dieser Verlautbarung einen Druckkostenbeitrag von € 2.250,– an das Innenministerium überweisen.

Während dieses Zeitraums haben alle zu den österreichischen Nationalratswahlen Wahlberechtigten die Möglichkeit, das Volksbegehren zu unterschreiben. Das ist in allen österreichischen Gemeinden sowie im Internet möglich.

Ein Volksbegehren ist erfolgreich, wenn es zumindest von 100.000 Personen unterschrieben wird (die Unterstützungserklärungen aus dem zweiten Schritt werden eingerechnet).

• <

> •

Drei Schritte zum Volksbegehren (Deutschland)

In Deutschland unterscheiden sich die Regeln für Volksbegehren von Bundesland zu Bundesland. Im Wesentlichen sind Volksbegehren dreigeteilt:

Der erste Schritt ist die Volksinitiative, der Antrag auf Einleitung eines Volksbegehrens. In manchen Bundesländern kann dieser erste Schritt aber auch entfallen (etwa in Mecklenburg-Vorpommern).

Der zweite Schritt ist das eigentliche Volksbegehren, bei dem die Wahlberechtigten das Anliegen des Volksbegehrens durch eigenhändige Unterschrift unterstützen können.

Wird ein erfolgreiches Volksbegehren vom Gesetzgeber nicht angenommen, kommt es zum dritten Schritt, dem Volksentscheid. Nun entscheidet das Wahlvolk, ob das Vorhaben umgesetzt wird oder nicht.

Diese drei Schritte gemeinsam werden in Deutschland auch als Volksabstimmung bezeichnet. Mit ihr kann eine Initiative – das erfolgreiche Absolvieren aller drei Schritte vorausgesetzt – den Gesetzgeber zur Umsetzung eines Anliegens zwingen. Das ist mit der österreichischen Variante des Volksbegehrens nicht möglich.

• <

Das Bienen-Volksbegehren: Eine Erfolgsgeschichte

Der Weg zum Erfolg für das Volksbegehren »Artenvielfalt & Naturschönheit in Bayern« war keineswegs vorgezeichnet. »Wir wollen, dass jede Biene und jeder Schmetterling und jeder Vogel in diesem Land weiß: Wir werden uns für sie einsetzen«, versprach die grüne Fraktionschefin Katrin Göring-Eckardt und erntete dafür von ihren politischen Mitbewerbern bloß eine ordentliche Portion Spott. In den Jahren nach der »Flüchtlingskrise« 2015 war die öffentliche Aufmerksamkeit stark auf Migration fokussiert. Umweltthemen hatten schon bessere Zeiten erlebt. Es war also keineswegs ausgemacht, dass man die Bayern massenhaft für Artenvielfalt in Bayern begeistern konnte – und dass die bayerische Natur durchaus reizvoll ist, davon sind die Bayern auch ganz ohne Volksbegehren überzeugt.

Auch die Themenwahl des Gesetzesentwurfs, den die Antragsteller dieses Volksbegehrens der bayerischen Politik schmackhaft machen wollte, hatte es durchaus in sich. Sicher störten manche der Forderungen nur kleine Kreise der Bevölkerung. Wer stößt sich schon daran, dass Wiesen erst nach dem 15. Juni gemäht, Alleen, Streuobstwiesen, Feldgehölze, Hecken, Kleingewässer oder Totholzansammlungen geschützt oder bis 2030 zumindest 30 Prozent der landwirtschaftlichen Fläche ökologisch bewirtschaftet werden sollen? Außer den Landwirten natürlich, einer kleinen Gruppe, die es aber gut versteht, als unsere »Ernährer« und »Landschaftspfleger« die öffentliche Meinung auf ihre Seite zu ziehen und der Politik wirkungsvoll im Ohr zu liegen. Aber das Verbot von Lichtquellen, die in den Himmel strahlen (und nachtaktive Insekten irritieren), trifft fast jeden Einfamilienhausbesitzer oder Balkonwohnungsmieter.

Und tatsächlich äußerten der Bayerische Bauernverband, die Freien Wähler Bayern und der Bayerische Jagdverband rasch Kritik am Volksbegehren. Landwirte würden in ihren Betriebsweisen unverhältnismäßig eingeschränkt werden, Förderungen verlieren und wegen fehlender Nachfrage von Bioprodukten (insbesondere in der Milchwirtschaft) gar nicht auf die geforderten Biobetriebsweisen umsteigen können, selbst wenn sie dies wollten. Trotzdem unterschrieben schon den Antrag auf Zulassung dieses Volksbegehrens fast viermal mehr Bayern als notwendig.

Den Initiatoren ist es gelungen, das Volksbegehren nicht mit sperrigen Begriffen (wie dem Artensterben) oder nach Einschränkung und Verbot riechenden Forderungen (wie dem Verbot von Himmelstrahlern) in die Medien zu bringen, sondern es mit einem Tier in unseren Köpfen zu verankern, das bei fast jedem von uns positive Assoziationen hervorruft: den Bienen. Die Biene Maja kennt und mag jeder, Honig auch. Und den Geruch von Bienenwachs verbinden wohl viele von uns mit Weihnachten – auch kein schlechtes Thema. Die Eigenschaften, die wir Bienen zuschreiben, ihren Fleiß, ihr Einstehen und ihre Aufopferung für die Gemeinschaft, findet wohl auch fast jeder positiv. Und schließlich haben wir oft genug gelesen und gehört, dass wir ohne Bienen alle verhungern würden, weil niemand die landwirtschaftlichen Kulturen bestäuben würde. Wer kann Bienen da nicht mögen? Und wer könnte nach Jahren der schlechten Nachrichten über Bienenseuchen, Pestizide und Bienensterben gegen Bienenschutz sein? Die Verbindung der Forderungen mit den Bienen erfolgte so vollständig, dass bald niemand mehr vom »Volksbegehren für Artenvielfalt & Naturschönheit in Bayern« sprach, sondern schlicht vom »Bienen-Volksbegehren«. Da konnten die Gegner noch so argumentieren, gegen die niedliche Biene wirkt jeder konventionelle Landwirt wie ein Bienenvergifter. Der Protest der Landwirtschaft führte bloß zu noch mehr Medienberichterstattung und noch mehr Mobilisierung, um die Biene vor einer pestizidproduzierenden Chemiemafia zu schützen. Am Ende unterstützten 1,741 Millionen Bayern (das sind 18,3 Prozent der wahlberechtigten Bürger) das Volksbegehren und machten die Initiative für »Artenvielfalt & Naturschönheit in Bayern« zum bislang erfolgreichsten Volksbegehren in Bayern.

Die Biene hat sich als perfekter Botschafter für den Schutz von Insekten erwiesen – einer Tiergruppe, bei der wohl viele Unterstützer des Volksbegehrens zuerst eigentlich an schlafraubend summende Stechmücken, lästige Wespen, blutsaugende Wanzen oder anderes unsympathisches Getier denken. Ein Moskito-Volksbegehren hätte mit denselben Inhalten wohl um vieles weniger Unterstützung erfahren ... Das Rekordergebnis des Bienen-Volksbegehrens setzte die bayerische Landesregierung unter Druck. Noch Anfang März 2019 hat sich der bayerische Wirtschaftsminister klar dagegen ausgesprochen, die Forderungen des Bienen-Volksbegehrens zu übernehmen und zu einem bayerischen Gesetz werden zu lassen. Einen Monat später stand das Endergebnis des Volksbegehrens fest und die Kraft von mehr als 1,7 Millionen Stimmen entfaltete ihre volle Wirkung. Rasch kündigte die Staatsregierung an, den Gesetzesentwurf des Bienen-Volksbegehrens komplett übernehmen zu wollen. Ganz so, als hätte man nie etwas anderes vorgehabt. Unsere Stimmen wirken also doch!

Das Bienen-Volksbegehren wirkt inzwischen sogar über die Grenzen Bayerns hinaus. Die Bundesumweltministerin Svenja Schulze plant ein deutschlandweites Insektenschutzgesetz. Schließlich war der Erfolg so groß, dass das Bienen-Volksbegehren eine Fortsetzung auf europäischer Ebene genommen hat. Ende Mai 2019 haben die Initiatoren eine europäische Bürgerinitiative zum selben Thema registriert (»Rettet die Bienen!«). Sobald die Kommission die Sammlungsfrist festgelegt hat, geht das Unterschriftensammeln gegen das Artensterben in ganz Europa weiter!

> •

Was du vom Bienen-Volksbegehren lernen kannst
Du brauchst einen Sympathieträger:
Artenvielfalt ist ein sperriges Thema. Da schlafen viele potenzielle Unterstützer ein, bevor du dein Anliegen erklärt hast. Und Insektenschutz? Da denken viele Menschen an juckende Mückenstiche, Flöhe, Spinnen oder Zecken (wobei die letzten beiden gar keine Insekten sind). Auch kein Thema, für das man viele Menschen begeistern kann. Aber Bienen mag jeder. Biene Maja hat uns schon in unserer Kindheit unterhalten. Honig mögen wir sowieso und an das Begriffspaar »Bienen und Blumen« hat auch fast jeder angenehme Erinnerungen. Die »fleißigen« Bienen sind also der perfekte Sympathieträger.

Wenn du für dein Anliegen auch so einen guten Sympathieträger findest, hast du schon viel gewonnen.

Du brauchst jemanden, der dich nicht mag:
Wenn alle einer Meinung sind, schläft ein Thema schnell ein.
Hingegen kann ein heftiger Konflikt eine Sache erst so richtig interessant machen. Das gilt insbesondere für Medien. Und wenn die
sich für dein Thema interessieren, erreichst du viele Menschen.
Gut ist, wenn dein Gegner jemand ist, der wichtig genug ist, dass
er von den wichtigsten Medien gehört wird. Gegen das Bienen-
Volksbegehren liefen beispielsweise Vertreter der konventionellen Landwirtschaft Sturm. Gut für dein Anliegen ist auch, wenn
dein Gegner vielen Menschen nicht besonders sympathisch ist.
Das lief beim Bienen-Volksbegehren vielleicht auf den ersten Blick
nicht ganz optimal. Denn die Landwirtschaft ist aufgrund ihres
Stellenwerts für unsere Ernährung bei den meisten Menschen
recht beliebt. Hier haben wohl die Bienen wieder kräftig nachge-
holfen. Denn die konventionelle Landwirtschaft ist in den letzten
Jahren von vielen als pestizidverspritzender »Bienenkiller« und
damit zumindest in Verbindung mit den Bienen nicht gerade als
Sympathieträger wahrgenommen worden.

Du brauchst eine Trägerrakete:
Nur mit dem richtigen Aufhänger schlüpft dein Thema rasch
und unkompliziert in möglichst viele Köpfe. Es schadet nicht,
wenn dein Aufhänger nur oberflächlich etwas mit deinem Kernanliegen zu tun hat. Wichtig ist bloß, dass dein Aufhänger eine
gute Trägerrakete ist, mit der dein Thema richtig abhebt. Das
Bienen-Volksbegehren hatte auch bloß am Rande mit Bienen
zu tun. Eigentlich war es ein Volksbegehren für Artenvielfalt
und die Einführung vieler Einzelmaßnahmen, die Artenvielfalt,
Naturschutz und insbesondere Insektenschutz fördern sollten.
Einzelne dieser Maßnahmen waren ziemlich spröde und wären
bei genauerer Betrachtung bei vielen Menschen ziemlich unpo-
pulär (etwa das angestrebte Verbot von nach oben strahlenden
Beleuchtungskörpern im Außenbereich). Aber die putzigen
Bienen haben das alles überdeckt.

Du brauchst ein Problem (oder eine Bedrohung):
Ein Volksbegehren entfaltet umso mehr Druck, je mehr
Menschen es unterstützen. Ein Volksbegehren kann also nur
erfolgreich sein, wenn es gelingt, sein Thema zum Problem für
möglichst viele »normale« Menschen zu machen. Das Bienen-
Volksbegehren hat das im Handumdrehen geschafft. Wird
Natur zerstört oder die Artenvielfalt reduziert, wird uns allen
etwas weggenommen. Das will niemand. Und das Bienenster-
ben bedroht unsere Versorgung mit Nahrungsmitteln. Dieses
Problem trifft uns alle.

Du brauchst Verbündete:
Allein kann man ein Volksbegehren nicht organisieren. Das
wäre ein Kampf gegen Windmühlen. Je mehr Mitstreiter dich
in deinem Kampf unterstützen, desto schlagkräftiger kannst
du sein. Die Ökologisch-Demokratische Partei Bayerns (ÖDP)
als Initiatorin des Bienen-Volksbegehrens hat viele Mitstreiter
gehabt. Das Bündnis 90/Die Grünen und der Landesbund für
Vogelschutz in Bayern haben die ÖDP als weitere Trägeror-
ganisationen unterstützt. Neben sieben weiteren Hauptun-
terstützern (unter anderem der Bund Naturschutz in Bayern
und der Landesverband bayerischer Imker) haben 181 weitere
Organisationen das Bienen-Volksbegehren aktiv unterstützt.
Da sind ganz schön viele Beine für ein und dasselbe Anliegen
gelaufen ...
Du solltest dir also zuallererst Verbündete suchen. Aber
Achtung: Such dir deine Mitstreiter gut aus und lass dich von
ihnen nicht vereinnahmen. Hier sind gerade politische Parteien
als Unterstützer heikel. Unterstützt dich beispielsweise die NPD,
werden dich viele Bürger nicht unterstützen, die am rechtsextremen Rand des Parteienspektrums nicht anstreifen wollen.
Deine Erfolgschancen rasseln dann schnell in den Keller.

Du brauchst Presse:
Die leichteste Art, dein Anliegen unter das Volk zu bringen,
ist, dass Medien mit großer Reichweite darüber berichten.
Das ergibt sich üblicherweise von selbst, wenn dein Problem

möglichst viele Menschen betrifft oder du viele Verbündete
hast (die idealerweise möglichst gute Kontakte zu Medien
haben).

Du brauchst einen Anfangserfolg:
Menschen engagieren sich eher, wenn die Erfolgschancen hoch
sind. Deshalb ist es leichter, Mitstreiter und eine wohlwollende
Berichterstattung zu bekommen, wenn du einen Anfangserfolg
erzielt hast. Auch diese Hürde hat das Bienen-Volksbegehren
mustergültig genommen. Den Antrag, damit dieses Anliegen
überhaupt als Volksbegehren zugelassen wird, haben viermal
mehr Menschen unterschrieben als notwendig.

• ‹

Menschen,
die sich wehrten:

Martin Luther King (1929–1968)

»I have a dream« (Ich habe einen Traum), sagte Martin Luther King in seiner berühmten Rede[109] am 28. August 1963 am Capitol in Washington. Es war ein schöner Traum, den der Priester und Bürgerrechtsaktivist hatte: der Traum, dass seine vier Kinder eines Tages nicht nach ihrer Hautfarbe, »sondern nach dem Wesen ihres Charakters beurteilt« würden; dass sich eines Tages in den USA die Söhne und Töchter der einstigen Sklaven und die Söhne und Töchter der einstigen Sklavenhalter als Brüder und Schwestern in Geschwisterlichkeit an einen Tisch setzen würden. Von diesem Traum sprach Martin Luther King an diesem Tag im heißen August am Fuß des Lincoln Memorials im Regierungsviertel von Washington D.C.

250.000 Menschen, darunter etwa 60.000 Weiße, waren seinem Aufruf gefolgt und beteiligten sich an seinem »Marsch auf Washington« mit dem Ziel, die Rassendiskriminierung im Land endlich zu beenden.

Martin Luther King war schon lange in der Bürgerrechtsbewegung engagiert und orientierte sich bei seinen Aktionen an Mahatma Gandhis gewaltfreiem Widerstand. King und seine Mitstreiterinnen und Mitstreiter führten Sitzstreiks durch, organisierten den Boykott von öffentlichen Verkehrsmitteln wegen der Rassentrennung in diesen und eben die große Demonstration im August 1963.

Acht Mal wiederholte er in seiner Rede den Satz »Ich habe einen Traum«, eine Rede, die live im ganzen Land übertragen wurde. Dabei stand die Passage mit dem Traum gar nicht in Kings Redemanuskript, sondern wurde von ihm spontan in seine Ansprache eingebaut.

Mit seiner Rede, die zu den wichtigsten politischen Reden des 20. Jahrhunderts zählt, und mit ihrem Marsch auf Washington veränderten King und seine Mitstreiterinnen und Mitstreiter die Geschichte der Vereinigten Staaten von Amerika. Aufgrund des massiven Drucks der schwarzen Bürgerrechtsaktivistinnen und -aktivisten unterzeichnete der damalige US-Präsident Lyndon B. Johnson am 2. Juli 1964 den »Civil

Rights Act«, jenes Gesetz, mit dem die Rassentrennung in den USA offiziell aufgehoben wurde.

In seiner Rede sagte King auch: »Mit diesem Glauben werde ich fähig sein, aus dem Berg der Verzweiflung einen Stein der Hoffnung zu hauen. Mit diesem Glauben werden wir fähig sein, die schrillen Missklänge in unserer Nation in eine wunderbare Symphonie der Brüderlichkeit zu verwandeln. Mit diesem Glauben werden wir fähig sein, zusammen zu arbeiten, zusammen zu beten, zusammen zu kämpfen, zusammen ins Gefängnis zu gehen, zusammen für die Freiheit aufzustehen, in dem Wissen, dass wir eines Tages frei sein werden.«

Vieles von dieser Freiheit konnte Martin Luther King nicht mehr erleben. Zwar wurde er für sein Engagement im Dezember 1964 mit dem Friedensnobelpreis ausgezeichnet. Aber nur dreieinhalb Jahre später ereilte ihn dasselbe Schicksal wie sein Vorbild Gandhi. Am 4. April 1968 wurde King wegen seiner politischen Aktivitäten auf dem Balkon des Lorraine Motels in Memphis im US-Bundesstaat Tennessee von einem amtsbekannten Rassisten erschossen. Die genauen Hintergründe dieses Attentats wurden bis heute nicht aufgeklärt. An jener Stelle, an der damals das Motel stand, ist heute das »National Civil Rights Museum«, das Museum der Geschichte der amerikanischen Bürgerrechtsbewegung.

Weiterlesen:
Alois Prinz: I have a dream. Das Leben des Martin Luther King. Stuttgart 2019.

7. Die Straße ruft: Alles über Demos

Demonstrieren ist ein Menschenrecht. Trotzdem darf bei uns nicht jeder gegen alles demonstrieren. Und es gibt Regeln, die man einhalten muss, um legal demonstrieren zu können. Dennoch sind Demonstrationen ein besonders wichtiges Instrument für Aktivisten. Denn eine richtig große Demo war schon immer ein machtvolles Zeichen an die Regierenden – ideal, um auf ein Thema aufmerksam zu machen.

Was ist eine Demonstration?
Demonstrationen sind Versammlungen in der Öffentlichkeit, bei
denen sich mehrere Personen zusammenfinden, um gemeinsam ihre
Meinung zu äußern. Die meisten Menschen denken bei Demonstra-
tionen an lautstarke Proteste, bei denen sich hunderte oder tausende
Menschen versammeln. Die rechtliche Definition einer Versamm-
lung (das ist der korrekte Begriff für Demos) verlangt das nicht.
Und die rechtliche Definition ist hier besonders wichtig, weil unsere
Verfassung nur Demonstrationen schützt, die unter den rechtlichen
Begriff der Versammlung fallen.

Rechtlich genügt es bereits, dass sich (zumindest) drei Menschen
zusammenfinden, um gemeinsam etwas zu bewirken, gleich ob dabei
Debatten und Diskussionen veranstaltet werden oder ob die Demonstranten gemeinsam ihr Anliegen manifestieren wollen. Solche Versammlungen genießen den Schutz unserer Rechtsordnung, die unser
Recht auf Versammlungsfreiheit in der Verfassung festgeschrieben hat
und auf diese Weise ganz besonders schützt. Demonstranten dürfen
selbst entscheiden, wie sie ihr gemeinsames Anliegen manifestieren
wollen. Manifestationen können beispielsweise durch Demonstrationszüge (Aufmärsche), Menschenketten, Sitzblockaden oder Flashmobs erfolgen. Die Manifestationsmittel sind (fast) unbeschränkt.
Je kreativer die Demonstranten dabei sind, desto eher erlangt ihre
Demo mediale Beachtung und öffentliche Aufmerksamkeit.

Vorträge, Infostände, mit denen bloß zufällig vorbeikommende
Passanten informiert werden sollen, Prozessionen und Wallfahrten,
Flugblattaktionen und »volksgebräuchliche« Feste oder Aufzüge
(Faschingsumzüge) sind keine Versammlungen im rechtlichen Sinn.
Sie sind dementsprechend auch nicht durch die Versammlungsfrei-
heit geschützt.

Dürfen alle Menschen demonstrieren?
Zu demonstrieren ist ein Menschenrecht, das uns allen zusteht. Das
ist (fast) richtig. Aber wer dabei unterschiedslos an »alle Menschen«
denkt, irrt. Tatsächlich ist die Versammlungsfreiheit in Österreich
und Deutschland kein Menschenrecht, das allen Menschen zustünde,
sondern ein Staatsbürgerrecht, das zunächst einmal nur den Staatsbürgern zukommt.

›•••

Artikel 8 Grundgesetz (Deutschland)
(1) Alle Deutschen haben das Recht, sich ohne Anmeldung oder Erlaubnis friedlich und ohne Waffen zu versammeln.
(2) Für Versammlungen unter freiem Himmel kann dieses Recht durch Gesetz oder auf Grund eines Gesetzes beschränkt werden.

••‹

›•••

Artikel 12 Staatsgrundgesetz (Österreich)
Die österreichischen Staatsbürger haben das Recht, sich zu versammeln und Vereine zu bilden. Die Ausübung dieser Rechte wird durch besondere Gesetze geregelt.

••‹

Bedeutet das, dass bei uns nur Staatsbürger demonstrieren dürfen, Franzosen, Bulgaren oder Chinesen aber nicht? Nein, denn zumindest Unionsbürger dürfen auch bei uns so wie Staatsbürger demonstrieren und öffentlich zu ihrer Meinung stehen. Die Europäische Union verbietet ihren Mitgliedsstaaten, die Bürger anderer Mitgliedsstaaten (Unionsbürger) schlechter zu behandeln als die eigenen Staatsbürger. Mit anderen Worten: Was Deutschland den eigenen Staatsbürgern erlaubt, muss es auch allen anderen Unionsbürgern erlauben. Deshalb dürfen neben »allen Deutschen« beziehungsweise den »österreichischen Staatsbürgern« auch alle Franzosen, Bulgaren, Italiener, Griechen, Polen, Schweden, Bulgaren, Rumänen und die Staatsangehörigen aller anderen EU-Mitgliedsstaaten bei uns demonstrieren.

Aber was ist mit Menschen, die keine Staats- beziehungsweise Unionsbürger sind (Drittstaatenangehörige)? Immerhin hat die AfD-Politikerin Beatrix von Storch nach einer Demonstration in Bayern, an der auch Asylwerber teilgenommen haben, behauptet, dass Drittstaatenangehörige in Deutschland nicht demonstrieren dürfen. Auch das ist falsch. Tatsächlich dürfen bei uns auch Drittstaatenangehörige an Demonstrationen teilnehmen. Denn sowohl Deutschland als auch

Österreich haben eigene Versammlungsgesetze, die das in Grundgesetz und Staatsgrundgesetz bloß sehr grob skizzierte Versammlungsrecht näher ausgestalten. Und diese Versammlungsgesetze regeln, dass jedermann an Versammlungen teilnehmen darf. Also haben auch Ausländer das Recht, bei uns zu demonstrieren.

> •

§ 1 Versammlungsgesetz (Deutschland)
Jedermann hat das Recht, öffentliche Versammlungen und Aufzüge zu veranstalten und an solchen Veranstaltungen teilzunehmen.

• <

Allerdings müssen Menschen, die keine Unionsbürger sind und bei uns demonstrieren wollen, mit zahlreichen Einschränkungen rechnen. Beispielsweise dürfen sie in Österreich keine Versammlungsleiter sein, weshalb sie auch keine Demonstrationen anmelden können. Ein Chinese, der bei uns eine Demonstration anmelden will, muss sich in Österreich also zuerst einen Deutschen, Österreicher oder einen anderen Unionsbürger suchen, der die Demonstration für ihn anmeldet und die Aufgabe des Versammlungsleiters übernimmt.

> •

§ 8 Versammlungsgesetz (Österreich)
Ausländer dürfen weder als Veranstalter noch als Ordner oder Leiter einer Versammlung zur Verhandlung öffentlicher Angelegenheiten auftreten.

• <

Auch können Demonstrationen von Drittstaatenangehörigen leichter untersagt werden. In Österreich beispielsweise können Demonstrationen untersagt werden, die den Interessen von Drittstaaten dienen, falls diese Demonstrationen außenpolitischen Interessen der Republik zuwiderlaufen würden. Auch unterliegen Demonstrationen, an denen »ausländische Repräsentanten« teilnehmen (zum Beispiel Regierungsmitglieder oder namhafte Politiker von Drittstaaten), einer verlängerten Anmeldefrist. Unmittelbarer Anlass dieser im

Jahr 2017 eingeführten Einschränkungen waren Wahlkampfauftritte türkischer Politiker in Österreich.

Darf man einfach so demonstrieren?

Zu demonstrieren ist ein Grundrecht, das uns allen zusteht. Das bedeutet aber nicht, dass es für Demonstrationen keine Regeln gibt. Tatsächlich existieren sogar recht viele Regeln, die für Demonstrationen wichtig sind. Das beginnt schon damit, dass man Demonstrationen anmelden muss.

In Deutschland muss man Demonstrationen mindestens 48 Stunden vor der Bekanntmachung bei der zuständigen Behörde anmelden. Das bedeutet, dass man zuerst die Demo anmelden und anschließend 48 Stunden warten muss, bevor man die ersten Flyer verteilen, Demo-Aufrufe in sozialen Medien posten und sonst zur Demo aufrufen darf.

> . . . .

Demo-Anmelden in Deutschland
Wo muss ich die Demo anmelden?
Die für die Anmeldung von Demonstrationen zuständige Behörde ist, je nachdem, wo die Demonstration stattfinden soll, die Polizei, das Ordnungsamt oder die Stadtverwaltung. Eine Auflistung mit den zuständigen Behörden für die einzelnen Bundesländer findet man auf den Serviceportalen der Bundesländer, auf denen man teilweise über Eingabe der Postleitzahl automatisch Auskunft über die zuständige Behörde erhält. Eine gute Aufstellung für alle deutschen Bundesländer findet man auf www.demonstrare.de.

Wie melde ich eine Demo an?
Die meisten Behörden bieten für die Anmeldung von Demonstrationen auf ihren Internetseiten bereits eigene Formulare zum Download an. Das ausgefüllte Formular kann man per E-Mail oder per Post an die Behörde senden. In ganz dringenden Fällen akzeptieren Behörden sogar telefonische Anmeldungen. Bei Spontanversammlungen ist sogar die Anmeldung über den polizeilichen Notruf 110 möglich.

Was muss in der Anmeldung stehen?
Wenn man das Internetformular für die Anmeldung einer
Demo verwendet, ist alles ganz einfach: Man füllt einfach das
Formular aus. Man kann die Demonstration aber auch mit
einem selbstverfassten Schreiben anmelden. Dann muss man
der Behörde zumindest folgende Informationen mitteilen:
* Wann soll die Demo stattfinden (Beginn und Ende)?
* Wo soll die Demo stattfinden?
* Welche Strecken will der Demonstrationszug abgehen?
* Was ist der Gegenstand der Demo (wogegen oder wofür
  soll demonstriert werden)?
* Wer leitet die Demo (Name, Adresse und möglichst auch
  Telefonnummer des Versammlungsleiters)?
Achtung: Der Versammlungsleiter sollte deutscher Staatsbürger
oder Unionsbürger sein!
Nicht gesetzlich vorgeschrieben, aber für die gemeinsame
Demo-Planung mit der Behörde zweckmäßig ist, dass man in
der Versammlungsanzeige auch angibt, wie viele Teilnehmer
man erwartet und ob man Transparente, Flugzettel, Lautspre-
cher, Begleitfahrzeuge oder andere Hilfsmittel verwenden will.

Was kostet die Demo-Anmeldung?
Nichts. Die Anmeldung von Demonstrationen ist in Deutschland
gebührenfrei.

• <

In Österreich läuft das Anmelden von Demonstrationen ein wenig
lockerer. Dort reicht es, Demonstrationen wenigstens 48 Stunden vor
der beabsichtigten Abhaltung bei der zuständigen Behörde schriftlich anzuzeigen. Infomaterial und Flyer verteilen, Demo-Aufrufe in
sozialen Medien oder auf Plakaten sind aber schon vorher erlaubt.
Aber Achtung: Findet die Demonstration auf öffentlichen Straßen
statt (das tut sie fast immer), muss man sie drei Tage vor der beabsichtigten Durchführung anzeigen!

> •••

Demo-Anmelden in Österreich
Wo muss ich die Demo anmelden?

Die für die Anmeldung von Demonstrationen zuständige
Behörde ist die Landespolizeidirektion beziehungsweise die
Bezirksverwaltungsbehörde, also die Bezirkshauptmannschaft
(in großen Städten das Magistrat), in deren Bezirk die Demonstration stattfinden soll. Im Begriffslexikon des österreichischen
Verwaltungsportals www.help.gv.at gibt es eine Suchmaschine,
mit der man die zuständige Behörde findet. Man braucht dazu
im Begriffslexikon lediglich den Begriff »Versammlung« einzuge-
ben, dem Link für die zuständige »Bezirksverwaltungsbehörde«
zu folgen und auf der verlinkten Website die Postleitzahl des
Veranstaltungsorts für die Demo eingeben.

Wie melde ich eine Demo an?

Man kann eine Demo per Brief (mit der Post), Telefax oder
E-Mail bei der zuständigen Behörde anmelden. In Wien funktioniert das am besten mit einer E-Mail an LPD-W-Vereinsreferat@
polizei.gv.at. Die Anmeldung muss vom Anmelder (Veranstalter)
unterschrieben sein. Bei einer Anzeige per E-Mail sollte man,
falls man kein elektronisch signiertes Mail versenden kann,
daher die Unterschriften der Anmelder einscannen.

Was muss in der Anmeldung stehen?

Die Versammlungsanzeige muss mindestens folgende Angaben
beinhalten:
- Wann soll die Demo stattfinden (Beginn und Ende)?
- Wo soll die Demo stattfinden?
- Welche Strecken will der Demonstrationszug abgehen?
- Was ist der Gegenstand der Demo (wogegen oder wofür
  soll demonstriert werden)?
- Wer veranstaltet die Demo (Name, Adresse und möglichst
  auch Telefonnummer des Veranstalters)?

Achtung: Der Versammlungsleiter sollte österreichischer Staatsbürger oder Unionsbürger sein!

Nicht gesetzlich vorgeschrieben, aber für die gemeinsame Demo-Planung mit der Behörde zweckmäßig ist, dass man in der Versammlungsanzeige auch angibt, wie viele Teilnehmer man erwartet und ob man Transparente, Flugzettel, Lautsprecher, Begleitfahrzeuge oder andere Hilfsmittel verwenden will.

Was kostet die Demo-Anmeldung?
Nichts. Die Anmeldung von Demonstrationen ist in Österreich gebührenfrei.

. . . . <

In Deutschland liegt zwischen Anmeldung der Demo und dem Tag der Demonstration selbst meist ein Zeitraum von mehreren Tagen, in dem man allenfalls noch einzelne Details mit der Behörde abklären kann (zum Beispiel Begleitfahrzeuge, Verwendung von Lautsprechern, allfällige Sicherheitsmaßnahmen). Immerhin muss man ja nicht bloß 48 Stunden nach der Anmeldung mit der Demo-Ankündigung warten. Bis alle Flyer verteilt und Freunde alarmiert sind und im Netz ausreichend mobilgemacht worden ist, vergehen ja auch noch einige Tage.

In Österreich kann das alles schon vor der Anmeldung geschehen, sodass der Mindestzeitraum von 48 Stunden (bei Demos auf Straßen: drei Tage) zwischen Anmeldung und Demo recht knapp werden kann. Hier ist es meist ratsam, mit der Anmeldung nicht bis zum letztmöglichen Zeitpunkt zuzuwarten. Nicht nur, weil dann mehr Zeit ist, um mit der Behörde allenfalls noch Details abzuklären. Mit der Anmeldung wird der beabsichtigte Versammlungsort »reserviert«. Das ist besonders wichtig, wenn man mit anderen Demonstrationen, Veranstaltungen oder gar Gegendemonstrationen am selben Tag rechnet. Wer hier bis zuletzt zuwartet, demonstriert 48 Stunden später nicht im Zentrum des Geschehens, sondern irgendwo anders, wo man der anderen Veranstaltung nicht in die Quere kommt.

Nach der Anmeldung prüft die Behörde, ob für die angemeldete Versammlung Untersagungsgründe vorliegen. Die Behörde muss eine angemeldete Versammlung untersagen, wenn sie erkennbar Strafgesetzen zuwiderläuft (zum Beispiel weil sie gegen das NS-Verbotsgesetz verstößt). Ein Untersagungsgrund liegt auch vor, wenn die Versammlung die öffentliche Sicherheit gefährden (zum Beispiel wegen langer und extremer Störung des Zugverkehrs auf Hauptverkehrsstrecken) oder das öffentliche Wohl beeinträchtigen würde (zum Beispiel wegen extremer Lärmentwicklung). In Österreich kann die Bundesregierung außerdem Demonstrationen untersagen, die der politischen Tätigkeit von Drittstaatenangehörigen dienen (zum Beispiel Wahlkampfveranstaltungen fremder Staaten) und die die außenpolitischen Interessen Österreichs oder die demokratischen Grundwerte beziehungsweise andere ganz besonders wichtige Rechtsgrundsätze beeinträchtigen. Schließlich gibt es Orte, an denen Demonstrationen generell verboten sind: Sowohl um das deutsche Bundestagsgebäude als auch um das österreichische Parlament liegen sogenannte »Bannmeilen«, innerhalb derer nicht demonstriert werden darf, wenn Bundesrat beziehungsweise Nationalrat tagen.

Manchmal muss man aber viel schneller reagieren, als dass man alle Anmeldefristen einhalten könnte. Wenn Aktivisten zum Beispiel zufällig davon erfahren, dass der Vorstandsvorsitzende eines Chemiekonzerns in ihrem Ort Kurzurlaub macht und sie in seiner Anwesenheit gegen Umweltgifte demonstrieren wollen, dann hat es wenig Sinn, eine Demo anzumelden und die Anmeldefrist von 48 Stunden abzuwarten. Bis dahin ist der Konzernchef vielleicht schon längst wieder abgereist. Der Zweck der Demo, dem Konzernchef zu zeigen, was man von seiner Firmenpolitik hält, könnte durch Einhaltung der Anmeldefrist also nicht erreich werden. In solchen Fällen sind sogenannte »Eil- oder Blitzversammlungen« zulässig. Dann muss man die 48-Stunden-Frist nicht einhalten. Es genügt, die Demo so rasch als möglich anzumelden. Das kann notfalls sogar telefonisch über den polizeilichen Notruf 110 erfolgen (in Österreich: 133).

Was macht die Polizei bei Demonstrationen?
Die Anwesenheit von Polizisten bei Demonstrationen wird oft negativ oder manchmal sogar als Provokation wahrgenommen. Beim Gedanken an Polizeipräsenz bei Demozügen haben viele zuallererst Bilder von Randale, Einkesselungen, Tränengas, Wasserwerfern und prügelnden Polizisten im Kopf. Diese Bilder wirken natürlich besonders intensiv, sind aber die absolute Ausnahme. Nur bei den

wenigsten Versammlungen, die in Deutschland und Österreich stattfinden, kommt es zu Polizeigewalt und Übergriffen. Aber was macht die Polizei dann bei Demonstrationen? Die Antwort ist auf den ersten Blick verblüffend: In den meisten Fällen ist die Polizei anwesend, um den Demonstranten die Ausübung ihres Versammlungsrechts überhaupt erst zu ermöglichen. Denn die Versammlungsfreiheit bedeutet weit mehr, als dass der Staat bloß Versammlungen seiner Bürger dulden muss. Die Versammlungsfreiheit verpflichtet den Staat, Vorkehrungen zu treffen, um auch jenen Ideen ein öffentliches Forum zu verschaffen, die nicht von einer breiten Mehrheit getragen werden. Mit anderen Worten: Der Staat hat sicherzustellen, dass auch eine Minderheit demonstrieren kann – selbst wenn die Mehrheit diese Demonstration verhindern will.

Die Polizei ist deshalb für den Schutz der Demonstranten verantwortlich. Zum Beispiel vor Verkehrsgefahren, indem Polizisten den Verkehr regeln und Straßen sperren, um Demonstrationszüge ungehindert und gefahrlos durch das Stadtzentrum zu leiten. Die Polizei muss Demonstranten aber auch vor Angriffen anderer Personen schützen. Sie muss unterbinden, dass Passanten Demonstrationsteilnehmer angreifen. Das schließt sowohl den Schutz vor dem wütenden Geschäftsmann ein, der die geschäftsschädigenden Demonstranten vom Vorplatz seines Geschäfts vertreiben will, als auch den Schutz vor Angriffen durch Gegendemonstranten, die eine ordnungsgemäße Demonstration stören oder »sprengen«, also gewalttätig auflösen wollen.

Zur Versammlungsfreiheit gehört auch, dass der Staat einer ordentlich angemeldeten Demonstration die ungestörte Durchführung ermöglichen muss. Dazu kann auch die Untersagung von Gegendemonstrationen gehören, die die zuerst angemeldete Demonstration stören könnten. Die Polizei muss deshalb dafür sorgen, dass die geplanten Marschrouten frei sind. Dazu muss sie auch Demonstranten und Gegendemonstranten möglichst voneinander fernhalten und trennen. Spätestens hier belastet erhebliches Konfliktpotenzial das ohnehin immer gespannte Verhältnis von Polizei und Demonstranten. Denn das Demonstrationsrecht kennt fast keine politischen Grenzen (solange nicht für verbotene Organisationen wie zum Beispiel die Nationalsozialistische Deutsche

Arbeiterpartei demonstriert wird). Deshalb muss die Polizei beispielsweise auch die Versammlungsfreiheit von Rechtsextremen schützen. Der österreichische Verfassungsgerichtshof hat ausdrücklich ausgesprochen, dass ungestörte Demonstrationen auch dann ermöglicht werden müssen, wenn massive Proteste breiter Bevölkerungsteile gegen die Demonstration und zahlreiche Störaktionen drohen. Eigentlich logisch, denn die Versammlungsfreiheit besteht ja gerade darin, dass auch kleine Gruppen ihre Meinung kundtun dürfen – und zwar selbst gegen den Willen der Mehrheit. Würde der Staat kleine Gruppen nicht entsprechend schützen, könnten nur mehr jene demonstrieren, die ohnehin die Mehrheit im Staat haben. Eine solche Entwicklung wäre demokratiepolitisch ziemlich bedenklich.

Gegendemonstranten, die »ihre Stadt« nicht pöbelnden Rassisten überlassen wollen, haben für solche rechtsphilosophischen Überlegungen meistens nur wenig Verständnis. Wenn die Polizei Sitzblockaden friedlicher Bürger durchbricht, um Rechtsextremen das Abgehen der angekündigten Demoroute zu ermöglichen, wird das rasch als Parteinahme der Polizei zugunsten der Rechten aufgefasst. Tatsächlich schützt die Polizei gerade in diesem Moment einen tragenden Pfeiler unserer Grundrechte und unserer Demokratie – auch wenn es uns momentan gar nicht passt und Rechtsextremisten davon profitieren, die unsere liberale Demokratie untergraben wollen.

Dass die Polizei unser Demonstrationsrecht schützen muss, heißt aber nicht, dass Demonstranten alles erlaubt ist. Gesetze gelten, egal ob man gerade demonstriert oder nicht. Demonstrationen sind kein Freibrief für Sachbeschädigungen, wüste Beschimpfungen, Drohungen oder Körperverletzungen. Das gilt auch gegenüber Gegendemonstranten oder Personen, die mit Sitzblockaden die Wunschroute blockieren. Wer diese Leute bedroht, beleidigt, mit oder ohne Gewalt zwingen will, auszuweichen, macht sich schnell einer Straftat schuldig. Und wenn ein Polizist eine Straftat wahrnimmt, muss er diese zur Anzeige bringen. Dazu muss er die Identität des Verdächtigen feststellen, wozu er die verdächtige Person aus der Menge der Demonstranten herausgreifen muss.

Solche Situationen sind schon bei vielen Demos eskaliert. Denn Demonstranten versuchen oft, ihre Mitdemonstranten zu schützen, indem sie der Polizei den Zugriff auf den Verdächtigen möglichst erschweren. Und begehen damit schnell selbst eine Straftat, den sogenannten Widerstand gegen die Staatsgewalt. Es entsteht eine Kettenreaktion, die in der zwangsweisen Auflösung der Demonstration durch die Polizei endet. Die setzt die Polizei notfalls auch mit Zwangsgewalt um – bei gewalttätigen Ausschreitungen kann das durchaus auch mit dem Einsatz von Wasserwerfern und Tränengas enden.

Wer ist für eine Demo verantwortlich und was passiert, wenn eine Demo eskaliert?
Jede Demonstration braucht eine verantwortliche Person. Das ist in Deutschland der Anmelder, in Österreich der Versammlungsleiter. Diese Person muss Staatsbürger oder Unionsbürger sein. Staatsbürger aus Nicht-EU-Staaten können zwar an Demonstrationen teilnehmen, sie dürfen sie aber nicht anmelden oder leiten.

Die verantwortliche Person muss gemeinsam mit ihren Ordnern (Helfern) dafür sorgen, dass die Demonstration ohne Rechtsverletzung und in geordneten Bahnen abläuft. Sie muss gesetzwidrigen Handlungen (zum Beispiel Sachbeschädigungen, Hitlergrüße) oder gesetzwidrigen Äußerungen (zum Beispiel Beleidigungen oder Aufrufe zur Gewalt) der Demonstrationsteilnehmer sofort entgegentreten. Kann sie sich gegenüber den Versammlungsteilnehmern nicht mehr durchsetzen, muss sie die Polizei zu Hilfe rufen und die Demonstration auflösen. Eine verantwortliche Person, die diese Pflichten verletzt, macht sich strafbar. Die Funktion des Anmelders beziehungsweise Versammlungsleiters ist also mit ziemlich großer Verantwortung verbunden.

Die Versammlungsfreiheit gilt nur für unbewaffnete Personen. Wer sich bewaffnet oder Gegenstände zur Gewaltausübung gegen Menschen oder Sachen mitnimmt (zum Beispiel Steine oder andere Wurfgeschoße), darf an Versammlungen nicht teilnehmen. Das gilt auch für »passive Bewaffnung« – also Körperschutz und Protektoren. Es ist deshalb auch verboten, mit Sturzhelm, Gasmaske (gegen Tränengas) oder Schienbeinschützern an Demonstrationen teilzunehmen. Außerdem gilt auf Versammlungen ein Vermummungsverbot.

> •

Darf ich mich trotz Vermummungsverbot auf einer Demo verkleiden?

Die Regeln zum Vermummungsverbot sind ganz schön diffizil. Denn Verkleidungen, die das Demonstrationsziel fördern, die Aussage der Demo medientauglich unterstützen und auf das Anliegen aufmerksam machen sollen, sind erlaubt. Verboten sind Verkleidungen hingegen, wenn sie die Identität des Trägers verschleiern sollen. Masken, die das gesamte Gesicht verdecken, sind deshalb problematisch. Die Grenzziehung ist im Einzelfall schwierig und hängt immer von den Umständen ab. Eine Schweinemaske, die das gesamte Gesicht verdeckt, kann auf einer Demonstration gegen Tierfabriken zulässig sein (weil sie zum Anliegen der Demonstration passt), auf einer Demonstration gegen Polizeigewalt hingegen verboten sein (weil die Maske mangels Themenbezug die Absicht der Identitätsverschleierung nahelegt).

• <

Nehmen bewaffnete oder vermummte Personen an einer Demo Teil (und weigern sie sich, die Demo zu verlassen) oder geschehen Straftaten (zum Beispiel, weil Demonstranten Mistkübel anzünden oder Autos beschädigen), muss die Behörde einschreiten. Sie muss einen Auflösungsbefehl erteilen und – wenn sich die Demonstration nicht zerstreut – diesen Befehl mit Zwangsmaßnahmen durchsetzen. Solche Zwangsmaßnahmen können von bloßen Aufforderungen, den Demonstrationsort zu verlassen, bis hin zum Einsatz von Tränengas oder Wasserwerfern reichen (wenn gewalttätige Demonstranten randalieren).

> •

TIPP: Die bloße Verletzung der Anmeldepflicht berechtigt die Behörde nicht, eine Demonstration aufzulösen. Es müssen vielmehr noch andere Umstände hinzukommen (zum Beispiel Gewaltakte, gesetzwidrige Äußerungen, Sachbeschädigungen durch die Demonstranten), damit eine Auflösung einer Demonstration zulässig ist.

Wer ohne Anmeldung demonstriert, riskiert zwar eventuell eine Geldstrafe. Die Demo darf aber trotzdem durchgeführt werden (solange sie friedlich bleibt und die Demonstranten die öffentliche Sicherheit und Ordnung nicht gefährden).

••<

Strafbar machen sich Personen, die
* als verantwortliche Person ihren Pflichten nicht nachkommen (zum Beispiel weil sie die Demo nicht auflösen, obwohl sie eskaliert ist);
* bewaffnet, mit Schutzausrüstung oder vermummt an einer Demo teilnehmen;
* nach Auflösung einer Demonstration durch den Verantwortlichen oder die Polizei den Demonstrationsort nicht unverzüglich verlassen;
* während der Demo andere beleidigen, zu Gewalttaten aufrufen oder hetzen;
* sich mit Polizisten oder Gegendemonstranten prügeln;
* als Teilnehmer einer Demo fremde Sachen beschädigen, Personen verletzen oder verbotene Abzeichen tragen (zum Beispiel Hakenkreuzbinden).

Die Strafen können von Geldstrafen (zum Beispiel für den Verantwortlichen, der eine Demo nicht rechtzeitig aufgelöst hat) bis hin zu Freiheitsstrafen reichen (zum Beispiel für schwere Sachbeschädigungen, Prügeleien mit Polizisten oder Gegendemonstranten). Die Polizei darf die Identität solcher Personen feststellen und sie allenfalls auch verhaften. Das gilt insbesondere für Personen, die sich nicht ausweisen können und deren Festnahme zur Identitätsfeststellung deshalb notwendig ist.

DOS	AND DON'TS
• auf Facebook, Instagram und Co alle Freunde zur Demo einladen; • sich passend zum Thema der Demo verkleiden; • einen gültigen Ausweis, etwas Geld und ein Mobiltelefon dabeihaben; • Passanten freundlich anquatschen; • Flyer mit dem Anliegen verteilen; • auch zu Polizisten freundlich sein; • mit (leicht abwaschbarer!) Straßenkreide Slogans auf die Straße malen; • Mitmachspiele spielen; • einprägsame und lustige Schilder zum Anliegen basteln; • Musik machen; • kreative Ideen haben, mit denen man das Interesse von Passanten und Journalisten wecken kann; • die Demo geschlossen halten und keine Lücken im Demozug aufkommen lassen; • immer cool bleiben und keine Gerüchte verbreiten; • mit Freunden gemeinsam demonstrieren und während der Demo aufeinander achtgeben; • unbedingt einer Vertrauensperson sagen, dass man auf eine Demo geht.	• bewaffnet zur Demo gehen (Achtung: Auch Taschenmesser und Pfefferspray sind auf Demos verboten!); • Sturzhelm oder Schutzbekleidung tragen; • Steine, leere Flaschen oder sonstige Wurfkörper mitnehmen; • betrunken sein, Alkohol oder Drogen mitnehmen; • andere beleidigen, zur Gewalt aufrufen, hetzen oder überhaupt unfreundlich sein (auch in Bezug auf Polizisten und Gegendemonstranten!); • fremde Sachen beschädigen, Autos zerkratzen, Mistkübel anzünden, Hauswände besprayen, Fensterscheiben einwerfen; • drängeln, schieben, Nervosität verbreiten oder Panik bekommen; • Anordnungen des Versammlungsleiters oder der Polizei nicht befolgen; • sich einschüchtern lassen; • keine Vertrauensperson haben, die weiß, dass man auf eine Demo geht.

Und wie soll ich demonstrieren?

Das Rezept für »die richtige« Demo gibt es nicht. Das Wichtigste ist, dass möglichst viele Leute auf die Demonstration und das gemeinsame Anliegen aufmerksam werden. Dafür gibt es im Wesentlichen nur drei Wege:

• Man findet besonders viele Leute, die mitdemonstrieren. Je größer die Demo, desto eher berichten die Medien darüber und desto mehr Menschen erfahren von ihr.

• Man findet besonders prominente Unterstützer, die im besten Fall auf der Demo eine Rede halten. Auch das erhöht die Chancen auf Medieninteresse.

• Man hat eine besonders schlagkräftige oder kreative Idee, wie man die Demo gestaltet. Je ungewöhnlicher die Demo ist, desto berichtenswerter ist sie für Medien.

Sich einfach am Straßenrand hinstellen und ein Protestplakat in die Höhe halten, schafft meist nur wenig Aufmerksamkeit. Außer das Schild ist besonders bemerkenswert. Inhaltlich oder zum Beispiel weil die Person, die es hält, nackt ist. Die international bekannten Aktivistinnen von Femen haben sich das zunutze gemacht und erhalten mit ihren Protesten durch vornehmlich nackte junge Frauen international große Aufmerksamkeit. Nacktheit garantiert zwar schnelle Aufmerksamkeit, aber nicht jeder will sich nackt an eine Straßenecke stellen (schon gar nicht im Winter). Und die Wahrscheinlichkeit, dass freundliche Polizisten ihre Uniformjacken zur Bedeckung zumindest der am meisten Aufmerksamkeit erregenden Körperstellen anbieten und zum Besuch im nächsten Wachzimmer laden, ist bei nackten Demonstranten auch ziemlich groß.

Zum Glück gibt es auch andere Mittel, die Aufmerksamkeit der Öffentlichkeit zu wecken. Wenn viele Menschen oder Prominente an einer Demo teilnehmen, ist Medienberichterstattung gewiss. Neben reinen Versammlungen oder Demonstrationszügen können je nach Anlass auch Mahnwachen, Menschenketten oder Flashmobs öffentlichkeitswirksam sein. Gerade mit ein wenig Kreativität können auch kleine Demonstrationen viel Aufmerksamkeit schaffen. In Österreich erregten im Herbst 2018 zum Beispiel eine Handvoll »Omas gegen rechts« mediales Interesse. Weißhaarige Omas mit Handtasche und Strickpulli, die sich zusammenrotten und wütend mit Trommeln und Trillerpfeifen gegen Rechtsextremismus lärmen, sind ein ungewöhnliches Bild – genau das, was Pressefotografen suchen. Auch sogenannte Jubeldemos können gut platziert mit wenigen Teilnehmern viel Aufmerksamkeit wecken. Dabei bejubeln Demonstranten gerade jene Umstände in übertriebener Art, gegen die sie protestieren, beispielsweise indem Studenten in Anzügen, Seidenhemden und feinen Kleidern mit Schildern wie »Wer kein Geld hat, soll arbeiten gehen« oder »Raus mit dem Pöbel – Studiengebühren für alle« die geplante Einführung von Studiengebühren »bejubeln«.

Wer besonders kreativ ist, braucht gar nicht selbst für sein Anliegen zu demonstrieren, sondern lässt seine politischen Gegner gegen sich selbst demonstrieren. Im bayerischen Wunsiedel versammeln sich am Todestag des Hitler-Stellvertreters Rudolf Heß immer wieder Neonazis, um mit einem Trauermarsch zu provozieren. Aber 2014 war plötzlich alles anders: An der ersten Kreuzung, die die Marschteilnehmer passierten, fand sich gut lesbar eine »Startlinie für den Spendenlauf«. Die satirische Initiative »Rechts gegen Rechts« (organisiert von der Bürgerinitiative »Wunsiedel ist bunt«) informierte die Neonazis, dass mit jedem Meter, den der Marsch zurücklegt, ein Betrag von zehn Euro an die Initiative Exit-Deutschland gespendet wird. An diese Initiative können sich Aussteiger aus der Neonaziszene wenden. Die Neonazis hatten bloß zwei Handlungsalternativen: die Demo abbrechen – was für eine Blamage! – oder weitermarschieren und Geld dafür sammeln, dass man selbst aus der Neonaziszene aussteigen kann. In der Annahme, dass dies das weniger peinliche Übel sei, entschieden sich die Marschteilnehmer für die zweite Möglichkeit. Und so marschierten sie an diesem grauen Novembernachmittag unter dem Gelächter von Passanten durch Wunsiedel, angefeuert von bunten Plakaten wie »Im Spendenschritt Abmarsch« (am Start) und »Endspurt statt Endsieg« (kurz vor dem Ziel). Freundliche Aktivisten verteilten als »Marschverpflegung« Bananen mit der Aufschrift »Mein Mampf«, angelehnt an Hitlers Hetzschrift »Mein Kampf«. Im »Ziel« wartete auf jeden mitmarschierenden Neonazi eine »Siegerurkunde«. Bei dieser Aktion sammelten die Neonazis unfreiwillig Spenden in Höhe von 10.000 Euro gegen sich selbst. Aber damit nicht genug: Zeitungen und Nachrichtensendungen weltweit berichteten über die blamierten Nazis. Die Initiative »Rechts gegen Rechts« hilft Neonazis weiterhin, gegen sich selbst zu demonstrieren. »Der unfreiwilligste Spendenlauf Deutschlands geht weiter«, informiert die Initiative auf ihrer Website rechtsgegenrechts.de und bietet ebendort ein »Toolkit« an, mit dem Interessierte selbst einen Aufmarsch von Rechtsextremen zum Spendenlauf umgestalten können.

> •

Berühmte Demonstrationen in Deutschland
Ein historisch wichtiger Ort für Demonstrationen ist der Treptower Park in Berlin. Gegen Ende des Kaiserreichs fanden hier immer wieder Demonstrationen statt, unter anderem gegen das

unfaire preußische Dreiklassenwahlrecht, bei dem die Stimme ärmerer Menschen, die weniger Steuern zahlten, weniger wert war als die Stimme von Großgrundbesitzern und anderen vermögenden Wählern. Am 3. September 1911 demonstrierten im Treptower Park 200.000 Menschen für den Erhalt des Friedens. Mit wenig Erfolg: Drei Jahre später begann der Erste Weltkrieg.

Am 13. Jänner 1920 fand die Demonstration mit dem blutigsten Ende in Deutschland statt. Mehr als 100.000 Menschen versammelten sich vor dem Berliner Reichstag, um gegen das neue Betriebsrätegesetz zu demonstrieren. Die Polizei schoss in die Menge, 42 Menschen starben.

Am 27. Februar 1943 begannen SS und Gestapo, die letzten noch verbliebenen Berliner Juden zu verhaften. Viele Verhaftete waren »Geltungsjuden« (sogenannte »Mischlinge«) oder Juden mit »arischen« Ehepartnern. Die Nazis inhaftierten sie in einem Gebäude in der Berliner Rosenstraße. Noch am selben Abend bildete sich in der Rosenstraße eine Menschenmenge, vorwiegend aus »arischen« Verwandten und Ehepartnern der Inhaftierten. Obwohl die Polizei versuchte, diese Demonstration aufzulösen, manche Teilnehmer verhaftete und auch Waffengewalt androhte, blieb die Menschenmenge über mehrere Tage mit ständig wechselnden Teilnehmern bestehen. Der mutige Einsatz der Demonstranten war erfolgreich: Schlussendlich wurden fast alle der 2.000 Inhaftierten tatsächlich freigelassen. Der Rosenstraßen-Protest ist ein besonders leuchtendes Beispiel für Zivilcourage im NS-Terrorstaat.

Am 17. Juni 1953 brach in der gesamten DDR ein Volksaufstand aus. In über 500 Orten erhoben sich DDR-Bürger in Streiks, Kundgebungen oder auch mit Gewalt gegen Amtsträger und Einrichtungen gegen die Sowjetisierung des Staats, die Erhöhung von Arbeitsnormen und andere Fehler der Sozialistischen Einheitspartei Deutschlands (SED). Aufständische besetzten mehrere Amtsgebäude, acht Polizeireviere und stürmten sogar neun Gefängnisse. Zwischen 400.000 und 1,5 Millionen

Menschen sollen sich am Aufstand beteiligt haben. Letztendlich konnte die DDR-Regierung den Aufstand gemeinsam
mit der Sowjetarmee niederschlagen. Dazu wurde sogar das
Kriegsrecht verhängt. Insgesamt bezahlten 55 Menschen ihren
Einsatz für Freiheit mit ihrem Leben. Deutsche Volkspolizisten
und sowjetische Soldaten erschossen 34 Demonstranten und
Zuschauer, sieben Menschen wurden später hingerichtet, acht
Menschen starben in Haft und ein Demonstrant starb an Herz-
versagen. Überdies kamen fünf Angehörige des DDR-Sicher-
heitsapparats ums Leben. Hinzu kommen 19 Aufständische, die
in unmittelbarem Zusammenhang mit dem Volksaufstand von
sowjetischen Truppen standrechtlich erschossen wurden.

Am 2. Juni 1967 fand in Berlin eine Demonstration gegen den
Staatsbesuch von Schah Mohammad Reza Pahlavi statt. Polizisten kesselten die Demonstranten ein, griffen einzelne heraus
und verprügelten sie. Im Zuge einer solchen Prügelattacke
erschoss ein Polizist den Studenten Benno Ohnesorg. Die Ermordung Ohnesorgs gilt als Schlüsselereignis, das zur Radikalisierung
der deutschen Studentenbewegung und zu den sogenannten
Studentenunruhen der späten 1960er Jahre geführt haben soll.
Auch die Terrorgruppe der Roten Armee Fraktion (RAF) rechtfer-
tigte ihre Gewalttaten unter anderem mit diesem Polizeimord.

1989 begannen in Dresden, Leipzig und anderen größeren
Städten der DDR die Montagsdemonstrationen. Wöchentlich
demonstrierten hunderttausende DDR-Bürger mit dem Ruf
»Wir sind das Volk« gegen die politische Ordnung der DDR.
Sie verlangten ein Ende der SED-Herrschaft und eine friedliche
demokratische Neuordnung. Die mutigen Demonstrationen gip-
felten am 4. November 1989 in einer Massenkundgebung auf
dem Berliner Alexanderplatz, an der etwa 500.000 Menschen
teilnahmen und bei der neben Bürgerrechtlern, Schauspielern
und Literaten sogar einige selbstkritische SED-Funktionäre
mit dem SED-Regime abrechneten. Wenige Tage später, am 9.
November 1989, fiel die Berliner Mauer. Dieses Ereignis leitete
die deutsche Wiedervereinigung ein.

Am 10. Juli 1999 zogen 1,5 Millionen Menschen mit der Berliner
Loveparade zu Techno-Beats durch Berlin. Die Riesenparty
war als Demo angemeldet und forderte unter dem Motto
»Music is the Key« (Musik ist der Schlüssel) eine friedlichere
Welt. Demonstrationen müssen nicht immer nur ernst sein, sie
dürfen auch richtig Spaß machen.

Im Herbst 2014 begannen neuerlich wöchentliche Montagsdemonstrationen in Dresden. Die fremdenfeindliche, rassistische PEGIDA kaperte das Andenken an die Montagsdemonstrationen mutiger DDR-Bürger gegen das SED-Regime und
übernahm sogar deren berühmten Demo-Slogan. Mit »Wir
sind das Volk« wurde nun aber nicht mehr für Frieden, Freiheit
und Demokratie demonstriert, sondern für Fremdenhass. Politiker und Journalisten wurden wüst beschimpft, Grundpfeiler
unserer Demokratie und Freiheit angegriffen. Mehrere PEGIDA-
Funktionäre haben sich im Rahmen dieser Proteste strafbar
gemacht und wurden später verurteilt. Gegen einzelne Funktionäre ermittelte die Polizei im Zusammenhang mit geplanten
Anschlägen gegen Flüchtlingsheime (zum Beispiel gegen jene
Person, die die PEGIDA-Demonstrationen in Nürnberg angemeldet hatte). Ein Redner einer PEGIDA-Demonstration verübte im
Jahr 2016 in Dresden sogar zwei Bombenanschläge.

Jährlich demonstrieren zehntausende Fahrradfahrer mit der
Fahrradsternfahrt für sanfte Mobilität und mehr Sicherheit
für Radfahrer. Die erste Fahrradsternfahrt fand am 5. Juni
1977 in Westberlin statt. Inzwischen ist die Fahrradsternfahrt
kräftig gewachsen. In manchen Jahren nahmen über 100.000
Menschen an der Sternfahrt teil. 2004 radelten sogar 250.000
Menschen, um ein Zeichen für die Umwelt zu setzen. Die Teilnehmer sammeln sich an unterschiedlichsten Treffpunkten und
streben über verschiedene Routen mit mehr als 1.000 Kilometer Gesamtstreckenlänge auf Berlin zu. Sie dürfen dabei sogar
einen Teil der Berliner Stadtautobahn beradeln. Die Fahrradsternfahrt endet mit einem Umweltfestival zwischen Branden-
burger Tor und Großem Stern (dem zentralen Platz im Berliner

Ortsteil Tiergarten). Zuletzt radelten am 3. Juni 2018 rund
90.000 Menschen, um ihrem Motto »Radverkehr ist abgasfrei«
mehr Gehör zu verschaffen.

●●‹

›●●

Berühmte Demonstrationen in Österreich
Schon die Gründung der Ersten Republik (der Übergang des
Kaiserreichs Österreich in eine demokratische Republik)
fußt auf einer Demonstration. Die Erste Republik wurde am
12. November 1918 vor dem Parlamentsgebäude im Angesicht
einer hunderttausendköpfigen Menschenmenge ausgerufen.
Der Kaiser hatte schon einen Tag zuvor auf seine Amtsgeschäfte
verzichtet. Die nächste große Demonstration folge bereits am
Tag darauf. Am 13. November 1918 versammelten sich etwa
15.000 Menschen vor dem österreichischen Parlament, um
unter dem Motto »Hoch die demokratische Republik« friedlich
ihre Republik zu feiern.

Die blutigste Demonstration in Österreich war wohl jene vom
15. Juli 1927, als sich tausende Demonstranten vor dem Wiener
Justizpalast einfanden, um gegen das »Schattendorfer Urteil«
zu demonstrieren (drei Mitglieder der Frontkämpfervereinigung
Deutsch-Österreichs wurden freigesprochen, nachdem sie zwei
Menschen erschossen hatten, unter anderem ein sechsjähriges
Kind). Die demonstrierende Menge attackierte den Justizpalast
als Symbol einer als parteiisch empfundenen Justiz. Das Gebäude
fing Feuer. Die Polizei schoss auf die Demonstranten. 84 Demonstranten und fünf Polizisten starben, über tausend Menschen
wurden verletzt. Der Wiener Justizpalastbrand gilt als erster
Schritt in den österreichischen Bürgerkrieg (Februarkämpfe 1934).

Am 15. März 1938 verkündete Adolf Hitler in einer Rede vom
Balkon der »Neuen Burg« der Hofburg den »Anschluss«, also
das Aufgehen Österreichs im nationalsozialistischen Deutschen
Reich. Zehntausende Wiener jubelten Hitler dabei vom prall
gefüllten Wiener Heldenplatz zu.

Fast schon Tradition waren die jährlichen »Opernballdemos«, die sich gegen den Wiener Opernball richteten und in deren Rahmen es immer wieder zu Straßenschlachten kam. Die erste Opernballdemo fand 1987 als Protest gegen die geplante bayerische Wiederaufbereitungsanlage Wackersdorf statt (der damalige bayerische Ministerpräsident war unter den Ballgästen). Im Jahr 1990 griffen Hooligans und Skinheads die Teilnehmer der Opernballdemo an. Es gab dutzende Verletzte. Im Jahr 2000 nahmen zwischen 12.000 und 15.000 Personen an der Opernballdemo teil. In den Jahren danach sank die Teilnehmerzahl. In den letzten Jahren verlagerte sich das Demogeschehen immer mehr auf die Demonstration gegen den Akademikerball, einen von der rechtspopulistischen FPÖ veranstalteten Ball, der als Vernetzungstreffen rechtsradikaler Aktivisten gilt.

Das Lichtermeer vom 23. Jänner 1993 gilt als größte Demonstration in Österreich nach dem Zweiten Weltkrieg. Zwischen 200.000 und 300.000 Menschen versammelten sich auf dem Wiener Heldenplatz, um hunderttausende Kerzen und Fackeln gegen Fremdenfeindlichkeit zu entzünden. Künstler, Politiker (unter anderem drei amtierende Minister), Vertreter der Zivilgesellschaft und der Religionsgemeinschaften, unter ihnen der Oberrabbiner Paul Chaim Eisenberg, hielten auf jenem Platz, auf dem sich 1938 Adolf Hitler von zehntausenden Wienern für den »Anschluss« Österreichs ans Dritte Reich bejubeln ließ, flammende Appelle für Menschlichkeit und gegen Ausländerfeindlichkeit. Alle drei Nationalratspräsidenten stellten am Abend des Lichtermeers zum Zeichen ihrer Unterstützung Kerzen in die Fenster ihrer Präsidialbüros. Der damalige Bundespräsident Thomas Klestil schickte eine Grußbotschaft.

Bis zu 250.000 Menschen haben am 19. Februar 2000 auf dem Ballhausplatz und vor der Hofburg gegen die Angelobung der ersten »schwarz-blauen« (aus der konservativen ÖVP und der rechtspopulistischen FPÖ gebildeten) Bundesregierung protestiert. Während bisherige Regierungen stolz über den Ballhausplatz zum Bundespräsidenten schritten und von Passanten

beglückwünscht wurden, mussten Bundeskanzler Wolfgang
Schüssel und seine Regierungsmitglieder der Demonstration
durch versteckte unterirdische Gänge ausweichen, um zu ihrer
Angelobung durch den Bundespräsidenten zu gelangen.

Im Jahr 2009 entflammten unter dem Schlagwort »Unibrennt«
mehrwöchige Studentenproteste. Das Audimax, der größte Vor-
lesungssaal der Universität Wien, war wochenlang besetzt und
wurde Ende Dezember 2009 zwangsweise durch eine Spezialein-
heit der Polizei geräumt. Die Studenten forderten eine bessere
Finanzierung und die Demokratisierung der Universitäten, freien
Hochschulzugang und eine Abschaffung beziehungsweise Nicht-
einführung von Studiengebühren. An der größten Demonstration
im Zuge dieser Proteste nahmen bis zu 50.000 Menschen teil.

Menschen,
die sich wehrten:

Greta Thunberg (*2003)

Am 20. August 2018, einem Montag, ging Greta Thunberg nicht wie ihre Schulkolleginnen und Schulkollegen in die Schule, sondern schnappte sich ein Schild aus Karton und machte sich auf den Weg zum Schwedischen Reichstag. Zwar war es der erste Schultag nach den Sommerferien. Aber die 15-Jährige hatte Wichtigeres zu tun. »Skolstrejk för Klimatet« hatte sie mit schwarzer Farbe auf den weißen Karton geschrieben, »Schulstreik für das Klima«.

Zuerst saß sie ganz allein mit ihrem Pappschild vor dem Parlament in der schwedischen Hauptstadt Stockholm. In den ersten drei Wochen bis zur schwedischen Bundeswahl saß sie jeden Tag auf dem Boden vor dem Reichstag. Nach der Wahl rief sie jeden Freitag zum Streiktag für besseren Klimaschutz aus.

Es dauerte nicht lange, bis sich andere junge Menschen anschlossen. In zahlreichen schwedischen Städten, aber auch in anderen EU-Ländern, in den USA, Südamerika und Australien traten Schülerinnen und Schüler ein Mal pro Woche in den Klimastreik. Greta Thunberg hat mit einem Pappschild eine neue weltweite Protestbewegung gegen die drohende Klimakatastrophe ausgelöst.

Sie traf den UN-Generalsekretär, hatte eine Audienz beim Papst, wurde von zahlreichen Staats- und Regierungschefs eingeladen und gab denjenigen, die am meisten an den Folgen der Erderwärmung leiden werden, eine Stimme: den Jugendlichen, die nun wöchentlich unter dem Hashtag #fridaysforfuture auf die Straßen gehen.

Im Jänner 2019 wurde Thunberg vom amerikanischen *Time Magazine* zu einem der wichtigsten Teenager der Welt gekürt.

Weiterlesen:
Fridays for Future, https://www.fridaysforfuture.org/

8. Mach dich bemerkbar: Bloggen und Social Media

Mit dem Internet steht – nicht nur – jungen Leuten ein Instrument zur Verfügung, mit dem man auch ohne Zeitungen, Fernsehen und andere Helfer viele Menschen erreichen kann. Vor allem junge Menschen und Aktivisten nutzen Blogs, Social Media und andere Onlineformate geschickt, um auf ihre Anliegen aufmerksam zu machen. Klassische Parteien und Unternehmen reagieren auf intelligente Angriffe aus dem Internet oft unbeholfen und verspielen so wertvolle Sympathiepunkte. Wer das Internet richtig nutzt, schafft sich damit einen Extraturbo für sein Engagement.

David gegen Goliath oder Rezo gegen die CDU

Da hat aber einer die CDU ziemlich am falschen Fuß erwischt: Eine Woche vor der Wahl zum Europäischen Parlament im Mai 2019 veröffentlicht ein politisch völlig Unbekannter ein Video, in dem er die CDU frontal attackiert, und alle Welt redet darüber. Der Vorteil des Angreifers: Er benützt einen Kommunikationskanal, mit dem die altehrwürdigen Damen und Herren der CDU wenig anfangen können. Und er ist zwar den meisten Erwachsenen unbekannt, unter jungen Menschen aber eine ziemliche Berühmtheit. Bis zum Wahltag wird das Video zehn Millionen Mal angesehen. Auch danach bleibt das Interesse groß. Zwei Monate nach seiner Veröffentlichung haben etwa 15 Millionen Menschen das Video abgerufen.

Der deutsche YouTube-Star Rezo veröffentlicht üblicherweise Musik- und Comedy-Videos, bevor ihm im Frühjahr 2019 zum für die CDU denkbar schlechtesten Zeitpunkt der Kragen platzt. »Die Zerstörung der CDU« nennt er sein Video, das sich so überhaupt nicht mit locker-flockigen Lifestyle-Themen beschäftigt. Ganze 55 Minuten dauert seine Abrechnung mit den deutschen Unionsparteien CDU und CSU, die auch die SPD, die FDP und die AfD nicht ungeschoren lässt. Oberflächlichkeit kann man dem Influencer dabei nicht vorwerfen. Das Video ist penibel recherchiert, allein sein Quellenverzeichnis umfasst 13 Seiten. Rezo kritisiert, dass die Schere zwischen Arm und Reich immer weiter auseinanderklafft, die Untätigkeit der Politik in der Klimakrise und die deutsche Außenpolitik gegenüber den USA. Nach einem fundierten Streifzug durch die Themenfelder Bildung, Urheberrecht und Drogenpolitik spricht er eine klare Wahlempfehlung für Bündnis 90/Die Grünen und Die Linke aus.

Die Reaktion der CDU auf dieses Video war zumindest ungeschickt. Ihre Rufe nach Regeln für »Meinungsmache« in Wahlkampfzeiten wurden als Verlangen nach Zensur interpretiert. Im Umgang mit ihrem Kritiker wurde ihr Arroganz zugeschrieben.[110] Rezo habe die CDU »mit einem Schlag der Lächerlichkeit preisgegeben«, diagnostizierten Medien.[111] Und zu allem Überfluss schienen sich die jungen Menschen am Wahltag an Rezos Wahlempfehlung zu halten. In seiner Zielgruppe der 18- bis 29-Jährigen erreichte die CDU gerade einmal einen halb so großen Stimmanteil wie quer durch alle Altersgruppen. Freilich steht nicht fest, welchen Anteil daran Rezos Wahlempfehlung tatsächlich hatte. Aber sollte tatsächlich Arroganz im Spiel gewesen sein – die hat Rezo der CDU wohl gründlich ausgetrieben.

Das Beispiel des YouTube-Stars Rezo zeigt deutlich, welche Reichweite junge Menschen mit modernen Kommunikationskanälen im Internet erreichen können. Das Internet ist ein Instrument, das allen bisherigen Generationen junger Menschen nicht zur Verfügung gestanden ist. Denn bislang war Reichweite meist von der Berichterstattung in den »konventionellen« Medien Zeitung, Rundfunk, Fernsehen abhängig. Nur wer seine Themen dort unterbrachte, konnte viele Menschen erreichen. Aber diese Medien waren von den älteren Generationen beherrscht. Für Jugendliche war es deshalb schwer, ihre Themen unterzubringen. Internet und Social Media drehen diese Situation nahezu um. Als Kommunikationskanäle werden sie immer wichtiger – und junge Menschen können mit ihnen viel besser umgehen als die älteren.

Das Internet ist also gerade für junge Menschen das perfekte Mittel, um mit einem bestimmten Thema möglichst viele Leute zu erreichen. Allerdings rittern im Internet und in Social Media ziemlich viele Menschen mit ziemlich unterschiedlichen Themen um unsere Aufmerksamkeit. Es ist nicht einfach, das eigene Anliegen so zu platzieren, dass es von vielen anderen Menschen wahrgenommen wird. Einfach einen Blog zu einem Thema zu schreiben, das auch schon viele andere Menschen beackern, reicht deshalb nicht, um gehört zu werden. Nur wenn das Thema wirklich für viele andere Menschen besonders interessant ist oder der Blog besonders ungewöhnlich und auffällig geführt wird, besteht die Chance, dass man seine Stimme für viele Menschen hörbar macht.

Und auch wenn die Story von Rezo zeigt, wie mächtig gut gemachte Social-Media-Inhalte sein können: Wäre Rezo nicht schon zuvor ein ziemlich erfolgreicher Influencer mit insgesamt zweieinhalb Millionen Abonnenten auf zwei Videokanälen gewesen, hätte kaum jemand davon Notiz genommen – auch wenn das Video noch so gut gemacht gewesen wäre. Das soll jetzt niemanden davon abhalten, im Internet aktiv zu werden, bloß weil er nur wenige Follower hat. Aber manchmal ist es sinnvoller, sich Personen mit vielen Followern als Verbündete zu suchen, die das eigene Anliegen durch Teilen von Bloginhalten oder ähnliche Aktivitäten unterstützen können.

Wer bloggt, ist frei – oder doch nicht?
Viele Menschen haben das Gefühl, dass im Internet alles erlaubt ist. Das gilt insbesondere für Social-Media-Kanäle und Foren, in denen man nicht mit seinem echten Namen, sondern mit einem Pseudonym aktiv werden kann. Aber auch das Internet ist kein rechtsfreier Raum. Da können sich pöbelnde Internetposter, Wutbürger, die zu Gewalt aufrufen, Rassisten, die Schwächere verhöhnen und gegen sie hetzen, unseriöse Blogger, die über andere Menschen Lügen verbreiten, Holocaustleugner, Fake-News-Schleudern und andere politisch motivierte Lügner noch so sehr auf die Meinungsfreiheit berufen: Schrankenlose Meinungsfreiheit gibt es nicht.

Meinungsäußerungsfreiheit (wie das Grundrecht der Meinungsfreiheit richtig heißt) bedeutet nämlich nicht, dass jeder ungehemmt alles sagen darf. Es gibt kein Recht, zu lügen, zu beleidigen, in Onlinediskussionen zu verleumden, gegen andere zu hetzen oder Tatsachen so lange zu verdrehen, bis sie falsch sind. Wer sich derart auf die Meinungsäußerungsfreiheit beruft, übersieht, dass von allen Grundrechten nur ein einziges ausnahmslos und uneingeschränkt gilt: das Folterverbot. Alle anderen Grundrechte gelten nur innerhalb bestimmter Schranken. Das gilt nicht nur für die Meinungsäußerungsfreiheit, sondern sogar für das Recht auf Leben. Die Europäische Menschenrechtskonvention (EMRK) erlaubt ihren Mitgliedsstaaten ausdrücklich, bestimmte Tötungshandlungen zu gestatten, etwa bei Notwehr. Der Staat muss ein bestimmtes Grundrecht also zunächst gewähren, darf es allerdings in einem genau umrissenen Rahmen wieder einschränken. Das gilt auch für die Meinungsäußerungsfreiheit.

Der Staat muss zunächst die freie Äußerung von Meinungen gestatten. Das ordnet der erste Absatz des Artikels 10 der Europäischen Menschenrechtskonvention an. Aber schon der zweite Absatz dieses Artikels mahnt, dass »die Ausübung dieser Freiheiten mit Pflichten und Verantwortung verbunden« ist. Die Freiheit, Meinungen zu äußern, kann daher Schranken unterworfen werden, die »in einer demokratischen Gesellschaft notwendig« sind.

> •

Artikel 10 der Europäischen
Menschenrechtskonvention
Freiheit der Meinungsäußerung

(1) Jedermann hat Anspruch auf freie Meinungsäußerung.
Dieses Recht schließt die Freiheit der Meinung und die Freiheit
zum Empfang und zur Mitteilung von Nachrichten oder Ideen
ohne Eingriffe öffentlicher Behörden und ohne Rücksicht auf
Landesgrenzen ein. Dieser Artikel schließt nicht aus, dass die
Staaten Rundfunk-, Lichtspiel- oder Fernsehunternehmen
einem Genehmigungsverfahren unterwerfen.

(2) Da die Ausübung dieser Freiheiten Pflichten und Verantwortung mit sich bringt, kann sie bestimmten, vom Gesetz
vorgesehenen Formvorschriften, Bedingungen, Einschränkungen oder Strafandrohungen unterworfen werden, wie sie vom
Gesetz vorgeschrieben und in einer demokratischen Gesellschaft im Interesse der nationalen Sicherheit, der territorialen
Unversehrtheit oder der öffentlichen Sicherheit, der Aufrecht-
erhaltung der Ordnung und der Verbrechensverhütung, des
Schutzes der Gesundheit und der Moral, des Schutzes des
guten Rufes oder der Rechte anderer unentbehrlich sind, um
die Verbreitung von vertraulichen Nachrichten zu verhindern
oder das Ansehen und die Unparteilichkeit der Rechtsprechung
zu gewährleisten.

• <

Deshalb hat jeder Mensch das Recht auf freie Meinungsäußerung,
das ihm unter anderem auch ermöglicht, im Internet zu bloggen,
posten und diskutieren, ohne dass der Staat das verhindern dürfte.
Wer allerdings mit diesem Recht nicht verantwortungsvoll umgeht,
wird in seine Schranken verwiesen. Das hat nichts mit der Unterdrückung unerwünschter politischer Meinungen zu tun, sondern
mit ganz fundamentalen Regeln, wie wir miteinander umgehen
sollen. Wir können eben nicht grundlos über Mitmenschen die
»Meinung« äußern, sie seien Serienmörder, notorische Lügner
oder mit schweren charakterlichen Defiziten geschlagen. Solche

Äußerungen verleumden, beleidigen und verletzen. Und die Verleumdung, Beleidigung und üble Nachrede sind keine Meinungen, sondern Strafdelikte.

Selbst wenn man von seiner »Meinung« noch so überzeugt ist: Manche Meinungen darf im Einklang mit der Europäischen Menschenrechtskonvention nur äußern, wer sie auch beweisen kann. Denn das Strafrecht sieht – ebenfalls im Einklang mit der Menschenrechtskonvention – auch einen jedermann zustehenden »Beleidigungsschutz« vor. Niemand muss sich sozial verpöntes, möglicherweise sogar strafbares Verhalten vorwerfen oder sich plump beleidigen lassen, im realen Leben genauso wenig wie im Internet. Auch Fake News sind deshalb keine von der Meinungsäußerungsfreiheit geschützten Meinungen. Gezielt gestreut, sollen sie uns verwirren und die (vielleicht bloß leise vorgetragene) Vernunft übertönen. Lügen und Fake News bewirken, dass in der Meinungsbildung nicht Vernunft und Fakten siegen, sondern der, der lauter schreit. Sie behindern die freie Meinungsbildung.

Deshalb können sich Lügner, Trolle, Meinungs-Bots und Fake-News-Produzenten auch nicht auf die Meinungsäußerungsfreiheit berufen. Die Europäische Menschenrechtskonvention erlaubt den Staaten nicht nur, solche Äußerungen zu löschen. Sie verlangt von den Menschen ausdrücklich, die Meinungsäußerungsfreiheit verantwortungsvoll und pflichtbewusst auszuüben. Wer dafür nicht reif genug ist, hat ihren Schutz verwirkt. Die Meinungsäußerungsfreiheit schützt daher weder den Holocaustleugner noch den Fake-News-Blogger. Unsere offene Gesellschaft soll sich nämlich vor jenen schützen können, die sie unterwandern. Dazu ist es zulässig, Lügen zu verbieten und Lügner zu bestrafen.

Die Grenze zwischen verbotener Lüge und erlaubter Meinung lässt sich gut am Beispiel der Holocaustleugnung festmachen. Verboten ist bloß das plumpe Leugnen einer historischen Tatsache: des Holocausts als von den Nazis verübten millionenfachen Massenmords. Wer den Holocaust leugnet, kann sich also nicht auf die Meinungsäußerungsfreiheit berufen. Seriöse, von wissenschaftlichen Erkenntnissen getragene Diskussionen über den Holocaust sind natürlich erlaubt, selbst wenn sie den historischen Wahrheitsgehalt einzelner Aspekte des Holocaust (seriös) hinterfragen. Sie sind von der Meinungsäußerungsfreiheit umfassend geschützt.

Das Unterdrücken von Hetze, Fake News und anderen Lügen ist also keine Verletzung der Meinungsäußerungsfreiheit. Es ist auch keine Schikane ideologisch gesteuerter Gesinnungsjustiz, sondern schlichtweg notwendige Voraussetzung für das Funktionieren eines Grundrechts, dessen verantwortungslose Ausübung für eine demokratische Gesellschaft gefährlicher wäre als seine punktuellen Beschränkungen. Wer das bezweifelt, braucht sich bloß vorzustellen, Opfer eines groß angelegten Internet-Bashings im Freundeskreis oder an der Schule zu sein. Das wäre die schrankenlose Ausübung der Meinungsäußerungsfreiheit in ihrer (missverstandenen) Reinform.

Was Blogger wissen müssen

Die Schranken der Meinungsäußerungsfreiheit bedingen, dass für alle Meinungsäußerer bestimmte Regeln gelten. Das gilt auch im Internet und für Blogger. Wer keine Probleme bekommen will, sollte sich an diese Vorschriften halten. Sonst kann das Bloggen ziemlich teuer werden.

Als Blogger muss man sich bewusst machen, dass man in der Hauptsache nichts anderes macht als klassische Medien: gezielt Informationen in der Öffentlichkeit verbreiten. Wer das tut, fällt unter das Presserecht, das in diesem Punkt nicht zwischen klassischen Printmedien und digitalen Publikationsplattformen unterscheidet. Wer bloggt, muss sich deshalb an die Regeln halten, die für Journalisten gelten. Selbst wenn Bloggen dem ersten Anschein nach wenig mit einer Zeitung zu tun hat (kein Papier, kein Chefredakteur, kein Kaufpreis).

Verbote und Grundregeln der Recherche
Auch im Internet ist nicht alles erlaubt. Verboten sind unter anderem:
- Beleidigungen;
- Verleumdungen;
- üble Nachrede;
- Berichte über Straftaten und Verurteilungen, deren Strafen der Betroffene längst verbüßt hat und an deren abermaliger Veröffentlichung kein öffentliches Interesse mehr besteht;

- die Verbreitung von Beleidigungen, Verleumdungen und üblen Nachreden, die jemand anderer äußert. Es ist also auch verboten, darüber zu berichten, dass jemand anderer eine Beleidigung ausgesprochen hat. Erlaubt ist eine solche Berichterstattung lediglich bei gleichzeitiger »Distanzierung« durch den Blogger. An diese Distanzierung stellt das Gesetz aber sehr hohe Anforderungen. Ein bloßes »Das ist nicht meine Meinung« reicht in der Regel nicht.

Für jede Berichterstattung gelten einige Grundregeln:
- gründlich recherchieren;
- auf eine angemessene Wortwahl achten;
- nichts weglassen;
- Berichterstattung und Werbung trennen. Werbung sollte extra gekennzeichnet werden.

Außerdem muss man bei jeder Berichterstattung das Informationsinteresse der Öffentlichkeit (ob es ein gerechtfertigtes Bedürfnis daran gibt, dass die jeweilige Nachricht einer breiten Öffentlichkeit bekannt wird) und den Schutz des Betroffenen abwägen. Nur wenn das Informationsinteresse überwiegt, ist die gefahrlose Veröffentlichung von Informationen möglich.

Wann ist eine Recherche gründlich?
Zu einer gründlichen Recherche gehört:
- Vollständigkeit: Echte Berichterstattung versucht, vollständig zu sein. Jede Sache hat zwei Seiten – und die sollte man auch beide beleuchten. Das kann zum Beispiel bedeuten, dass man bei Berichten über eine Straftat nicht nur über den Verdacht gegen eine Person, sondern auch über entlastende Tatsachen berichten muss.
- Kontakt: Die Person, über die berichtet wird, hat ein Recht darauf, sich zu äußern. Dazu sollte man diese Person kontaktieren, befragen und ihr Gelegenheit zur Äußerung geben.
- Kontrolle: Informanten, Quellen, Nachbarn, andere Medien können, aber müssen nicht unbedingt die Wahrheit berichten. Deshalb sollte ein gewissenhafter Blogger auch Informationen überprüfen, die er von anderen zugetragen erhält.
- Transparenz: Zwischen Tatsache auf der einen und Vermutung oder Verdacht auf der anderen Seite besteht ein großer

Unterschied. Nicht nur der Verdächtigte hat Anspruch auf einen Hinweis in der Berichterstattung, was bereits bewiesen und was bloß unbewiesener Verdacht ist (es gilt die Unschuldsvermutung!). Auch der Leser hat ein Recht auf Transparenz. Blogger sollten also immer klar darauf hinweisen, wenn berichtete Geschehnisse bloß auf Verdächtigungen oder unbestätigten Gerüchten beruhen.

Wie gehe ich mit Bildern und Texten von anderen um?
Für den Umgang mit fremden Bildern und Texten gibt es einige Regeln. Wer ein Bild malt, ein Foto schießt, eine Grafik gestaltet oder einen Text schreibt, ist Urheber und hat Anspruch auf Schutz seiner Urheberrechte am von ihm geschaffenen »Werk«. Ist ein Werk urheberrechtlich geschützt (wovon Blogger im Zweifel immer ausgehen sollten), darf es nur mit Zustimmung des Urhebers veröffentlicht werden.

Fremde Fotos oder andere Werke anderer Menschen darf man also auch in Blogs nur verwenden, wenn man den Urheber um Erlaubnis gefragt hat. Viele Fotografen und Agenturen versehen ihre Fotos mit einer unsichtbaren Signatur, die es ihnen erlaubt, das Foto im Netz wiederzufinden. Wer ohne Erlaubnis fremde Fotos aus dem Netz für seinen Blog verwendet, muss deshalb damit rechnen, dass ihn der Urheber findet. Das kann dann richtig teuer werden. Blogger sollten also nie Fotos »einfach so« verwenden, die sie im Internet gefunden haben.

Eine Ausnahme gibt es für fremde Texte. Urheberrechtlich geschützte Texte darf man nämlich ohne Einwilligung des Autors zitieren, wenn das Zitat notwendig ist, um eigene Gedanken zu belegen. Kein Zitat in diesem Sinne wäre die Wiedergabe eines Textes, bloß um sich selbst Arbeit zu ersparen. Ein Zitat ohne Einwilligung des Urhebers setzt deshalb voraus:

- Das Zitat muss notwendig sein. Der wiedergegebene Text muss so kurz wie möglich sein.
- Das Zitat muss eine Quellenangabe enthalten. Das heißt, dass der Autor genannt sein muss und angeführt sein muss, von wo der Blogger den Text entnommen hat (zum Beispiel durch Einfügung des Links auf die Website, von der das Originalzitat stammt).

- Es muss klar ersichtlich sein, wo das Zitat beginnt und wo es endet.

Im Zweifel ist es besser, nicht den Originalwortlaut zu verwenden (zu zitieren), sondern den Inhalt des Originaltextes mit eigenen Worten wiederzugeben. Ein Spezialfall sind Leserbriefe oder Kommentare. Diese richten sich zwar meist direkt an den Blogger. Wer einen Blogger anschreibt und sich zum Beispiel über einen Blogbeitrag beschwert, hat aber noch längst kein Einverständnis zur Veröffentlichung abgegeben. Leserbriefe und Kommentare dürfen deshalb nur veröffentlicht werden, wenn deren Absender damit einverstanden ist.

Darf ich Fotos von anderen Leuten veröffentlichen?
Auch Fotos, die man selbst gemacht hat, kann man nicht bedenkenlos veröffentlichen. Denn auch fotografierte Personen haben Rechte – das Recht am eigenen Bild. Deshalb darf man selbstgemachte Fotos, auf denen eine Person identifizierbar abgebildet ist, nur mit Einwilligung dieser Person veröffentlichen.

Von dieser Regel gibt es einige Ausnahmen:

- Fotos im Zusammenhang mit zeitgeschichtlichen Ereignissen können (meist) auch ohne Einwilligung der fotografierten Person abgebildet werden. Das trifft beispielsweise auf Politiker, die Teilnehmer einer Parteiveranstaltung, Demonstranten mit ihren Transparenten oder Polizisten bei Polizeiübergriffen zu.
- Personen, die Teil einer Versammlung sind, also zum Beispiel die Teilnehmer einer Demonstration oder Konzertbesucher, können in der Menge fotografiert und veröffentlicht werden.
- Personen, die bloß »Beiwerk« sind, dürfen ebenfalls fotografiert und veröffentlicht werden. Das sind Personen, die aus dem Bild entfernt werden könnten, ohne den Charakter des Bilds wesentlich zu verändern. Das trifft zum Beispiel auf bloß zufällige Passanten im Hintergrund einer Straßenszene zu.

Wichtig ist, dass auch bei diesen Ausnahmen die Intimsphäre der fotografierten Personen gewahrt bleiben muss. Konzertbesucher, die sich in der Öffentlichkeit erleichtern, sind zwar »Teil einer Versammlung«, die zustimmungslose Veröffentlichung des Fotos wäre aber ein Eingriff in deren Intimsphäre und als solcher verboten.

Verdachtsberichterstattung

Blogger, die über einen Verdacht gegen eine Person oder ein Unternehmen berichten, sollten:

*   Identifizierung vermeiden. Namentliche Nennung von verdächtigten Personen ist nur zulässig, wenn ein öffentliches Interesse daran besteht (zum Beispiel weil die Person ein bekannter Politiker ist). Sonst geht der Persönlichkeitsschutz vor – keine Namen und vor allem keine Bilder posten, mithilfe derer die Person identifiziert werden kann. Besonderen Schutz genießen Kinder und Jugendliche!
*   nur berichten, wenn ein öffentliches Interesse an der Veröffentlichung des Verdachts besteht (zum Beispiel weil der Vorwurf sehr schwerwiegend ist oder sich gegen eine prominente Person richtet);
*   nie über etwas berichten, was man bloß vom Hörensagen zu wissen glaubt. Wer über Verdächtigungen berichtet, muss selbst recherchieren und am besten bei Behörden nachfragen;
*   darauf hinweisen, dass der Verdacht noch nicht bewiesen ist, und keinesfalls den Hinweis auf die Unschuldsvermutung vergessen;
*   dem Betroffenen Gelegenheit geben, Stellung zu nehmen und den Verdacht zu entkräften – unbedingt mit dem Betroffenen Kontakt aufnehmen und dessen Rechtfertigung mit veröffentlichen;
*   auch über entlastende Tatsachen berichten (wenn es welche gibt);
*   Material über die Verdachtsberichterstattung archivieren. Es kann durchaus sein, dass der Betroffene erst später gegen den Blogger vorgeht. Dann sollte man belegen können, dass man sauber recherchiert hat. Das kann man aber nur, wenn man alle Rechercheergebnisse archiviert hat. Immer daran denken: Ein sorgfältiges Archiv ist die beste Waffe gegen Angriffe und Versuche, Blogger mundtot zu machen;
*   neutral berichten. Formulierungen, die unbewiesene Verdachtsmomente als bereits richtig unterstellen (zum Beispiel »Warum hat er so grausam gemordet?«), können nicht nur dem Blogger selbst schwere Probleme bereiten. Sie können im Extremfall gemeinsam mit anderen tendenziösen Medienberichten als vorverurteilende Berichterstattung einen fairen Strafprozess im

Sinne der Europäischen Menschenrechtskonvention unmöglich machen und dem Täter zur Straffreiheit verhelfen.

Was muss ich beim Verlinken beachten?
Vorsicht beim Setzen von Links. Blogger sollten Links nur wohlüberlegt und sparsam setzen. Das klingt gerade für das Internet absurd. Aber der Linksetzer (also derjenige, der auf seiner Website einen Link zu einer anderen Website setzt) haftet unter Umständen für den Inhalt der verlinkten Website.

Regeln bei Interviews und Hintergrundgesprächen
Auch bei Interviews und Gesprächen mit Informanten ist nicht alles erlaubt. Die wichtigsten Regeln sind:
- Heimliches Mitlauschen ist verboten. Eine Veröffentlichung des heimlich Erlauschten umso mehr.
- Private Gespräche sind nur für den Zuhörer bestimmt. Ihren Wortlaut darf man deshalb nur mit Zustimmung des Sprechers veröffentlichen. Eine Ausnahme besteht, wenn man sich als Journalist zu erkennen gibt und der Sprecher schon von Beginn an mit der Veröffentlichung des Gesprächs rechnen muss.
- Heimliches Mitschneiden von Gesprächen ist verboten.
- Reden an die Öffentlichkeit (zum Beispiel von Abgeordneten, Sprechern bei Demonstrationen, Vorlesungen) dürfen zumindest ihrem Inhalt nach auch veröffentlicht werden. Die wortwörtliche Veröffentlichung einer Rede ist hingegen nur im Ausnahmefall auch ohne Genehmigung erlaubt (zum Beispiel Reden im Bundestag oder in den Landtagen).
- Nie darf ein Wortlaut sinnverändernd aus dem Zusammenhang gerissen, etwas sinnverändert weggelassen oder verändert werden.
- Besteht der Interviewpartner auf »Autorisierung« des Interviews, muss ihm der Wortlaut noch vor Veröffentlichung zur Genehmigung mitgeteilt werden. Gleiches gilt, wenn man bereits freigegebene Passagen nachträglich verändert (zum Beispiel kürzt).

Impressum nicht vergessen!
Blogs wenden sich an die Öffentlichkeit. Und grundsätzlich sind sie auch dauerhaft eingerichtet – welcher Blogger beabsichtigt schon, den Blog gleich wieder zu löschen? Deshalb besteht auch für Blogs meist Impressumpflicht. Eine Ausnahme gilt für rein private Websites. Aber die wenigsten Websites sind nur privat. Schon ein Werbebanner oder die Absicht, mit dem Blog auch berufliche Interessen zu verknüpfen, kann ausreichen, dass ein Blog nicht mehr privat ist. Schließlich wendet sich ein Blog ja schon seiner Absicht nach an eine größere Öffentlichkeit, sodass es schwer ist, ihn als »bloß privat« zu argumentieren. Das bedeutet, dass grundsätzlich jeder Blog ein Impressum mit folgenden Mindestangaben enthalten muss:

- Vorname und Nachname des Bloggers (Achtung: Ein Pseudonym oder Avatar genügen nicht);
- vollständige Anschrift, unter der der Blogger erreichbar ist (Straße, Hausnummer, Türnummer, Postleitzahl und Stadt);
- Unternehmen müssen zusätzliche Angaben machen (zum Beispiel den Standort ihrer Gewerbeausübung, die Nummer, unter der sie bei Gericht registriert sind, oder ihre Steuernummern);
- größere Medien müssen weitere Angaben machen (zum Beispiel über die grundsätzliche Ausrichtung des Mediums).

Hat man kein oder nur ein unvollständiges Impressum, drohen hohe Geldstrafen. Im Internet findet man Impressumgeneratoren, die einem bei der Erstellung des Impressums helfen.

Menschen,
die sich wehrten:

Emma Gonzalez (*1999)

Sechs Minuten und zwanzig Sekunden. So lange stand Emma Gonzalez schweigend auf der Bühne und blickte in die Menge. Tränen liefen ihr über das Gesicht, aber sie blieb regungslos. Zuvor hatte sie den etwa 800.000 Teilnehmern an dieser Kundgebung in Washington in einer berührenden Rede[112] von ihren Freunden erzählt, die bei einem Amoklauf in ihrer Highschool in Parkland im US-Bundesstaat Florida erschossen worden waren. 17 Jugendliche wurden am 14. Februar 2018 in der Marjory Stoneman Douglas (MSD) Highschool in Parkland von einem ehemaligen Schüler erschossen. 15 weitere wurden verletzt. Emma Gonzalez war damals 18 Jahre alt und überlebte das Massaker während ihrer Abschlussarbeiten.

Es war nicht das erste Massaker an einer amerikanischen Highschool. Parkland war das »School Shooting« Nr. 18 im Jahr 2018. Und es war erst Februar. In den USA besitzen von 100 Einwohnern 89 eine Schusswaffe. In Deutschland und Österreich kommen auf 100 Einwohner 30 Waffen.[113]

Das Schulmassaker von Parkland und vor allem die Reaktionen darauf von Überlebenden wie Emma Gonzalez veränderten etwas in der amerikanischen Gesellschaft.

»Never again« lautet seither der Slogan der Schülerinnen und Schüler, die in den USA für strengere Waffengesetze kämpfen. Als Reaktion auf den Tod ihrer Freundinnen und Freunde gründeten Gonzalez und ihre Mitstreiterinnen und Mitschüler die Organisation »Never again MSD«. Sie kämpfen für eine bessere staatliche Kontrolle des Schusswaffenbesitzes in den USA und gegen den starken Einfluss der Waffen-Lobbyisten der National Rifle Associaton (NRF) auf die amerikanische Politik.

»Jede einzelne Person hier oben heute, alle diese Leute sollten zu Hause trauern. Aber stattdessen sind wir hier oben und stehen zusammen, denn wenn unsere Regierung und unser Präsident nur Gedanken und Gebete senden können, dann ist es Zeit für die Opfer, die Veränderung zu sein, die wir sehen müssen«, erklärte Gonzales in ihrer Rede.

Schon kurz darauf hatte die Jugendliche ihren ersten Erfolg. Ihre Forderung nach einem Verbot von »Bump stocks« wurde von der amerikanischen Regierung schon im März 2018, einen Monat nach dem Massaker, umgesetzt. Als »Bump stocks« werden Vorrichtungen für halbautomatische Gewehre bezeichnet, die dafür sorgen, dass der Abzug der Waffe nicht jedes Mal neu gedrückt werden muss. So werden halbautomatische Waffen mit wenigen Handgriffen zu einer Art Maschinengewehr. Der Attentäter von Parkland hatte eine solche Vorrichtung benutzt, die bis dahin in den USA uneingeschränkt verkauft werden durfte.

Die jungen Kämpferinnen und Kämpfer gegen das Töten in amerikanischen Schulen haben prominente Unterstützung: Talkmaster-Ikone Oprah Winfrey, Schauspieler George Clooney oder Regisseur Steven Spielberg zählen zu den Förderern von Never Again. Auch Pop-Ikone Madonna beginnt ihren im Mai 2019 veröffentlichten Song »I Rise« mit einem Auszug aus einer Rede von Gonzalez.

Mittlerweile haben dank der Kampagne von Never Again 20 US-Bundesstaaten ihre Waffengesetze verschärft.

Weiterlesen:
David und Lauren Hogg: #Never Again. Das Manifest einer Rebellion. München 2018.

9. Helfen durch Spenden: Worauf man achten sollte

Man muss nicht immer selbst aktiv werden, um die Welt besser zu machen. Man kann auch andere dabei unterstützen, indem man mit einem kleineren oder größeren Beitrag mithilft, diese Hilfe zu finanzieren. Oder auch, indem man einen Teil seiner Freizeit oder Urlaubszeit einer guten Sache zur Verfügung stellt. Aber auch hier gibt es ein paar Regeln, die man beachten sollte um sicherzugehen, dass man keinen Betrügern auf den Leim geht.

S penden sind gut – wenn sie dort ankommen, wo sie wirklich helfen. Um das zu gewährleisten, sollte man einige Regeln beachten. Denn bei dem großen Volumen an Spendengeldern verwundert es nicht, dass auch Betrüger versuchen, unter Vortäuschung von Hilfe schnelles Geld zu machen. 2018 spendeten deutsche Privathaushalte mehr als acht Milliarden Euro[114], in Österreich waren es im selben Jahr insgesamt 675 Millionen an Spendengeldern.[115]

• **Ziele definieren**
  Bevor man den Geldbeutel zückt, sollte man sich eines fragen: Was ist mir ein wirkliches Herzensanliegen? Es gibt unendlich viele Möglichkeiten, zu spenden. Deshalb sollte man sich als Erstes überlegen, bei welchem Thema sein Geld am besten aufgehoben ist. Menschenrechte? Tierschutz? Die Rettung der Natur? Die Bekämpfung von Armut? Bessere Bildungschancen für Kinder? Oder doch lieber ein Kulturprojekt? Keine leichte Frage. Am besten ist es, hier genau auf sein Herz zu hören. Wer sich nicht sicher ist, kann diese Frage auch in der Familie abstimmen lassen oder mit Freunden diskutieren.

• **Vergleichen**
  Wer für sich das passende Thema gefunden hat, sollte sich die einzelnen Organisationen in diesem Bereich ansehen, um so entscheiden zu können, welche davon am besten zu einem passt. Hier auch immer darauf achten, wie konkret und nachvollziehbar die präsentierten Projekte sind. Denn je unkonkreter die Projekte beschrieben sind, desto wahrscheinlicher ist, dass es sich um keinen seriösen Anbieter handelt.

• **Nachfragen**
  Wer sein Geld hergibt, hat auch das Recht, Fragen zu stellen. Man kann eine Mail schreiben, wenn man über ein Projekt, für das man spenden will, mehr wissen will, und zum Beispiel nachfragen, ob es möglich ist, das Projekt zu besuchen. Wer größere Beträge spendet, sollte zuvor auch persönlich bei der

Organisation vorbeischauen und sich ein Bild machen. Wenn eine Organisation nur widerwillig und unzureichende Informationen hergibt, dann besser Hände weg, denn das ist ein Zeichen, dass es sich um einen weniger seriösen Anbieter handelt.

- **Nicht drängen lassen**
  Seriöse Hilfsorganisationen setzen ihre Spender niemals unter Druck, stehen nicht plötzlich mit der Spendenbox vor der Wohnungstür und erklären, dass sie sofort eine Unterschrift oder Geld benötigen. Deshalb beim Spenden niemals drängen lassen. Besser Informationsmaterial verlangen, das man sich zu Hause in Ruhe durchsieht.

- **Sich nicht gleich binden**
  In der ersten Euphorie neigt man dazu, sich gleich zu viel vorzunehmen. Und schwupps, hat man einen längerfristigen Fördervertrag unterzeichnet und jeden Monat wird ein Betrag vom Konto abgebucht. Bevor man so einen Vertrag unterzeichnet, auf jeden Fall zuvor die Kündigungsfristen und das Kleingedruckte kontrollieren.

- **Misstrauisch sein**
  Bevor man spendet, immer die Organisation genau ansehen. Denn manche vermeintliche Hilfsorganisation zielt nur darauf ab, den Leuten das Geld aus der Tasche zu ziehen. Das fängt bei ganz banalen Dingen an, etwa ob auf der Homepage ein Impressum zu finden ist. Dann sollte man auch schauen, ob die konkreten Projekte auf der Homepage nachvollziehbar beschrieben sind. Wird ein jährlicher Geschäftsbericht mit Einnahmen und Ausgaben veröffentlicht? Wie viel Prozent der Spendeneinnahmen gehen in die Verwaltung, wie viel kommt wirklich bei den Betroffenen an?

- **Den Experten vertrauen**
  Wer sich nicht selbst durch Geschäftsberichte wühlen möchte, sollte sich auf Spendengütesiegel verlassen. Diese Siegel belegen, dass die betreffende Hilfsorganisation seriös hilft und mit den Spenden sorgfältig umgeht.
  In Österreich gibt es seit 2001 ein eigenes Spendengütesiegel für Organisationen, das erst nach einer strengen Überprüfung durch einen unabhängigen Steuerberater oder Wirtschaftstreuhänder

verliehen wird und für das sich die Organisationen zumindest jährlich prüfen lassen müssen. Unter www.osgs.at können Spender in Österreich auf der Spendengütesiegel-Homepage nach Themenbereichen geordnet alle Hilfsorganisationen finden, die über das Spendengütesiegel verfügen.

In Deutschland zeigt das DZI-Siegel (www.dzi.de/spenderberatung) an, welche Organisationen das Spendengütesiegel tragen. Der jährlich veröffentlichte DZI-Spenden-Almanach ist online abrufbar und präsentiert die wichtigsten Daten von derzeit mehr als 230 Spendengütesiegel-Organisationen. Zusätzlich gibt es in Deutschland auch das »Phineo wirkt!«-Siegel (www. phineo.org), das besonders wirkungsvolle Hilfsorganisationen auszeichnet.

- **Besser mehr an wenige**
Jede Spende, egal ob klein oder groß, erzeugt Verwaltungskosten. Dieses Geld landet nicht direkt bei denjenigen, die es dringend benötigen. Zwischen zehn und 30 Prozent der Spendengelder gehen in Verwaltung und Werbekosten.[116] Schließlich müssen die Hilfsorganisationen mit Werbung auf ihre Anliegen aufmerksam machen und brauchen eine Büro-Infrastruktur, um ihre Hilfsprojekte im In- und Ausland durchführen zu können. Wer vielen unterschiedlichen Organisationen jeweils nur wenige Euro spendet, verursacht dadurch viel mehr Verwaltungsaufwand, als wenn das Geld an eine einzige Organisation geht. So kommt mehr vom Gespendeten direkt zu den Betroffenen.

- **Geld statt Ware**
Jeder hat Dinge zu Hause herumliegen, die nicht mehr gebraucht werden, die aber viel zu schade zum Wegwerfen sind. Aber nicht alles, was wir nicht mehr wollen, hilft auch einer karitativen Organisation. Speziell bei Auslandshilfe ist es meist viel kostspieliger, Hilfsgüter zuerst hier zu lagern und dann über tausende Kilometer zu den Betroffenen zu transportieren, als diese vor Ort einzukaufen. Außerdem stärkt der Einkauf in den Krisengebieten gleichzeitig die lokale Wirtschaft, hilft also doppelt. Natürlich gibt es auch Hilfsorganisationen, die sich über Spenden freuen. Viele Organisationen haben auch »Charity Shops«,

eigene Geschäfte, in denen sie gespendete Dinge von Möbeln über Kleidung bis zu Elektrogeräten verkaufen und mit dem Erlös helfen.

In Deutschland haben sich zahlreiche Hilfsorganisationen, die Kleiderspenden sammeln, zum Dachverband FairWertung (www.fairwertung.de) zusammengeschlossen. In Österreich freuen sich zahlreiche Organisationen wie das Rote Kreuz oder die Caritas über gut erhaltene Sachspenden. Aber bevor man Sachspenden vorbeibringt, immer unbedingt auf der Homepage nachsehen oder nachfragen, was denn tatsächlich gebraucht wird.

Man kann aber auch einfach mit Freunden einen Flohmarkt veranstalten. So wird man sein altes Zeug los und spendet den Erlös für einen guten Zweck.

- **Alles schriftlich machen**
Wer spendet, bekommt immer auch einen Spendenbeleg. Mit diesem kann man die Spende unter gewissen Voraussetzungen steuerlich absetzen und so Geld zurückbekommen. Für Österreich hat der Fundraising Verband Austria zusammengefasst, welche Spenden wie abgesetzt werden können (https://cutt.ly/JC5Mvy). Für Deutschland gibt es Informationen auf der Seite finanztip.de (https://cutt.ly/5C6J4m).

- **Vertrauen haben**
Spender können ihr Geld zweckgebunden spenden, das heißt, man überweist einer Hilfsorganisation Geld mit dem Zusatz, dass dieses ausschließlich für bestimmte Zwecke (zum Beispiel Katastrophenhilfe nach einer Flutkatastrophe in einem bestimmten Land) verwendet werden darf. Das mag zwar auf den ersten Blick logisch klingen, dass derjenige, der spendet, auch entscheidet, wohin sein Geld ganz genau fließt. Für die Hilfsorganisation bedeuten zweckgebundene Spenden aber mehr Aufwand und es kann auch die absurde Situation entstehen, dass plötzlich für das eine, medial besonders präsente humanitäre Problem mehr als ausreichend Geld da ist, ein anderes, ebenso wichtiges Projekt aber nicht weitergeführt werden kann, weil die finanziellen Mittel fehlen. Wer eine Hilfsorganisation so auf Herz und Nieren geprüft hat, dass er sich sicher sein kann, dass diese

das Spendengeld völlig korrekt verwendet, sollte dann auch das Vertrauen haben, dass die Organisation am besten weiß, wo mit dem Geld in diesem Moment am meisten geholfen werden kann.

Neben den großen, bekannten Hilfsorganisationen gibt es seit einiger Zeit auch Plattformen, die einzelne Hilfsprojekte im Rahmen von Crowdfunding-Initiativen ermöglichen. Crowdfunding, auch Schwarmfinanzierung genannt, bedeutet, dass zahlreiche Menschen sich an der Realisierung eines Projekts finanziell beteiligen. Im Sozialbereich gibt es mittlerweile tausende Projekte, die man so schnell und unbürokratisch unterstützen kann. Auf Plattformen wie www.betterplace.org oder www.respekt.net finden sich viele, viele Projekte, die unterstützt werden möchten. Das können Hilfsprojekte für Geflüchtete sein, Umweltprojekte, die Plastikmüll aus dem Meer fischen, aber auch ganz konkrete Einzelprojekte, mit denen Einzelpersonen geholfen werden soll. Auf diesen Plattformen können sowohl Initiativen als auch Privatpersonen, die selbst ein Hilfsprojekt gestartet haben, um Unterstützung für ihr Projekt werben.

Wer gerade kein Geld zum Spenden zur Verfügung hat, kann auch seine Zeit spenden. Zahlreiche Projekte leben von der Mithilfe von ehrenamtlichen Helfern, die zum Beispiel regelmäßig Essen ausgeben, Sachspenden sortieren, Kinder aus bildungsfernen Familien kostenlos Nachhilfe geben und vieles mehr. Hier ist entscheidend, dass man bereit ist, sich regelmäßig zu engagieren, weil nur ein Mal bei einer Hilfsorganisation vorbeischauen für die Organisation mehr Arbeit bedeutet als Entlastung. Man sollte sich also schon vorab ehrlich fragen, wie viel Freizeit man tatsächlich in die ehrenamtliche Arbeit stecken kann und möchte. Und ob man bereit ist, regelmäßig weiter zu helfen, auch wenn die gemeinnützige Arbeit einmal frustrierend ist.

Wer sich nicht langfristig verpflichten will, aber gerne kurzzeitig seine Zeit und Fähigkeiten zur Verfügung stellen möchte – und die dazu nötige Expertise hat –, kann auch nach Absprache punktuell helfen. Das wäre zum Beispiel eine bestimmte Zahl an alten Computern für Hilfsorganisationen aufmöbeln, für eine Organisation eine

Homepage aufsetzen oder andere Dinge tun. Aber natürlich immer zuerst fragen, ob diese Form der Hilfe gerade gebraucht wird. Immer mehr Firmen betreiben auch Corporate Volunteering. Dabei stellt ein Unternehmen seine Mitarbeiter für einen bestimmten Zeitraum frei, damit diese für eine Hilfsorganisation arbeiten können. An solchen »Sozialtagen« werden etwa Behinderteneinrichtungen gemeinsam neu ausgemalt, es wird für Obdachlose gekocht und vieles mehr. Die Einrichtung profitiert von dieser tatkräftigen Unterstützung, für die Angestellten bedeuten solche Tage eine willkommene Abwechslung und auch einen Perspektivenwechsel; und für das Unternehmen ist es erstens gut für das Image und zweitens gut für die Stimmung im Betrieb. Und im Idealfall ergibt sich daraus eine längerfristige Beziehung zwischen dem Unternehmen und der Hilfsorganisation.

Voluntourismus: Im Urlaub Gutes tun
Immer häufiger wollen Menschen auch während ihres Urlaubs Menschen, Tieren oder der Umwelt in Not helfen, statt bloß am Strand herumzuliegen. »Voluntourismus« heißt das neue Zauberwort: als Freiwilliger im Urlaub für einen guten Zweck tätig sein. Der Ausdruck leitet sich von englisch *volunteer* – Freiwilliger – und *tourism* – Tourismus – ab. Das Angebot ist breit: von der Teilnahme an Meeresforschungsreisen zum Schutz von Delphinen gemeinsam mit Meeresbiologen, wie es etwa die Organisation OceanCare anbietet[117], über exotische Tiere im Dschungel schützen oder seine Sprachkenntnisse im Urlaub an Einheimische weitergeben. Im Urlaub zu helfen ist prinzipiell eine gute Sache. Man tut Gutes, erweitert seinen persönlichen Horizont, kommt in Kontakt mit der lokalen Bevölkerung, statt abgeschottet in einem Touristenreservat zu hocken.

Gut gemeint ist aber auch im Urlaub nicht immer gut. Denn auch beim Voluntourismus haben längst so manche, die es nicht gut meinen, eine lukrative Einnahmequelle entdeckt. Allein aus Deutschland waren es laut Tourism Watch im Jahr 2018 etwa 25.000 Reisende, die ihrem Urlaub so einen Sinn geben wollten. Eine von der deutschen Hilfsorganisation »Brot für die Welt« herausgegebene Studie zum Thema hat sich angesehen, wer solche Kurzzeit-Hilfseinsätze für Touristen anbietet. Von 25 zufällig ausgewählten Anbietern, die Voluntourismus-Reisen im deutsch-sprachigen Raum anbieten, sind 22 gewinnorientierte Reiseveranstalter.[118] Ein Urlaub, der anderen hilft, ist also mittlerweile für zahlreiche Anbieter durchaus ein gutes Geschäft. Echte Hilfsorganisationen profitieren hingegen viel mehr von Menschen, die sich längerfristig, also zumindest ein paar Monate in den Dienst der guten Sache stellen. Wer wirklich helfen will, sollte deshalb nicht sein persönliches großes Abenteuer in den Vordergrund stellen, sondern sich fragen, wie weit ein solcher Einsatz den Menschen vor Ort tatsächlich hilft.

Ganz wichtig: Hände weg von Anbietern, die Kurzzeit-Urlaubs-einsätze in Waisenhäusern im Programm haben. Kinder brauchen langfristige Bezugspersonen. Für nur wenige Wochen Beziehungen zu Waisenkindern aufzubauen, um so mit einem guten Gefühl, geholfen zu haben, aus dem Urlaub nach Hause zu kommen, bedeutet für diese Kinder mehr Schaden als Nutzen. Nicht selten sind diese Kinder auch gar keine Waisen, sondern wurden von ihren Eltern abgegeben, weil die Betreiber dieser Touristen-Waisenheime ihnen versprachen, dass die Kinder eine Schulbildung erhalten, oder weil sie vor Armut nicht wussten, wie sie ihre Kinder ernähren sollen. Im Februar 2019 berichtete die *Süddeutsche Zeitung*, dass sich laut einer Studie des UN-Kinderhilfswerks UNICEF die Zahl solcher Waisenhäuser im touristisch mittlerweile gut erschlossenen Entwicklungsland Kambodscha zwischen 2015 und 2017 nahezu verdoppelt hat.[119]

Außerdem sollte man darauf achten, dass die lokale Bevölkerung aktiv einbezogen wird. Wie der gute Geist schnell einmal aus Europa in ein armes Land einzufliegen, um als rettender Engel für ein, zwei Wochen Wohltäter zu spielen, mag zwar dem eigenen Ego schmeicheln. Diejenigen, denen man vorgibt, helfen zu wollen, haben davon aber nichts oder nur sehr wenig.

Wer auch im Urlaub Gutes tun will, muss deshalb nicht gleich Urlaubsaktivist werden. Es hilft auch, sein eigenes Reiseverhalten nach ökologischen, sozialen sowie menschenrechtlichen und tierschützenden Maßstäben zu gestalten. Die Welt zu entdecken bedeutet nämlich nicht, sie zu zerstören. Auf Internetseiten wie www.forumandersreisen.de findet man nachhaltige Reisemöglichkeiten

und auf www.fairunterwegs.org Links zu Unterkünften, die ökologisch sind, Hotels, die ihre Angestellten fair bezahlen, Reiseveranstalter, die sozial verträgliche Reisen anbieten. Und auf
http://trainite.eu kann man nachsehen, wie man am besten klimaschonend mit dem Nachtzug quer durch Europa reisen kann.

Menschen, die sich wehrten:

Ruby Bridges (*1954)

Sie muss sich ziemlich einsam gefühlt haben, als sie an ihrem ersten Schultag in Begleitung von vier US-Marshalls an einem grölenden Mob vorbei in ihre neue Schule marschierte. Aber Ruby Bridges, damals erst sechs Jahre alt, hielt trotz all der Beschimpfungen und Attacken den Kopf hoch und ging einfach weiter.

Ruby Bridges war das erste afroamerikanische Kind, das eine Schule für weiße Kinder besuchte. Zuvor waren die Schulen nach Hautfarben getrennt gewesen. Die Schulen für Weiße hatten moderne Schulbücher und gut ausgestattete Klassenräume, jene für schwarze Kinder mussten sich mit altem, benutztem Lehrmaterial und schlechterer Ausstattung zufriedengeben.

Zwar hatten die neun Richter am US Supreme Court bereits am 17. Mai 1954 einstimmig entschieden, dass es gegen das Grundrecht auf Gleichbehandlung verstoße, Kindern aufgrund ihrer Hautfarbe den Besuch bestimmter Schulen zu verbieten. Aber zu dieser Zeit sahen das viele Weiße in den USA noch ganz anders.

Um es Kindern mit dunkler Hautfarbe trotzdem besonders schwierig zu machen, in eine gute weiße Schule zu gehen, führte der Bundesstaat Louisiana, in dem Ruby Bridges lebte, einen strengen Eignungstest für Kinder mit schwarzer Hautfarbe ein. Nur Ruby und fünf andere Kinder bestanden diese Aufnahmeprüfung. Ihre Eltern entschieden sich daraufhin, das Mädchen in die William-Frantz-Grundschule ein paar Blocks von ihrem Wohnort entfernt zu schicken. Die Aufnahme eines kleinen dunkelhäutigen Mädchens in diese Schule löste derart große Proteste aus, dass Ruby ein Jahr lang jeden Tag auf ihrem Schulweg von vier US Marshals vor Attacken des wütenden Mobs geschützt werden musste.

Im Klassenzimmer saß das Mädchen anfangs auch allein, weil sämtliche weißen Eltern sich weigerten, dass ihre Kinder mit einem schwarzen Kind gemeinsam unterrichtet werden. Auch die Lehrerinnen und Lehrer weigerten sich. Nur eine einzige Lehrerin an der Schule, Barbara Henry, war bereit, das Mädchen zu unterrichten. So saß die kleine Ruby jeden Tag als einziges Kind in ihrem Klassenzimmer und musste auch ihr Mittagessen ohne die anderen Kinder essen und hatte in den Pausen niemanden zum Spielen. Trotzdem verpasste das Kind keinen einzigen Schultag und marschierte ein Jahr lang jeden Schultag mit erhobenem Haupt an der grölenden Menge vorbei.

Charles Burks, einer der Marshals, der Ruby auf ihrem Schulweg schützte, sagte über das Kind: »Sie zeigte viel Mut. Sie hat nie geweint. Sie jammerte nicht. Sie marschierte nur wie ein kleiner Soldat. Und wir sind alle sehr stolz auf sie.«[120]

Weiterlesen:
National Women's History Museum: Ruby Bridges, https://cutt.ly/Ohl2b7

10. Jetzt rede ich! Wie man in politischen Diskussionen nicht untergeht

In der Schule, am Arbeitsplatz, in der U-Bahn oder beim Fortgehen: Manchmal findet man sich völlig unerwartet in Diskussionen wieder, in denen Leute plötzlich mit Vorurteilen nur so um sich werfen. Was tun? Wer schweigt, stimmt bekanntlich zu. Zu seiner Meinung sollte man auch stehen, wenn es unangenehm wird. Und Mitmenschen, die von anderen rassistisch, sexistisch oder sonst wie attackiert werden, sollte man beistehen. Das ist nicht immer einfach. Aber es gibt einige Tricks, die dabei helfen, einem verbalen Übergriff entschlossen und erfolgreich entgegenzutreten.

Gute Argumente gegen Vorurteile, rassistische und sexistische Angriffe oder Hate-Speech gibt es tausende. Aber manchmal passieren solche unangenehmen Gespräche derart überraschend, dass einem kein einziges einfällt, und man ärgert sich danach, den Mund nicht aufgemacht zu haben. Oder es sind Leute aus dem eigenen Umfeld, die man schätzt, die aber plötzlich beim Familienfest, bei der Geburtstagsfeier oder beim gemütlichen Drink nach der Arbeit mit Vorurteilen um sich werfen, die einen ärgern oder sprachlos machen. Da weiß man dann oft nicht: Soll man zu streiten beginnen oder um des lieben Friedens willen den Mund halten? So oder so bleibt von solchen Situationen oft ein schlechtes Gefühl.

Mit ein paar Tricks fällt es aber auch in unangenehmen Situationen leichter, weder zu verstummen noch die Fassung zu verlieren. Das Wichtigste: immer überlegen, mit wem man es zu tun hat. Es macht einen Unterschied, ob es der Freund oder die Freundin ist, mit denen man sich sonst gut versteht, der oder die in einem Punkt aber eine Meinung hat, die einen ärgert. Oder ob es in einer politischen Debatte ein Provokateur oder Störenfried ist, der auf Argumente gar nicht eingeht, sondern uns nur aus der Fassung bringen möchte, um als Sieger aus der Konfrontation gehen zu können.

Ist es jemand, bei dem wir meinen, dass ihn Argumente interessieren, dann bringt es nichts, die Person frontal zu attackieren. Ganz im Gegenteil: Derart angegriffen, wird die Person zumachen wie eine Auster und sich noch mehr auf den vertretenen Standpunkt zurückziehen. Wir können dann zwar mit dem Gefühl vermeintlicher moralischer Überlegenheit von dannen ziehen, erreicht haben wir aber gar nichts. Und seien wir ehrlich: Wer hat denn noch nie etwas Falsches nachgeplappert, weil man es nicht besser wusste? Hier mit erhobenem Zeigefinger zu reagieren ist nur kontraproduktiv.

Was man stattdessen tun kann:
- *Nicht überheblich sein*
Oft verbergen sich hinter einem Vorurteil Unwissenheit oder
Unsicherheit. Da sollte man nicht gleich überheblich reagieren.
Es mag schon sein, dass man dieses eine Vorurteil ablehnt. Aber
deshalb braucht man nicht zu glauben, dass man selbst so viel
besser ist. Kein Mensch weiß alles. Jeder und jede hat Vorurteile.
Wir müssen uns ganz oft ganz schnell ein Bild machen und Entscheidungen treffen. Man lernt jemand kennen und bildet sich
ganz schnell eine Meinung. Das sind oft vorschnelle Urteile,
die mit der Realität nicht übereinstimmen. Trotzdem übernehmen wir solche Vorurteile und verbreiten sie in der Welt. Und
tragen so auch dazu bei, dass Menschen diskriminiert werden.
Denn wenn ein Vorurteil gegen einen Teil der Bevölkerung
von einem größeren Teil der Bevölkerung geteilt wird, kommt
es vom Vorurteil zur Diskriminierung. Es ist schon unangenehm genug, wenn man erlebt, dass jemand schlechte Dinge
über einen erzählt, ohne dass diese Person einen kennt. Wie
viel unangenehmer ist es da, wenn ein Großteil der Menschen
eine schlechte Meinung über einen hat, weil man einer diskri-
minierten Gruppe – Ausländer, Muslime, Juden, Homosexuelle
oder andere – angehört. Das führt dazu, dass diese Personen
im Alltag weniger Chancen bekommen, dass sie zum Beispiel
weniger leicht einen Job oder eine Wohnung finden. Deshalb:
statt mit dem Finger auf andere zu zeigen, lieber einmal die
eigenen Vorurteile hinterfragen und versuchen, herauszufinden, warum das Gegenüber so denkt. Das funktioniert am ein-
fachsten mit:
- *Fragen stellen*
Oft verbirgt sich hinter einem vorurteilsbehafteten Spruch nicht
nur Unwissen, sondern einfach Angst. Behauptet jemand zum
Beispiel, Ausländer nehmen den Inländern die Arbeitsplätze
weg, kann man nachfragen: Kennst du einen Ausländer, der
jemandem die Arbeit weggenommen hat? Hast du Angst, dass
dir jemand deine Arbeit wegnehmen könnte? Rückfragen haben
zusätzlich den Vorteil, dass sie einem selbst Zeit geben, sich neue
Argumente zu überlegen.

- *Nicht von Zahlen einschüchtern lassen*
  Oft arbeitet das Gegenüber mit Riesenzahlen, die einschüchtern sollen. Hier hilft es, sich einen Referenzrahmen zu überlegen, um schnell überprüfen zu können, ob diese Zahlen überhaupt real sind. Das können zum Beispiel Fußballfelder sein, oder man kann die Zahlen in Relation setzen. Ein Beispiel, wie man sich von Zahlen beeinflussen lassen kann: »Haiangriffe erreichen Rekordhoch«, titelte das Nachrichtenmagazin *Der Spiegel* im Februar 2016 in seiner Onlineausgabe.[121] Denn im Vergleich zum Vorjahr war die Zahl der Haiangriffe um ein Drittel gestiegen. Das klingt dramatisch, war es aber nicht. Anstatt sechs (2015) starben 2016 weltweit acht Menschen nach Haiangriffen. Bei einer Weltbevölkerung von mehr als 7,7 Milliarden Menschen eine verschwindend geringe Zahl. Speziell in Mitteleuropa sterben weit mehr Menschen durch Kuhattacken als nach Haiangriffen. Das Risiko, durch Kühe sein Leben zu verlieren, ist noch immer verschwindend gering, aber höher, als einem Haiangriff zu erliegen. Dennoch schaudert uns beim Gedanken an die Zunahme tödlicher Haiangriffe mehr als vor den hunderttausenden Kühen, die im Sommer in Österreich, Deutschland und der Schweiz auf Wiesen und Almen weiden.
- *Positiv-Beispiele gegen Negativ-Emotionen*
  Alle Ausländer sind faul? Alle Flüchtlinge sind ungebildet? Beides ist natürlich ein Blödsinn. Wenn jemand so etwas behauptet, hilft es oft, von der eigenen Erfahrung zu erzählen. Und nachzufragen, ob die Person denn wirklich nur Ausländer kennt, die faul sind – zum Beispiel, ob die vielen Ärzte und Krankenschwestern, die im Ausland geboren sind und jetzt bei uns kranke Menschen in den Spitälern pflegen, alle faul sind. Besonders hilfreich sind ganz konkrete Beispiele aus dem eigenen Umfeld: eine geflüchtete Familie, mit der man in Kontakt ist, Mitschüler, die aus dem Ausland stammen, und vieles mehr. Man kann die Person auch einladen, zum Beispiel gemeinsam ein Flüchtlingsheim zu besuchen, damit sie sieht, wie die Menschen dort leben. Aber natürlich müssen die Beispiele stimmen und dürfen nicht erfunden sein. Sonst macht man sich unglaubwürdig.

- *Verbindendes suchen*

  Wer überzeugen möchte, kommt nicht weit, wenn er dem Gegenüber ständig nur erklärt, was er für ein uninformierter Trottel ist. Nur die allerwenigsten Menschen sind einfach böse. Die allermeisten Menschen haben eine gute und eine schlechte Seite, die im ständigen Kampf miteinander sind. Wir entscheiden uns jeden Tag aufs Neue, ob wir hilfsbereit und nett sind oder gehässig und faul. Und wenn wir einmal etwas Schlechtes gemacht, zum Beispiel schlecht über andere geredet haben, haben wir jeden Tag aufs Neue die Chance, diesen Fehler wiedergutzumachen. Genauso geht es auch den Leuten um uns herum. Wer überzeugen möchte, kommt viel weiter, wenn er sich an dem Verbindenden orientiert und dazu immer wieder das anspricht, was trennt. Vielleicht ist die Person ganz besonders hilfsbereit, besonders geduldig und lieb zu ihren Kindern oder einfach ein sympathischer Kerl. Allerdings kann irgendwann auch einmal der Punkt kommen, wo man sagen muss, es reicht. Wenn jemand ständig mit Vorurteilen um sich wirft und damit andere beleidigt, ist es völlig in Ordnung, dieser Person zu sagen, man schätze zwar deren positive Eigenschaften, aber wenn sie weiter so beleidigend über andere spricht, wird das zum Ende der Freundschaft führen.

- *Geduld haben*

  Kaum einer ändert seine Meinung über Nacht. Auch wir selbst mussten in der Vergangenheit immer wieder davon überzeugt werden, dass das eine oder andere, von dem wir überzeugt waren, dem Realitätscheck nicht standhält. Gerade wenn man jemanden aus dem eigenen Umfeld dazu bringen möchte, sich kritisch mit den eigenen Vorurteilen auseinanderzusetzten, sollte man nicht ständig auf die Person einreden. Sonst klappt sie die Ohren schon zu, wenn sie uns nur sieht. Lieber nach dem Motto »steter, aber dosierter Tropfen höhlt den Stein« in regelmäßigen Abständen das Thema wieder anschneiden und sich langsam und mit Geduld vortasten, statt den Vorschlaghammer einzusetzen.

- *Informiert sein*

  Zahlen, Daten, Fakten allein werden jemanden, der sich aufgrund von Vorurteilen fürchtet, nicht von seiner Meinung abbringen. Und natürlich hat man, selbst wenn man ganz viel weiß, nicht ständig alle Zahlen auf Abruf im Kopf. Wer sich aber mit Zahlen, Daten, Fakten auseinandergesetzt hat, geht mit viel mehr Selbstvertrauen in solche Diskussionen und tut sich leichter, zu überzeugen und in einer Diskussion zu bestehen. Zahlreiche Zahlen, Daten, Fakten zu politisch umstrittenen Themen finden sich in: Nina Horaczek/Sebastian Wiese: Gegen Vorurteile. Wie du dich mit guten Argumenten gegen dumme Behauptungen wehrst, Czernin Verlag, Wien 2017.

Diese Tipps können in Gesprächen im Freundes- und Bekanntenkreis helfen, in der Schule oder am Arbeitsplatz. Sie funktionieren aber nur, wenn das Gegenüber bereit ist, zuzuhören und auf Argumente einzugehen.

Aber was tun, wenn der Diskussionspartner nicht offen ist für Argumente, nicht diskutieren und Meinungen austauschen möchte, sondern es sich um einen professionellen Gesprächszerstörer handelt? Von diesen gibt es gar nicht so wenige. Da muss man sich nur politische Diskussionen im Fernsehen ansehen. Immer wieder sitzen dort Politiker, die gar nicht erst auf die Argumente des Gegenübers eingehen. Stattdessen beleidigen sie, tun alles, um zu skandalisieren, und führen sich auf wie in einem Ringkampf. Es geht nicht um Inhalte, sondern darum, die anderen in der Diskussion mit rhetorischen Tricks k.o. zu schlagen und als Sieger vom Platz zu gehen.

Was kann man tun, wenn man einen solchen Diskussionszerstörer als Gegenüber hat?

- *Nicht ärgern*
  Diskussionszerstörer wollen nur eines: ihr Gegenüber aus der Fassung bringen. Tun wir ihnen doch nicht diesen Gefallen! Wer bei unangenehmen Gesprächen sofort mit hochrotem Kopf in die Luft geht, hat schon verloren. Lassen wir unser Gegenüber nicht so leicht gewinnen! Immer cool bleiben und durchatmen, damit kommt man viel weiter, als wenn man reflexartig zurückschreit.
- *Höflich gegen Hass*
  Der Schriftsteller Erich Kästner (1899–1974) schrieb einmal: »Was immer geschieht: Nie dürft ihr so weit sinken, von dem Kakao,

durch den man euch zieht, auch noch zu trinken.« Wer in einer Diskussion persönlich attackiert und beleidigt wird, wirkt viel souveräner, wenn er die Angriffe mit Höflichkeit kontert, statt selbst auch zum Rüpel zu werden. So erklärte die ehemalige First Lady der USA, Michelle Obama, zu den Attacken des damaligen republikanischen Präsidentschaftskandidaten Donald Trump, der schließlich US-Präsident wurde, und dessen Team: »When they go low, we go high.« Frei übersetzt: Wenn die in ihrer Argumentation unter die Gürtellinie gehen, machen wir genau das Gegenteil.

- *Im Blick haben, wer noch zuhört*
  Das mag vielleicht etwas seltsam klingen, aber es ist durchaus zielführend, sich in solchen Diskussionen immer kurz vor Augen zu führen, wen man gerade überzeugen will. Möchte man tatsächlich diese eine Person, die einen selbst und die eigenen Werte brutal attackiert, vom Gegenteil überzeugen? Oder geht es darum, die anderen, die auch am Tisch sitzen und zuhören, zum Nachdenken zu bringen? Im zweiten Fall ist es durchaus sinnvoll, auch mit jemandem zu diskutieren, der einen ständig nur attackiert. Hier kann man auch die übrigen Leute, die schweigend der Diskussion lauschen, einbeziehen, etwa indem man ihnen auch Fragen stellt.

- *Diskussionszerstörer enttarnen*
  Kommunikation funktioniert nur, wenn jemand etwas sagt und der Empfänger diese Botschaft aufnimmt und darauf mit seinen Argumenten reagiert. Genau das tun Diskussionszerstörer aber nicht. Sie provozieren und beleidigen und wollen so in einer Diskussion überrumpeln und die Oberhand bewahren. Ist man in so einer Diskussion gelandet, sollte man das auch klar benennen. Da kann man auch sagen: »Ich merke, dass Sie jedes Mal, wenn ich ein sachliches Argument vorbringe, mit einem persönlichen Angriff reagieren.«

- *Demagogische Bilder direkt hinterfragen*
  Solche Diskussionszerstörer sind richtige Demagogen. Sie versuchen mit ihren demagogischen Tricks, die Bilder in unseren Köpfen zu verändern. Hier hilft sachliches, aber hartnäckiges Nachfragen, um so herauszuarbeiten, wie absurd diese Bilder im Grunde sind. Ein Beispiel: Wenn eine Partei oder eine Bewegung

den Slogan »Wir sind das Volk!« für sich in Anspruch nimmt, dann einfach nachfragen: »Was meinen Sie mit Volk?«, »Wer entscheidet, wer zu diesem Volk gehört?«, Wieso gehören so viele, die in diesem Land leben, nicht zu Ihrem Volk?«, »Wieso gehört, wer Sie kritisiert, nicht zu Ihrem Volk?«

• *Auf die Metaebene gehen*
Wenn man merkt, dass man mit sachlichen Argumenten nicht weiterkommt, hilft es, die Ebene zu wechseln. Statt weiter auf Sachargumente zu setzen, hilft es mehr, auf sachliche Art zu erklären, welche Tricks der Diskussionszerstörer gerade anwendet, um die sachliche Debatte kaputtzumachen. Diskussionszerstörer bedienen sich gerne verschiedener demagogischer Muster, die leicht zu durchschauen sind, wenn man sie kennt (siehe dazu auch: Nina Horaczek/Walter Ötsch: Populismus für Anfänger. Anleitung zur Volksverführung, Westend Verlag, Frankfurt am Main 2017). Diese Muster kann man zum Beispiel so ansprechen: »Sie vergleichen gerade Äpfel mit Birnen«, oder auch: »Sie verallgemeinern stets den bösen Einzelfall.«

• *Lösungen einfordern*
Wieso jemandem, der dauernd nur schimpft, nicht einfach einmal sagen: »Dein Gejammer haben wir schon oft genug gehört. Was sind deine konkreten Lösungsansätze für dieses Problem?« Und dann auch nachfragen: »Wer soll das bezahlen? Woher nimmst du das Geld?«

• *Nicht denselben Fehler machen*
Demagogen haben ein sehr simpel gestricktes Weltbild: Sie teilen die Welt strikt in Gut und Böse. Die »Bösen« sind meist Flüchtlinge, Ausländer, Muslime … Die »Guten« sind dann die Braven, Fleißigen, Anständigen. Oft nennen sie diese Gruppe auch »das Volk«. Die Guten sind nur gut, die Bösen nur böse. So eine Welt gibt es aber nicht. In der Realität sind Menschen gut und böse. Manche mehr, andere weniger. Die Welt ist nicht schwarz und weiß, sondern besteht aus vielen Grautönen. Es wäre falsch, das, was Demagogen behaupten, einfach umzudrehen. Denn genauso, wie Demagogen zum Beispiel behaupten, alle Ausländer seien faul oder kriminell, wäre es falsch, darauf aus Trotz zu behaupten, alle Ausländer seien die besseren Menschen. Sind

sie nämlich nicht. Negative Vorurteile lassen sich nicht durch positive Vorurteile bekämpfen.

• *Den Humor nicht vergessen*

Ja, es stimmt. Vorurteile sind schlimm, weil sie verletzen, und mit Diskussionszerstörern an einem Tisch sitzen zu müssen kann sehr mühsam sein. Trotzdem sollte man hin und wieder auf das Lachen nicht vergessen. Denn erstens ist ohne Humor alles nur noch viel schlimmer und zweitens überzeugt es sich viel besser mit Leichtigkeit und indem man sein Gegenüber auch einmal zum Lachen bringt.

Menschen, die sich wehrten:

Ed Roberts (1939-1995)

Edward »Ed« Roberts war 19 Jahre alt, als er an das Tor der berühmten Eliteuniversität Berkeley klopfte. Es war das Jahr 1962, als Menschen mit Behinderungen in der Gesellschaft noch als »krank« abgestempelt wurden. Dass ein junger Mensch mit einer Behinderung eine gute Ausbildung erhielt, war damals noch alles andere als selbstverständlich. Doch Roberts' Engagement zeigte der Gesellschaft, dass auch ein Mensch mit einer schweren Behinderung wie er ein selbstbestimmtes und selbstverantwortliche Leben führen konnte.

Ed Roberts kam 1939 als gesunder Bub zur Welt. Sein Leben änderte sich radikal, als er mit 14 Jahren an Kinderlähmung erkrankte. Erst zwei Jahre später wurde eine Impfung gegen diese Krankheit entwickelt. Roberts verbrachte viele Monate im Krankenhaus. Als er entlassen wurde, war er bis zum Hals gelähmt und konnte nur mehr zwei Finger seiner linken Hand bewegen. Er habe damals als Jugendlicher den Plan gehabt, sich das Leben zu nehmen, und die Nahrung verweigert, erzählte er später in einem Interview. »Wenn man vom Hals abwärts gelähmt ist, muss man eben kreativ sein, ich konnte ja nicht einfach den Stecker herausziehen«, sagte er. Er nahm massiv ab, bis er beinahe starb, habe sich dann aber entschlossen, weiterzuleben. »Da habe ich gemerkt, wie viel Macht der eigene Wille hat, wenn man etwas erreichen möchte«, sagte er.

Seine Mutter unterstützte den Teenager und ermöglichte ihm, per Telefon am Schulunterricht teilzunehmen. Sie setzte sich auch dafür ein, dass er zumindest an einem Tag pro Woche die Schule besuchen konnte. Den Schulabschluss erhielt er trotzdem beinahe nicht. Ein Beamter verweigerte ihm das Zeugnis, weil Roberts aufgrund seiner Behinderung nicht am Sportunterricht teilgenommen und auch keine Führerscheinprüfung absolviert hatte.

Roberts konnte die Schule schließlich doch abschließen und sich für Berkeley bewerben. Dort warteten aber bereits die nächsten Probleme auf ihn. Weil er nachts eine sogenannte »Eiserne Lunge«, ein mechanisches

Beatmungsgerät, das damals mehr als 350 Kilogramm wog, benötigte, konnte er nicht im Studentenheim unterkommen. Die Universität ermöglichte ihm aber, in einen leerstehenden Flügel des Universitätsspitals einzuziehen. Roberts schloss in Berkeley sein Politikwissenschaftsstudium ab und wurde zur Inspiration für viele junge Menschen mit Behinderungen. Das von ihm in Berkeley gestartete Programm, das auch Menschen mit schweren Behinderungen beim Studium unterstützt, war so erfolgreich, dass es von zahlreichen weiteren Universitäten übernommen wurde. Er war eine der führenden Figuren des »Independent Living Movements« (auf Deutsch: Selbstbestimmt-Leben-Bewegung) von Menschen mit Behinderungen in den USA und wurde 1976 sogar Leiter des Ministeriums für berufliche Rehabilitation in Kalifornien. In den 1980er Jahren war er Mitbegründer des »World Institute for Disabilities«, des Weltinstituts für Behinderungen, einem Thinktank, der sich für die Gleichstellung von Menschen mit Behinderungen engagiert.

In zahlreichen Reisen auch außerhalb der USA setzte sich Roberts für die Rechte von Behinderten ein und kämpfte dafür, dass diese nicht aus der Gesellschaft ausgeschlossen werden. Sein Leben gibt Millionen Menschen Mut, denn weltweit leben mehr als 600 Millionen Menschen mit einer Behinderung. Für sie alle gilt, was Roberts in einem seiner Interviews sagte: »Es gibt nur sehr wenige Menschen, auch mit den schwersten Behinderungen, die nicht die Kontrolle über ihr eigenes Leben übernehmen können. Das Problem ist, dass die Menschen um uns herum das nicht erwarten.«[122]

Auch privat konnte Roberts trotz seiner Ganzkörperlähmung ein selbstbestimmtes Leben führen. Er heiratete, wurde Vater eines Sohnes, ließ sich scheiden und zog seinen Sohn abwechselnd mit seiner Exfrau auf. Am 14. März 1995 verstarb Ed Roberts im Alter von 56 Jahren an einem Herzinfarkt.

Weiterlesen:
Susan O'Hara: Interview mit Ed Roberts aus dem Jahr 1994, https://cutt.ly/EC9zU2
Ed Roberts: 60 Minutes Segment with Harry Reasoner, https://cutt.ly/aC9RTH

11. Warum man sich engagieren soll

Wer regelmäßig die Nachrichten verfolgt, bemerkt rasch, dass es viele Probleme gibt, die dringend gelöst werden müssen. Da muss man gar nicht an das für uns »einfache« Bürger oft so undurchsichtige Beziehungsgeflecht von Politik, Weltwirtschaft und Diplomatie denken. Ein Blick auf unsere Umwelt reicht: Nie zuvor waren die Folgen unseres Umgangs mit Natur und Ressourcen so sichtbar wie heute.

> •

Die größten Umweltprobleme

Klimawandel: Seit Beginn der industriellen Revolution pustet
die Menschheit (bis vor wenigen Jahrzehnten vor allem Europa
und Nordamerika) Unmengen an CO_2 in die Luft, das bei der
Verbrennung fossiler Brennstoffe entsteht. CO_2 in der Luft
ist nicht grundsätzlich schlecht. Es hilft der Atmosphäre, die
Wärmeabstrahlung ins Weltall zu verringern, und verhindert
so, dass unser Planet auskühlt und einfriert. Ganz ohne CO_2 in
der Luft wären wir also schlecht dran. Zu viel CO_2 ist aber auch
nicht gut, denn es bewirkt, dass sich die Erde erhitzt. In den
letzten 200 Jahren hat sich der CO_2-Gehalt in der Atmosphäre
verdoppelt. Das kann nicht ohne Folgen bleiben. Wissenschaftler rechnen mit einem massiven Temperaturanstieg, der das
Leben auch in Mitteleuropa völlig verändern wird. Für Wien
rechnen Forscher beispielsweise mit einem Temperaturanstieg
von mehr als sieben Grad im Sommer, in Berlin wird die Jahres-
mitteltemperatur drei Grad höher sein als jetzt.

Abholzung: 15 Prozent der Landfläche unseres Planeten waren
einmal mit Regenwald bedeckt, heute sind es gerade einmal
fünf Prozent. 7,3 Millionen Hektar Wälder werden jedes Jahr
abgeholzt und gehen unwiederbringlich verloren, meist durch
Abholzung oder – noch schlimmer – durch Brandrodung.
Das hat katastrophale Auswirkungen auf die Artenvielfalt des
Planeten, aber auch auf das Weltklima. Denn Wald ist ein her-
vorragender Kohlenstoffspeicher. Geht er verloren, landet der
Kohlenstoff über kurz oder lang in der Atmosphäre und verschärft dort das Problem mit dem Klimawandel.

Artensterben: Im 20. Jahrhundert war das Artensterben
100 Mal höher, als es ohne menschlichen Einfluss gewesen
wäre. Schuld daran ist nicht nur die Jagd. Noch viel mehr
macht die Zerstörung natürlicher Lebensräume der Artenvielfalt zu schaffen. Das ist nicht nur für die aussterbenden
Arten selbst ein Problem. Viele Arten, die für immer von der
Erde verschwinden, erfüllen eine wichtige Funktion in ihrem

Lebensraum und es ist noch ungeklärt, wie sich ihr Verschwinden auf andere Tiere, Pflanzen und den Menschen auswirkt. Besonders dramatisch ist in unseren Breiten das Insektensterben. Studien gehen davon aus, dass die Masse an Fluginsekten in Deutschland innerhalb der letzten 30 Jahre um 80 Prozent abgenommen hat. Vom Insektensterben sind auch viele Insekten betroffen, die Pflanzen bestäuben, von denen wir uns ernähren. Ohne Insekten keine Nahrung – wir sägen mit aller Kraft an dem Ast, auf dem wir sitzen.

· ‹

Aber auch die Grundpfeiler unseres Zusammenlebens in Europa scheinen zu wanken. Dass junge Menschen Grenzkontrollen in Mitteleuropa nicht kennen, noch nie für den Italienurlaub Geld wechseln mussten, in jedem EU-Mitgliedsstaat studieren und Ferialpraxis machen können, schien uns bis vor kurzem selbstverständlich und unverrückbar. Doch nun scheint die Europäische Union, Garant für 70 Jahre Frieden und Wohlstand in Mitteleuropa (nie zuvor gab es so lange keinen Krieg in Mitteleuropa wie seit der Gründung der EU), von Populisten sturmreif geschossen zu werden. In Großbritannien glaubt eine Mehrheit nach Jahren manipulativer Austrittskampagnen überhaupt, ohne die EU besser dran zu sein. Und wer die zunehmende Entfremdung der alten Bündnispartner und Freunde Westeuropa und USA beobachtet, die Machtpolitik Chinas im südchinesischen Meer und im Pazifik, den zerstörerischen Umgang des neuen brasilianischen Präsidenten mit der »grünen Lunge« unseres Planeten, dem Regenwald im Amazonasbecken, oder die Kriegsgefahr im arabischen Raum, der merkt rasch, dass Wohlstand und Frieden weit weniger selbstverständlich sind, als wir dies gerne hätten.

Alles wird gut …
Aber bei allen schlechten Nachrichten: Es gibt keinen Grund, den Kopf hängen zu lassen. Insgesamt geht es der Menschheit heute besser als jemals zuvor. Und das gilt trotz aller erschütternden Einzelschicksale, die es weltweit gibt, und trotz aller Ungleichheit und Ungerechtigkeit, die noch immer zwischen den Industrie- und den Entwicklungsländern bestehen. Dass die Lebensumstände besser

werden, gilt auch für die meisten Menschen aus Entwicklungsländern, viele Angehörige benachteiligter Ethnien, Kinder aus sozial benachteiligten Familien und für viele andere Menschen, die den Anschluss zum ganz guten Leben verpasst oder noch nicht geschafft haben.

So gut ging es uns noch nie!

ZEHN DINGE, DIE BESSER SIND ALS JE ZUVOR:		
	damals	heute
Anteil der Menschen, die in Demokratien leben	1 Prozent (1816)	56 Prozent (2015)
Anteil der Erwachsenen (über 15 Jahre), die lesen und schreiben können	10 Prozent (1800)	86 Prozent (2016)
Anteil an Menschen mit Wasser aus einer geschützten Quelle	58 Prozent (1980)	88 Prozent (2015)
Anteil der einjährigen Kinder, die zumindest eine Impfung erhalten	22 Prozent (1980)	88 Prozent (2016)
Anteil der Menschen mit Zugang zu Elektrizität	72 Prozent (1991)	85 Prozent (2014)
Anteil der einge- schulten Mädchen im Grundschulalter	65 Prozent (1970)	90 Prozent (2015)
Anteil der Erdoberfläche, die als Naturpark oder Naturschutzgebiet ausge- wiesen ist	0,03 Prozent (1900)	14,7 Prozent (2016)
Getreideertrag pro Hektar	1,4 Tonnen (1961)	4 Tonnen (2014)
Kinder und Jugendliche (unter 20 Jahre), die eine Krebsdiagnose erhalten und fünf Jahre oder länger überleben	58 Prozent (1975)	80 Prozent (2010)
Wissenschaftliche Artikel, die pro Jahr veröffentlicht werden	119 (1665)	2.550.000 (2016)

ZEHN SCHLECHTE DINGE, DIE VERSCHWINDEN:

	damals	heute
Anteil unterernährter Menschen	28 Prozent (1970)	11 Prozent (2015)
Anteil der Kinder, die vor dem fünften Lebensjahr sterben (Kindersterblichkeit)	44 Prozent (1800)	4 Prozent (2016)
Anteil von Kindern zwischen fünf und 14, die unter schlechten Bedingungen Vollzeit arbeiten müssen	28 Prozent (1950)	10 Prozent (2012)
Nuklearsprengköpfe (Atomwaffen)	64.000 (1986)	15.000 (2017)
Länder mit Pockenfällen (von 194 Ländern)	148 (1850)	0 (seit 1979)
Länder mit Todesstrafe (von 194 Ländern)	193 (1863)	89 (2016)
Länder, die verbleites Benzin erlauben (von 194 Ländern)	193 (1986)	3 (2016)
Länder, in denen Zwangsarbeit legal ist oder vom Staat praktiziert wird (von 194 Ländern)	193 (1800)	3 (2017)
Kriegstote (pro 100.000 Menschen)	201 (1942)	1 (2016)
Pro Person jährlich emittierte Feinstaubpartikel	38 kg (1970)	14 kg (2010)

Quelle: Hans Rosling, Factfulness, Berlin 2018, S. 78 ff.

Diese positiven Entwicklungen wurden nicht immer von der hohen Politik angestoßen. Oft waren es ganz gewöhnliche Menschen, die durch ihr Aufbegehren und Engagement den Anstoß gegeben haben, dass sich die Politik diesen Themen zuwendet und sich die Dinge zum Besseren wenden. Viele dieser Erfolge wären unmöglich gewesen ohne das Engagement Einzelner, die Druck auf die Regierenden ausgeübt haben, ihren Nachbarn, Arbeitskollegen, Leidensgenossen geholfen haben, für Frauen-, Minderheiten- und Kinderrechte demonstriert haben, sich für Menschenrechte von brutalen Schergen diktatorischer Regime verprügeln lassen haben, bei Anti-Atom-Protesten mit brennenden Schleimhäuten und Augen in Tränengasnebeln ausgeharrt haben, in ihrer Freizeit erwachsenen Menschen lesen und schreiben beigebracht haben oder sich sonst auf unzählige Arten engagiert haben. Sie alle und viele andere mehr haben durch große und kleine Beiträge die Welt besser gemacht – nicht bloß für Einzelne, sondern für uns alle. Sich zu engagieren, sich zu wehren, aufzustehen, bewirkt also etwas – im Kleinen wie im Großen.

Warum geschieht denn nichts von selbst?
Bei manchen Missständen scheint es völlig unverständlich, dass sie nicht angepackt und gelöst werden. Kein Mensch kann wollen, dass in Entwicklungsländern auch heute noch Kinder sterben, bloß weil sich ihre Eltern keine Impfung leisten können. Oder dass weiterhin so viel Plastikmüll ins Meer geschmissen wird, sodass bereits in 30 Jahren mehr Plastik in den Weltmeeren schwimmen wird als Fische.

Aber manche Probleme lassen sich nur lösen, indem bestimmte Gruppen auf etwas verzichten. Es kostet eben etwas, Kinder zu impfen oder Plastikmüll fachgerecht zu entsorgen. Und manchmal liegt das Hindernis schlicht darin, dass die Problemlösung für jemanden das Ende seiner Geschäftschancen bedeutet (oder diese einschränkt). Welcher Ölkonzern soll schon ein Interesse an einer Erfindung haben, mit der Autos, Schiffe und Flugzeuge weniger fossile Kraftstoffe verbrauchen? Für einen Chemiekonzern, der Insektenvernichtungsmittel herstellt, bedeutet die Einführung einer staatlichen Förderung für Anbaumethoden, bei denen die Landwirtschaft mit weniger Schädlingsbekämpfungsmitteln auskommt, keine Verbesserung, sondern schlicht einen Einnahmenverlust.

Wir könnten uns nun natürlich darüber beschweren, dass die Interessen einiger weniger offenbar der Problemlösung für viele Menschen entgegenstehen (und wir sollten das selbstverständlich auch lauthals tun!). Aber das bloße Aufrechnen, wie vielen Menschen etwas nützt oder schadet, ist zu wenig – und es wäre schon gar nicht demokratisch. Ganz so einfach funktioniert Demokratie nämlich nicht. Wer Demokratie dahingehend deutet, dass immer die Interessen der Mehrheit gewinnen sollen, schafft nicht nur Minderheitenrechte ab, sondern letztendlich alle Menschenrechte – der Einzelne würde nichts mehr zählen, solange die Mehrheit, die Masse, das »Volksganze« profitiert. Derartige Ansätze sind nicht demokratisch, sondern zentrales Wesensmerkmal von Diktaturen. Wer so denkt, schafft eine Diktatur der Mehrheit.

Demokratie ist deshalb viel mehr als bloß das automatische Umsetzen des Mehrheitswillens. Demokratie bedeutet ein ständiges Verhandeln von Interessen, das Erzielen von Ausgleich zwischen einzelnen Interessengruppen, ohne dass berechtigte Interessen der Minderheit über Gebühr in Mitleidenschaft gezogen werden. In einer idealen Welt würden bei diesem Ausgleich alle Interessen berücksichtigt und sachlich behandelt werden. Aber auch in demokratischen Staaten läuft nicht alles ideal. Es ist nicht für alle Gruppen gleich einfach, die eigenen Interessen bei den Politikern zu deponieren. Je wichtiger ein Politiker ist, desto schwerer ist für uns »Normalbürger« meist der Zugang zu ihm. Wichtige Politiker haben viele Termine und deswegen nur wenig Zeit für »normale« einzelne Bürger. Sie bewegen sich nun einmal in Kreisen, zu denen Industriekapitäne, Wirtschaftsbosse, Vertreter großer Medien, erfolgreiche Künstler und andere einflussreiche Menschen eher Zugang haben als Otto Normalverbraucher. All diese einflussreichen Menschen haben also viel eher die Möglichkeit, ihre Anliegen bei den Entscheidern zu deponieren als einfache Bürger.

Das ist tatsächlich unfair, bedeutet aber nicht, dass wir »normalen« Bürger uns kein Gehör verschaffen können. Denn wer allein nicht schwergewichtig genug ist, kann seinem Anliegen zu mehr Gewicht verhelfen, indem er sich mit anderen verbündet und sich über die schiere Masse Gehör verschafft (was natürlich ungleich schwieriger ist, als einen Politiker bei einem Wirtschaftsempfang unter vier Augen auf ein Anliegen anzusprechen). Denn Politiker wollen wiedergewählt werden. Und dafür benötigen sie bei der nächsten Wahl möglichst viele Stimmen. Ein einzelner Bürger kann deshalb leicht ignoriert werden, eine Petition von zehntausenden Bürgern hingegen nicht.

Eine oft geäußerte Kritik an unseren Demokratien ist, dass Politiker »nur bis zur nächsten Wahl denken« und deshalb kaum Interesse an der Umsetzung von Projekten haben, die jetzt etwas kosten (im schlimmsten Fall Wählerstimmen) und erst in der Zukunft positive Auswirkungen zeigen (im schlimmsten Fall, wenn eine andere Partei an der Regierung ist und die positiven Effekte dann vielleicht sogar noch als eigenen Erfolg verkaufen kann). Diese Kritik ist durchaus zutreffend. Tatsächlich erschwert dieser Effekt, dass sich Politiker langfristigen Problemen wie der Bekämpfung des Klimawandels widmen. Aber man kann sich diesen Effekt auch zunutze machen. Denn wenn erst einmal ausreichend viele Menschen ein Anliegen erkennbar unterstützen, wird es für Politiker und Parteien interessant, dieses Anliegen aufzugreifen. Im besten Fall erreicht eine Partei dadurch, dass sie bei der nächsten Wahl von diesen Menschen gewählt wird. Andernfalls läuft diese Partei Gefahr, dass eine andere Partei auf diesen Zug aufspringt und die Unterstützer bei der nächsten Wahl diese Konkurrenzpartei wählen.

Unterstützen erst einmal genügend Menschen ein Thema, wird es für die Politik deshalb fast unmöglich, sich nicht damit zu beschäftigen. Auch hier ist der Klimawandel das beste aktuelle Beispiel. Die junge Schwedin Greta Thunberg hat in ganz Europa so viele Menschen für ihr Anliegen mobilisiert, dass inzwischen neben Hollywoodstars, Wirtschaftskapitänen und anderen Meinungsführern auch die wichtigsten Politiker der EU und ihrer Mitgliedsstaaten den Klimaschutz zu einem zentralen Thema ihrer Politik gemacht haben. Egal ob diese Politiker das wollten oder nicht, die von Greta Thunberg mobilisierten Massen an (vor allem jungen) Menschen haben ihnen gar keine Wahl gelassen. Wir sind »denen da oben«, den Lobbyisten, Wirtschaftsbossen und Politikern, also ganz und gar nicht hilflos ausgeliefert. Wir dürfen bloß nicht erwarten, dass bestimmte Dinge von selbst passieren. Wenn wir etwas wollen, müssen wir uns bemerkbar machen (darin unterscheidet sich die Politik nicht vom »normalen« Leben). Und das funktioniert am besten, wenn wir uns mit möglichst vielen anderen verbünden.

Unsere Demokratie bietet uns unterschiedliche Mittel, uns zu verbünden und die Politik aufzufordern, sich mit unseren Anliegen zu beschäftigen. Wir können Petitionen verfassen und von möglichst vielen Unterstützern unterschreiben lassen, Leserbriefe oder offene

Briefe mit möglichst vielen Unterstützern an Zeitungen schicken oder Onlinepetitionen in sozialen Medien starten. Wie viele Unterstützer wir brauchen, um uns Gehör zu verschaffen, hängt vom Umfeld und Anliegen ab. 50 Kindergartenkinder, die einen Brief an den Bürgermeister zeichnen, in dem sie ein Spielgerät für den einzigen Spielplatz der Gemeinde fordern, können das Oberhaupt einer kleinen Gemeinde ziemlich unter Druck setzen – vorausgesetzt, die Öffentlichkeit erfährt von diesem Brief (aber wozu gibt es Facebook, Twitter, Instagram und Co?). Hingegen werden 50 Unterzeichner, die in einem Schreiben die unverzügliche Einführung von Tempo 100 auf Autobahnen fordern, den Verkehrsminister kaum dazu motivieren, diese unpopuläre Maßnahme auch nur zu erwägen, selbst wenn sie für den Klimaschutz eventuell sinnvoll ist.

Schon die Gestalter unserer Verfassung und unseres Grundgesetzes wussten, dass auch in einer Demokratie die Politik nicht immer automatisch auch die Anliegen der »kleinen Bürger« hört. Deshalb sind einige Mechanismen, mit denen wir uns Gehör verschaffen können, direkt in Verfassung und Grundgesetz festgeschrieben. Demonstrationen und Versammlungen geben uns die Möglichkeit, öffentlich zu zeigen, wie viele Menschen ein Anliegen unterstützen (siehe dazu Kapitel 7). Und diverse direktdemokratische Instrumente dienen dazu, unsere Anliegen ganz »offiziell« an den Gesetzgeber zu überbringen und diesen dazu zu verpflichten, über unser Anliegen zumindest nachzudenken (siehe dazu Kapitel 6).

> ●

Nur nicht daran gewöhnen!
Sich an Missstände zu gewöhnen, abzustumpfen – das ist nicht nur der Feind jedes Engagements. Abstumpfung gegenüber Missständen nimmt einem jede Chance, dass es einmal besser wird. Gewöhnung und Abstumpfung sind die ersten Schritte, dass alles noch schlimmer wird. »Wer das Böse ohne Widerspruch hinnimmt, arbeitet in Wirklichkeit mit ihm zusammen«, mahnte schon Martin Luther King.
Ein besonders drastisches Beispiel solcher Abstumpfung und Mittäterschaft hat sich im unmittelbaren Nahbereich des Konzentrationslagers Mauthausen zugetragen.

Direkt unterhalb der Mauern des KZ Mauthausen befand sich der SS-Sportplatz, auf dem die SS-Wachmannschaften Fußball spielten. Schon die Vorstellung, dass jene Männer, die gerade noch unschuldige Opfer am Galgen stranguliert oder in die Gaskammer geprügelt, wehrlose hungernde Menschen mit Knüppeln bewusstlos geschlagen oder mit ihren Stiefeln kahlgeschorene Köpfe zertreten hatten, Stunden später lachend Fußball spielten, ist beklemmend. Aber damit nicht genug. Die Mannschaft der Lager-SS spielte ganz offiziell in der höchsten Spielklasse in Oberösterreich, in der Saison 1944/45 war die SS-Mannschaft sogar Herbstmeister der »Landesklasse Oberdonau«. Heimspiele der SS-Mannschaft wurden auf dem Sportplatz vor den Lagermauern abgehalten. Die Gastmannschaften reisten zu diesen Spielen aus ganz Oberösterreich mit Spielern, Trainern und Zuschauern an. Gegenüber den Zuschauertribünen lag das sogenannte Russenlager, ein Sterbelager, in dem die Nazis kranke und schwache Gefangene einfach verhungern und sterben ließen. Das Russenlager war nur durch Stacheldrahtzäune vom Sportplatz getrennt. Von ihren Tribünen aus hatten die Zuschauer, Zivilisten aus der Umgebung und Fans der Gastmannschaften, einen perfekten Blick auf das Russenlager und die sterbenden, in Lumpen gekleideten Gefangenen, die am elektrischen Stacheldrahtzaun stumm und lethargisch vor sich hin leidend das Spiel verfolgten. Im Russenlager wurde derart schnell und häufig gestorben, dass Gefangene auf einem Handwagen ständig Leichen zur Verbrennung ins Krematorium des Konzentrationslagers transportieren mussten, auch während der Fußballspiele. Die Leichen lagen offen auf dem Handwagen, den die ausgemergelten Gefangenen direkt neben dem Spielfeld an den Zuschauern vorbei ins Lager zogen. Das Krematorium 1 im KZ Mauthausen war ab 5. Mai 1940 ununterbrochen in Betrieb, die Feuer in den Öfen gingen bis Kriegsende kein einziges Mal aus. 1942 bis 1944 spuckte zusätzlich ein zweites Krematorium schwarzen Ruß und den schweren Geruch von verbranntem Fleisch in den Himmel, wenige hundert Meter neben dem Sportplatz und den fröhlichen Zuschauern, die mit ihren Mannschaften mitfieberten. Aus vielen Quellen ist überliefert, dass die Menschen aus der Umgebung den dunklen Rauch aus den Schornsteinen der Krematorien richtig zu deuten wussten. Das traf wohl auch auf die Zuschauer zu, die, mit Blick auf die Sterbenden im Russenlager, die Handwagen mit verhungerten, geschundenen und ausgemergelten Körpern und dem fetten Geruch des dunklen Rauchs aus den Krematorien in der Nase, ihre Mannschaften anfeuerten, gespannt das Spiel verfolgten, kurzum einen ganz normalen Fußballnachmittag verbrachten und sich im Angesicht des Grauens vielleicht sogar arglos unterhielten und lachten. Ob dem einen oder anderen an solchen Fußballnachmittagen unwohl zumute war? Wir wissen es nicht. Was wir aber wissen, ist, dass keine Proteste der Zuschauer gegen das Offensichtliche dokumentiert sind. Die Menschen waren an diese Unmenschlichkeit offenbar gewöhnt, das Gesehene war »normal«. So normal, dass sich Zeitzeugen viele Jahre später in Interviews an »nichts Besonderes« erinnern konnten, das sich eventuell am Rande der Fußballspiele vor den Mauern des KZ Mauthausen ereignet haben könnte.

• ‹

Warum geht das gerade junge Menschen etwas an?

Junge Menschen haben oft das Gefühl, dass ihre Interessen von der Politik unbeachtet bleiben. Leider ist das manchmal gar nicht so falsch. Daran sind aber nicht nur die älteren Menschen schuld. Denn junge Menschen machen viel öfter keinen Gebrauch von ihrem Wahlrecht als ältere Menschen. Laut Wahlstatistik gingen 2017 mehr als 30 Prozent der 18- bis 20-Jährigen und 33 Prozent der 21- bis 25-Jährigen erst gar nicht zur Bundestagswahl. Von den 60- bis 69-jährigen Wählern nutzten hingegen nur 19 Prozent ihr Stimmrecht nicht. Bei insgesamt 4,9 Millionen Deutschen bis 24 Jahre, die 2017 wahlberechtigt waren, haben so mehr als eineinhalb Millionen junge Menschen ihre Stimme ungenutzt weggeworfen.[123]

In Österreich, wo im selben Jahr gewählt worden ist, gingen auch nur sechs von zehn Jungwählern wählen. Quer durch alle

Altersgruppen lag die Wahlbeteiligung bei diesen Wahlen bei rund 80 Prozent (also 20 Prozent höher als bei den Jungwählern).

Das ist insofern unverständlich, als es bei jeder Wahl um Zukunftsentscheidungen geht und gerade junge Menschen noch besonders viel von dieser Zukunft vor sich haben. Junge Menschen müssen mit den Konsequenzen der Entscheidungen, die die Politik heute trifft, in der Zukunft am längsten leben. Das gilt natürlich auch für die Folgen von Fehlentscheidungen.

Ein besonders drastisches Beispiel, was passiert, wenn junge Menschen darauf verzichten, mitzuentscheiden, ist die Brexit-Abstimmung 2016. Je älter die Wähler, desto eher wollten sie den Brexit, den Austritt Großbritanniens aus der Europäischen Union. Die jungen Briten hingegen wollten mit überwältigender Mehrheit in der EU bleiben. Der Haken daran: die unfassbar niedrige Beteiligung junger Briten an der Brexit-Abstimmung. Gerade einmal jeder dritte Wahlberechtigte unter 25 Jahren nahm an der Brexit-Abstimmung teil. Und je älter, desto höher war nicht nur die Ablehnung der EU (beziehungsweise die Zustimmung zum Brexit), sondern auch die Wahlbeteiligung.

Letztendlich haben die alten Briten gegen den Willen ihrer Kinder und Enkel entschieden, dass diese eine Zukunft außerhalb der EU bewältigen müssen. Insgesamt haben sich die Briten mit einer knappen Mehrheit von 51,9 Prozent dafür ausgesprochen, die EU zu verlassen. Hätten sich junge Briten in ähnlichem Ausmaß an der Brexit-Abstimmung beteiligt wie ihre Eltern und Großeltern, wäre die Abstimmung wohl anders ausgegangen.

WER WOLLTE DEN BREXIT?	
18 bis 24 Jahre	20 % Brexit-Befürworter
25 bis 49 Jahre	45 % Brexit-Befürworter
50 bis 64 Jahre	56 % Brexit-Befürworter
65 Jahre und älter	63 % Brexit-Befürworter

Quelle: YouGov Online-Umfrage vom 20. bis 22. Juni, 3766 Befragte, zitiert nach: FAZ vom 24.6.2016. Die Alten wählten den Brexit – eine Analyse. https://cutt.ly/Xwy1hx3

WER HAT BEI DER BREXIT-ABSTIMMUNG MITGEMACHT?	
18 bis 24 Jahre	36 % (64 % Nichtwähler)
25 bis 34 Jahre	58 % (42 % Nichtwähler)
35 bis 44 Jahre	72 % (28 % Nichtwähler)
45 bis 54 Jahre	75 % (25 % Nichtwähler)
55 bis 64 Jahre	81 % (19 % Nichtwähler)
65 Jahre und älter	83 % (17 % Nichtwähler)

Quelle: Analyse des britischen Nachrichtenkanals Sky News, zitiert nach: Die Welt vom 26.6.2016. Unfassbar niedrige Wahlbeteiligung junger Briten. Im Internet abrufbar unter: https://www.welt.de/politik/ausland/article156576085/Unfassbar-niedrige-Wahlbeteiligung-junger-Briten.html

Junge Menschen wollen, dass sie auch in Zukunft noch gut leben können. Logisch, liegt doch der Großteil ihres Lebens noch vor ihnen. Junge Menschen wollen daher oft Veränderung. Sie tun sich schwerer als ältere, Missstände zu akzeptieren. Je älter ein Mensch wird, desto weniger Zukunft hat er noch vor sich und umso wichtiger wird für ihn die Gegenwart. Ältere Menschen haben daher oft ein starkes Interesse daran, nichts zu verändern und die Lebensumstände, in denen sie sich eingerichtet haben, zu bewahren. Es ist deshalb alles andere als verblüffend, dass junge Menschen anders wählen als ältere.

Manchmal setzen junge Wähler mit ihrer Wahlentscheidung allerdings auch Trends, die sich langsam in andere Altersgruppen fortsetzen. So waren bei der Wahl zum Europäischen Parlament in

Deutschland erstmals die Grünen bei allen Altersgruppen bis 59 Jahre die stimmenstärkste Partei.

WAHLVERHALTEN DER ÖSTERREICHER BEI DER EU-WAHL 2019 (GERUNDET)			
Differenz auf 100 %: sonstige Parteien und Rundungsdifferenzen			
	18 bis 29 Jahre	30 bis 59 Jahre	60 Jahre und älter	Gesamt
ÖVP	16 %	33 %	48 %	35 %
SPÖ	22 %	23 %	26 %	24 %
FPÖ	17 %	19 %	16 %	17 %
Grüne	28 %	13 %	4 %	14 %
Neos	14 %	8 %	4 %	8 %

Quelle: Der Standard vom 26.5.2019. Wahlsieger ÖVP bei Jungwählern nur an vierter Stelle. Im Internet abrufbar unter: https://www.derstandard.at/story/2000103843276/wahlmotive-ibiza-gate-und-die-regierungskrise-hatten-kaum-auswirkungen-auf

WAHLVERHALTEN DER DEUTSCHEN BEI DER EU-WAHL 2019 (GERUNDET)					
Differenz auf 100 %: sonstige Parteien und Rundungsdifferenzen					
	18 bis 24 Jahre	25 bis 34 Jahre	35 bis 44 Jahre	45 bis 59 Jahre	60 Jahre und älter	Gesamt
Union	12 %	18 %	23 %	26 %	41 %	29 %
SPD	8 %	10 %	11 %	14 %	22 %	16 %
Grüne	34 %	25 %	24 %	24 %	13 %	21 %
Linke	8 %	7 %	5 %	5 %	5 %	6 %
AfD	5 %	11 %	13 %	13 %	9 %	11 %
FDP	8 %	6 %	6 %	5 %	5 %	5 %

Quelle: Dr. Sebastian Bukew, Europawahl in Deutschland 2019 – Ergebnisse und Analysen (Heinrich Böll Stiftung), S 14. Im Internet abrufbar unter: https://www.boell.de/sites/default/files/boell.brief_final_deutsch.pdf

Warum geschieht dann trotzdem nicht, was sich junge Wähler wünschen? Zum einen, weil junge Menschen demografisch nur eine kleine Bevölkerungsgruppe sind. Die große Masse der Wahlberechtigten in Österreich und Deutschland sind nun einmal nicht jung. Politiker, die die Interessen älterer Menschen bedienen, können damit in einem weit größeren Becken nach Wählerstimmen fischen als Politiker, die sich vor allem für Jungwähler einsetzen. Zum anderen gehen ältere Menschen einfach häufiger zur Wahl. Der Anteil der Stimmen älterer Menschen am Wahlergebnis wächst so gegenüber dem Stimmenanteil der Jungen noch einmal. Politiker, die Politik für alte Menschen machen, können sich viel eher darauf verlassen, dass ihre Zielgruppe wählen geht, als Politiker, die vor allem junge Menschen vertreten.

Natürlich wollen auch ältere Politiker nicht absichtlich gegen die Interessen junger Menschen arbeiten – auch Politiker haben Kinder, Enkel, Nichten und Patenkinder. Aber junge Menschen sollten sich nicht darauf verlassen, dass die formelle Politik von sich aus ihre Interessen und Anliegen aufgreift. Aber das müssen sie auch nicht. Es gibt genügend Möglichkeiten, auch Politiker gesetzteren Alters immer wieder an die Jugend und ihre Anliegen zu erinnern. NGOs, Schüler- und Studentenvertretungen, Initiativen, Demos, Blogs und YouTuber (siehe dazu Kapitel 8), Schülerparlamente oder Eigeninitiativen bieten jede Menge Gelegenheit, die »Alten« auf die Anliegen junger Menschen aufmerksam zu machen.

Was kann ich tun?
Es gibt also jede Menge »Baustellen«, die einer raschen Lösung bedürfen. Und die zu lösenden Probleme scheinen enorm. Als Einzelner fühlt man sich gegenüber Klimawandel, Insektensterben, Tierleid in Massentierhaltung, dem Elend in Entwicklungsländern oder der Konflikttreiberei populistischer und nationalistischer Staatsoberhäupter ziemlich machtlos. Aber der Eindruck täuscht. So wie ein Anliegen durch viele tausend Stimmen hörbar wird (zum Beispiel bei einer großen Demonstration), so können auch viele kleine Beiträge zu einem wirksamen Mittel gegen Bedrohungen werden. Man darf sich also bloß nicht entmutigen lassen.

Oft kann man sich mit sehr wenig Aufwand für etwas engagieren oder zumindest ein klein wenig zur Lösung des Problems beitragen. Für viele Arten von Engagement ist Kreativität weit wichtiger als eine dicke Brieftasche. Wer etwas gegen das Insektensterben unternehmen will, schafft einen guten Anfang, wenn er im eigenen Garten (oder dem der Eltern, der Wohnhausgemeinschaft …) eine Ecke verwildern lässt und nur einmal jährlich mäht. Das schafft inmitten all der ökologischen Wüsten, in denen sich Beton, Asphalt und englischer Kurzrasen abwechseln, wertvolle Ökonischen, in denen viele Insektenarten wieder eine neue Heimat finden – und es spart sogar Arbeit! Wer sich wegen des Klimawandels Sorgen macht, könnte beginnen, öffentliche Verkehrsmittel zu benutzen, vermehrt saisonales Obst und Gemüse zu essen, nicht ständig neue Klamotten zu kaufen und Dinge, die er nicht mehr benötigt, zu verschenken oder zu tauschen, anstatt sie wegzuwerfen. Wem das tägliche massenhafte Tierleid ein schlechtes Gewissen schafft, kann zunächst einmal damit beginnen, weniger Fleisch zu essen. All das kostet keinen Cent und wenn dem Beispiel viele Menschen folgen, wird aus dem kleinen eigenen persönlichen Beitrag eine große wirksame Maßnahme.

Echtes Engagement geht freilich über diese engen Grenzen des engsten privaten Umfelds hinaus, trägt seine Idee nach außen, arbeitet außerhalb der eigenen vier Wände für andere, diskutiert mit Andersdenkenden, protestiert gegen Fehlentwicklungen, ist wachsam und widerständig. Wem der eigene Garten als blühende Rettungsinsel für Insekten zu wenig ist, überredet den Bürgermeister, die Straßenverwaltung, die Eigentümer der Wohnanlage oder den Firmenchef, die Böschungen und Brachflächen in der Gemeinde, die Parkfläche der Wohnanlage und die Grünflächen am Firmenareal nur mehr einmal jährlich zu mähen und die Wildblumen wuchern zu lassen. Gelingt das, blüht für bedrohte Insekten gleich viel mehr als bloß der kleine Flecken Wildnis im eigenen Hausgarten. Das eigene Anliegen, die eigene Idee wird so multipliziert.

Wer mit seinem Engagement den engsten privaten Bereich verlässt und es nach außen trägt, öffnet die Chance der Vervielfältigung seiner Bemühungen. Andere werden »angesteckt« und helfen mit. Je öfter das gelingt, desto mehr werden diese kleinen Beiträge und desto wirksamer werden sie gemeinsam. Auch Greta Thunberg hätte nicht viel erreicht, wenn sie nur bei sich zu Hause für sich selbst und ihre Familie einzelne Klimaschutzmaßnahmen ergriffen hätte und ihre Idee nicht nach außen getragen hätte. Der große Erfolg, der Druck auf die Politik wäre ausgeblieben, hätte sie nicht viele andere Menschen davon überzeugt, sich ihr anzuschließen, und in vielen europäischen Ländern – auch in Deutschland und Österreich – engagierte junge Menschen mit ihrer Idee angesteckt, die nun in ihrem Namen für den Klimaschutz kämpfen.

Das Gefühl der Machtlosigkeit täuscht also. Jeder kann die Welt verändern – im Kleinen zu Hause oder im Großen durch das Schaffen von Öffentlichkeit. Beides hilft für eine bessere Welt, im Kleinen für die Insekten im Garten, für den kranken Nachbarn oder den Schulkollegen mit Migrationshintergrund, und im Großen für Klimaschutz, Frieden, Abrüstung oder Menschenrechte.

Vielleicht habt ihr das Gefühl, dass »sich etwas ändern muss«. Dann unternehmt etwas und ihr werdet die Welt verändern (im Kleinen oder im Großen). Denn nur wer nichts tut, ändert gar nichts.

Glossar

Demagogie kommt von griechisch *demos* = Volk und *agein* = führen und bedeutet im abwertenden Sinn Volksverführung, Volksaufwiegelung, politische Hetze.

Direkte Demokratie ist, wenn das Volk selbst über Sachfragen entscheiden kann (zum Beispiel darüber, ob ein von der Regierung angestrengtes Gesetzesvorhaben tatsächlich zum Gesetz wird).

Drittstaaten sind Staaten, die keine Mitgliedsstaaten der Europäischen Union sind.

Drittstaatenangehörige sind Staatsbürger aller Staaten, die keine Mitgliedsstaaten der Europäischen Union sind.

Feminismus kommt von lateinisch *femina* = Frau und bezeichnet eine Bewegung, die sich für die rechtliche, politische, wirtschaftliche und soziale Gleichstellung von Frauen einsetzt.

Fristenlösung oder auch Fristenregelung wird als Begriff im Zusammenhang mit Schwangerschaftsabbrüchen verwendet. Die Fristenlösung besagt, dass ein Abbruch zwar prinzipiell rechtswidrig ist, aber bis zum Ende einer gewissen Frist straffrei ist (in Österreich während der ersten 14 Wochen nach der Befruchtung, in Deutschland während der ersten zwölf Wochen nach der Befruchtung).

Grundrecht ist ein verfassungsrechtlich gewährleistetes Recht, also ein Recht, das nicht bloß in »normalen« (einfachen) Gesetzen, sondern in der Verfassung eines Staates festgeschrieben ist. Grundrechte werden umgangssprachlich auch als »Menschenrechte« bezeichnet.

Holocaust ist der Völkermord an 5,6 bis 6,3 Millionen Menschen, die das Deutsche Reich in der Zeit des Nationalsozialismus als Juden definierte.

Indirekte Demokratie ist, wenn das Volk lediglich Repräsentanten wählt, die im Auftrag des Volks über Sachfragen entscheiden (wie zum Beispiel Abgeordnete, die im Parlament darüber entscheiden, ob ein Gesetzesvorhaben tatsächlich zum Gesetz wird). Das Volk ist daher nicht direkt an Sachentscheidungen beteiligt (direkte Demokratie), sondern bloß durch die von ihm gewählten Repräsentanten. Deshalb nennt man die indirekte Demokratie auch repräsentative Demokratie.

Invalide sind Personen, die aufgrund einer Verletzung oder einer Erkrankung arbeitsunfähig sind.

Metaebene leitet sich ab von griechisch *meta* = hinter und bezeichnet eine übergeordnete Stufe; gemeint ist, die Diskussion auf einer Stufe darüber zu führen.

NATO ist die Abkürzung für »North Atlantic Treaty Organisation« und bezeichnet ein internationales militärisches Bündnis, das aus 29 europäischen Staaten besteht. Mitglieder sind neben den USA und Deutschland unter anderem auch Großbritannien, Frankreich, Spanien, die Türkei und Griechenland.

Pazifismus kommt von lateinisch *pax* = Frieden und bezeichnet eine Einstellung, die Krieg und Gewalt ablehnt.

Pseudonym ist der fingierte (unechte) Name einer Person. Das Pseudonym wird anstelle des echten Namens verwendet und dient der Verschleierung der eigenen Identität. Ein Pseudonym ist beispielsweise der Fantasiename, unter dem eine Person in einem Onlineforum postet.

Üble Nachrede ist die Behauptung von Tatsachen, die man nicht beweisen kann. Wesen der üblen Nachrede ist also nicht, dass die (für eine bestimmte Person negative) Behauptung falsch ist. Sie kann durchaus richtig sein. Der Behauptende kann das aber nicht beweisen.

Unionsbürger ist jeder Staatsbürger eines Mitgliedsstaats der Europäischen Union.

Veganismus ist eine Ernährungsform, die bewusst auf tierische Produkte wie Fleisch, Milch, Eier und Honig verzichtet.

Verleumdung ist das absichtliche Behaupten von falschen Tatsachen.

Weißwähler ist eine Person, die »weiß wählt«, also eine ungültige Stimme abgibt. Das kann erfolgen, indem diese Person einen leeren Wahlzettel abgibt (also keine wahlwerbende Person oder Partei ankreuzt), mehrere Wahlmöglichkeiten ankreuzt oder sonst wie bewusst die Gültigkeit der eigenen Stimme verhindert.

Anmerkungen

1. Widerstand: Was ist das eigentlich?

1   Beate Hoffmann: »Wir befreiten Helgoland«. In: taz vom 17.12.1996,
    https://taz.de/!1423284/

2   Ebd.

3   Anette Schneider: Aufruf zum zivilen Ungehorsam. In: Deutschlandfunk
    vom 12.7.2017, https://cutt.ly/mT5X9M

4   Hannah Arendt: Ziviler Ungehorsam (1969). In: Andreas Braune: Ziviler
    Ungehorsam. Texte von Thoreau bis Occupy. Stuttgart 2017, S. 146.

5   Ebd.

6   Henry David Thoreau: Ziviler Ungehorsam (1849). In: Andreas Braune:
    Ziviler Ungehorsam. Texte von Thoreau bis Occupy. Stuttgart 2017, S. 43.

7   Samuel Omodu: Greensboro Sit Ins. In: Black Past vom 31.8.2016, https://
    cutt.ly/pwunKb8

8   N.N.: »Sitzblockade nicht stets Nötigung«. In: Frankfurter Allgemeine
    Zeitung vom 30.3.2011, https://cutt.ly/FT9Fea

9   N.N.: Die Vielfalt der Protestformen. In: Tagesspiegel vom 27.11.2011,
    https://cutt.ly/bwunL1x

10 N.N.: Weltweites Kiss In vor russischen Botschaften. In: queer.de vom
    2.8.2013, https://cutt.ly/ZT9ZnL

11 N.N.: Marokkaner küssen für mehr Toleranz. In: n-tv vom 13.10.2013,
    https://cutt.ly/oT8jLn

12 Kashmira Gander: Sainsbury's kiss-in: LGBT activists protest at supermarket
    in support of humilated gay couple. In: Independent vom 13.8.2016,
    https://cutt.ly/QT7gGW

13 N.N.: Van der Bellen heißt Neujahrsbaby willkommen. In: Heute vom
    6.1.2018, https://cutt.ly/wYQC93

14 N.N.: 33.000 Mal »Willkommen«: Glückwunschbuch für Asel. In: Heute
    vom 30.1.2018, https://cutt.ly/wYQVjf

15 Emma Howard: Bring back our girls: global protests over abduction of
    Nigerian schoolgirls. In: The Guardian vom 7.5.2014, https://cutt.ly/RYQ3qE

16 @Alyssa_Milano, Tweet vom 15.10.2017.

17 N.N.: Türkischer Bund startet Autokorso. In: Frankfurter Rundschau vom
    3.12.2011, https://cutt.ly/ET7nas

18 N.N.: Autokorso für Deniz Yücel. In: Tagesspiegel vom 13.2.2018, https://
    cutt.ly/3T7bIY

19   Nina Horaczek: Das Streikjahr 2003. Von der sozialpartnerschaftlichen Konsens- zur Konfliktdemokratie? Wien 2007.

20   N.N.: Niederlande erinnerten an »Februarstreik« vor 75 Jahren. In: orf.at vom 25.2.2016, https://orf.at/v2/stories/2326413/

21   Martin Pfaffenzeller: Als die Roten Socken Island lahmlegten. Spiegel online vom 8.3.2019, https://cutt.ly/oT7RzI

22   Markus Häflinger: Nach dem Frauenstreik kommt jetzt die Frauen-Volksinitiative. In: Tagesanzeiger vom 20.6.2019, https://cutt.ly/7YbT9N

23   Aline Wüst und Thomas Schlittler: Frauen marschieren in die Geschichtsbücher. In: Blick vom 15.6.2019, https://cutt.ly/BYbMLJ

24   N.N.: Gewerkschaften tragen Frauenstreik-Forderungen in Lohnherbst. In: Aargauer Zeitung vom 9.7.2019, https://cutt.ly/OYnd5F

25   Norman Paech: Ukraine, Syrien, Iran und andere Debatten: Zwischen Machtpolitik und gerechtem Anliegen. In: Maximilian Lakitsch/Anna Maria Steiner (Hrsg.): Gewalt für den Frieden? Vom Umgang mit der Rechtfertigung militärischer Interventionen, Wien 2015, S. 76.

26   Maria J. Stephan/Erica Chenoweth: Why Civil Resistance Works. The Strategic Logic of Nonviolent Conflicts. In: International Security 33:1.

27   Macaela MacKenzie: Pussyhat Co-Creator Krista Suh Talks »Craftivism« And The Art Of Building A Movement. In: Forbes Magazine vom 26.6.2018, https://cutt.ly/hTKWsd

28   Ausführliche Informationen zu diesem Thema bei Veronika Neuruhrer: »Verstrickt und Zugenäht!« Vom widerständigen Stricken und Handarbeiten als Protest. Diplomarbeit, Wien 2012, https://core.ac.uk/download/pdf/16428216.pdf

29   Olivia Gissing: The Marianne Jorgensen Tank Blanket is Handmade Anti-War Activism. In: Trendhunter vom 14.6.2011, https://cutt.ly/ETXQNn

30   N.N.: Wie sich Ostritz gegen die Neonazis wehrt. In: MDR vom 23.6.2019, https://cutt.ly/zTVk4V

31   Julia Lauter: Frauen, die die Stadt erobern. In: taz vom 27.4.2019.

32   Diaa Hadid: Women who dare to bicycle in Pakistan. In: National Public Radio vom 3.2.2019, https://cutt.ly/OTXAi3

33   Dachverband kritische Aktionäre, https://www.kritischeaktionaere.de/

34   N.N.: »Sie hier im Saal machen die Klimakatastrophe möglich!«. In: Frankfurter Allgemeine Zeitung vom 3.5.2019, https://cutt.ly/CTByGe

35   Nihad Amara: Café Prückel: Lesbisches Paar aus Lokal verwiesen. In: Kurier vom 11.1.2015, https://cutt.ly/TTZwj4

36   Ali Cem Deniz: Sie küssen zurück. In: FM4 vom 16.1.2015, https://cutt.ly/oTZgrT

37   Frederik Schindler: Kampf mit Bart. In: taz vom 7.5.2018, https://taz.de/Frauenverbot-in-Irans-Fussballstadien/!5500762/

38   Jemima Wittig: Lehrer zeigen sich selbst auf Meldeplattform »Neutrale Schule« an. In: Neue Westfählische vom 22.10.2018, https://cutt.ly/cTVFAT

39   www.mein-abgeordneter-hetzt.de

40   Walter Fahrnberger: Die Partycrasher kamen im türkisen Dirndl. In: Niederösterreichische Nachrichten vom 29.7.2018, https://cutt.ly/UTVARB

41   Andreas Markus: Nach Angriff auf schwules Paar: So cool reagierten die Niederlande. In: ggg.at vom 4.4.2017, https://cutt.ly/sTV5Ti

2. Bewegte Geschichte: Wer früher schon protestiert hat

42   Olympe de Gouges: Die Rechte der Frau, http://olympe-de-gouges.info/frauenrechte/

43   Olympe de Gouges: Muster eines Gesellschaftsvertrags von Mann und Frau, https://cutt.ly/5wunNgF

44   Jessica Liese: Die Vorkämpferin. In: Emma, Mai/Juni 2009, https://cutt.ly/dYy5BV

45   Jessica Liese: Die Vordenkerin. In: Emma, Mai/Juni 2009f, https://cutt.ly/TwRm9QS

46   Michael Schmittbetz: Clara Zetkin – die Unbestechliche. In: MDR vom 4.7.2018, https://cutt.ly/iYoPjJ

47   Ilse Lenz (Hrsg.): Die Neue Frauenbewegung in Deutschland. Wiesbaden 2010, S. 282.

48   Dieter Riesenberger: Friedensbewegung (Von den Anfängen bis zum Zweiten Weltkrieg). Historisches Lexikon Bayerns, https://www.historisches-lexikon-bayerns.de/Lexikon/Friedensbewegung_%28Von_den_Anfängen_bis_zum_Zweiten_Weltkrieg%29

49   N.N.: Drei Tage unterwegs: die ersten Ostermärsche. In: NDR Info vom 14.4.2017, https://cutt.ly/fDOyHc

50   Ebd.

51   N.N.: Veterans Discard Medals In War Protest at Capitol. In: New York Times vom 24.4.1971, https://cutt.ly/LYQXXc

52   N.N.: Marschieren für den Frieden. In: Tagesschau vom 19.4.2019, https://cutt.ly/oDOs81

53   STS: Kalt und immer kälter, https://cutt.ly/tDOwb5

54   Marc Pitzke: Letzte Chance auf Gerechtigkeit. Spiegel online vom 26.7.2018, https://cutt.ly/XLu9bi

55 Joe Dramiga: Black History Month 2018: Polizeigewalt gegen Schwarze als Problem der öffentlichen Gesundheit in den USA. In: SciLops vom 10.2.2018, https://cutt.ly/TLilwY

56 N.N.: 2017 wurden 987 Menschen bei Polizeieinsätzen erschossen. In: Zeit online vom 8.1.2018, https://cutt.ly/HLiztY

57 Stephan Trinius: Die Namen der Toten. In: Bundeszentrale für politische Bildung vom 20.8.2007, https://cutt.ly/iLWqVR

58 Carsten und Robert: »Ein legendärer Kuss«. Lindenstraße vom 18.3.1990, https://cutt.ly/9LEtAH

59 Michael Pfeffer: Österreich: Jeder Zehnte will keinen homosexuellen Nachbarn. In: www.ggg.at vom 3.4.20119, https://cutt.ly/ZLE91w

60 Spartacus Gay Travel Index 2019, https://cutt.ly/swun7eL

61 Der Krüppel 5–6/1930, zitiert nach N.N.: Einleitungstext zum Archiv der Geschichte der Behindertenbewegung – Selbstbestimmt Leben Bewegung Österreich, https://cutt.ly/bwun6pt

62 People First: Was ist Selbstvertretung?, https://cutt.ly/8wumyMk

63 Krüppelstandpunkt, zitiert nach Swantje Köbsell: 50 behindertenbewegte Jahre in Deutschland. In: Aus Politik und Zeitgeschichte 6–7/2019, https://cutt.ly/fLtDUZ

64 Urteil des Landesgerichts Frankfurt vom 25.2.1980, zitiert nach Gusti Steiner: Vom Schreien, Stöhnen, Kreischen, Gurgeln, Lallen und sonstigen unartikulierten Lauten. In: Gemeinsam leben – Zeitschrift für integrative Erziehung Nr. 2/1998, https://cutt.ly/OLtLji

65 N.N.: Zeitleiste: Geschichte der Behindertenbewegung – Selbstbestimmt Leben Bewegung in Österreich von 1945 – 2008, https://cutt.ly/oLtNru

66 Club 2 im November 1990, https://www.youtube.com/watch?v=aXioIQfFqFc

67 Lotta Suter: Mehr Rampen als Rechte. In: Woz 17/2003.

68 Damon Rose: When disabled people took to the streets to change the law. BBC vom 7.11.2015, https://cutt.ly/lLuFOl

69 Zitiert nach UN-Behindertenrechtskonvention: Übereinkommen über die Rechte von Menschen mit Behinderungen, https://cutt.ly/nwumdwi

70 Anke Richter: »Wir sind die Terroristen«. In: Spiegel vom 10.7.2017, https://cutt.ly/TZfoRK

71 Eine spannende Zeitleiste über die deutsche Umweltbewegung von den 1960er Jahren bis heute findet sich auf der Homepage des Öko-Instituts: http://40.oeko.de/zeitreise/

72 Spiegel 47/1981, https://cutt.ly/eZgrBe

73 Spiegel 33/1986, https://cutt.ly/SZhi6o

74 Karl Köhler, Hartmann von der Tann, Wolfgang Heidenreich: Wyhl? »Nai hämmer gsait!«. SWR vom 27.2.1975, https://cutt.ly/eLAlLC

75 http://www.zwentendorf.com/AKW_als_Location.asp

76 Deutsches Bundesministerium für Umwelt, Naturschutz und nukleare Sicherheit: Tschernobyl und die Folgen, https://cutt.ly/cL7dG7

77 Karl Urban: Strahlende Wildschweine im deutschen Wald. Deutschlandfunk vom 25.4.2019, https://cutt.ly/CL5dju

78 N.N.: Forscher weisen radioaktive Substanz vor Alaska nach. In: Spiegel online vom 2.4.2019, https://cutt.ly/FL5Drus

79 N.N.: Anti-Atom-Bewegung mobilisierte 250.000 Menschen. In: Süddeutsche Zeitung vom 27.4.2011, https://cutt.ly/kL56Bf

80 Jeremy Bentham: Eine Einführung in die Prinzipien der Moral und der Gesetzgebung. In: Einführung in die utilitaristische Ethik. Hrsg. von Otfried Höffe. Tübingen 2008, zitiert nach: Ethische Positionen zu Mensch und Natur, https://cutt.ly/IF31An

81 Mieke Roscher: Tierschutz- und Tierrechtsbewegung – ein historischer Abriss, https://cutt.ly/PF3FaU

82 In Österreich wurde die öffentliche Verbreitung der Bilder im August 2004 untersagt. Siehe: Der Standard vom 9.8.2004.

83 N.N.: »Der Holocaust auf Ihrem Teller« bleibt verboten. In: Süddeutsche Zeitung vom 8.11.2102, https://cutt.ly/PF8eJY

3. Nicht wegschauen: Wie Zivilcourage funktioniert

84 Anaut Agarwala: Auf der Suche nach der Heldenformel. In: Die Zeit 2/2017.

85 Zitiert nach Mirko Smiljanic: Stille Helden oder naive Opfer? In: Deutschlandfunk vom 15.1.2015, https://cutt.ly/GwumQXC

86 N.N.: 13. März 1964 – Kitty Genovese wird ermordet. In: Deutschlandfunk vom 13.3.2019, https://cutt.ly/1wumEkW

87 Faith Karimi: Teens who laughed and recorded a drowning man in his final moments won't face charges. CNN vom 26.6.2018, https://cutt.ly/CwumTVS

88 Jürgen Dahlkamp/Jan Friedmann/Andreas Ulrich/Antje Windmann: Ich oder keiner. In: Spiegel 11/2013, https://cutt.ly/xwumOuL

89 S. Schmid: Kinder beim Wettkampf … In: Neue Zürcher Zeitung vom 6.10.2013.

90 Max Rauner: Du Held. In: Zeit Wissen 3/2019.

91 Denny Gille: Rassistische Kunden? Nein, Danke! In: handwerk.com vom 8.8.2018, https://cutt.ly/qhAZGm

92 N.N.: Junger Mann reagiert im Zug perfekt auf sexistischen Mitfahrer. In: Jetzt vom 7.9.2018, https://cutt.ly/GhAZCS

93 Martina Buttler: Belohnung für Kampf gegen den Rassismus. In: Deutschlandfunk vom 14.1.2019, https://cutt.ly/zhANms

94 Helmut Zeller: Ein Unbeugsamer. In: Süddeutsche Zeitung vom 27.12.2017.

95 Christina Imlinger: Wache für Holocaust-Opfer. In: Die Presse vom 28.5.2019.

96 N.N.: Schock an Bahnübergang: Freundinnen sehen Betrunkenen auf Gleisen liegen – und reagieren blitzschnell. In: Münchner Merkur vom 21.6.2019, https://cutt.ly/KwumPF6

97 Jamel rockt den Förster, www.forstrock.de

98 Zitiert nach Martin Staudinger: Malala Yousafzai erhält den Friedensnobelpreis 2019 – ein Portrait, https://cutt.ly/UhISQA

99 https://www.bbc.com/news/world-asia-29565738

100 Malala Fund, www.malala.org

4. Du bist nicht allein: Viele tun etwas

101 Für Informationen über Freiwilligenarbeit in Deutschland siehe Bundesministerium, für Familie, Senioren, Frauen und Jugend (Hrsg.): Der Deutsche Freiwilligensurvey (2014).

102 Für Informationen über Freiwilligenarbeit in Österreich siehe Bundesministerium für Arbeit, Soziales und Konsumentenschutz (Hrsg.): Bericht zur Lage und zu den Perspektiven des Freiwilligen Engagements in Österreich (2. Freiwilligenbericht) 2015.

103 IFES: Freiwilliges Engagement in Österreich 2013.

104 Ebd.

105 Sophie Scholl: So ein herrlicher Tag, und ich soll gehen – Geschwister Scholl vor 76 Jahren hingerichtet – #remember, https://cutt.ly/lwumCNS

5. Mitbestimmen durch Mitstimmen: Warum wählen gehen wichtig ist

106 Prozentangaben aus einer Umfrage des Market-Instituts zu Motiven von Nichtwählern (Mehrfachnennungen möglich; zitiert nach: Der Standard vom 21.7.2013, Nichtwähler hoffnungslos und enttäuscht; https://cutt.ly/gwy1zdy

6. Mitbestimmen mit den Großen: Was man über direkte Demokratie wissen muss

107 Dieses Formular findet man unter https://www.bmi.gv.at/411/files/ Volksbegehren_Anmeldung_V20171229_1304_Web_Interaktiv.pdf

108 Dieses Formular findet man unter https://www.bmi.gv.at/411/files/ Volksbegehren_Einleitung_v20171129_500_Zeichen_web_interaktiv.pdf

109 Die Rede von Martin Luther King kann unter anderem hier nachgesehen werden: https://cutt.ly/1hlcBG

8. Mach dich bemerkbar: Bloggen und Social Media

110 Umgang mit Rezo. Arroganz statt Inhalte. In: Süddeutsche Zeitung vom 3.6.2019.

111 Kinder der Apokalypse. In: Der Spiegel vom 1.7.2019.

112 Die Rede von Emma Gonzalez kann unter anderem hier nachgesehen werden: https://cutt.ly/ihP6mO

113 Silke Fokke: In der Schule, an der Uni: 21 Tote in 45 Tagen. In: Spiegel online vom 15.2.2018, https://cutt.ly/ohAQl8

9. Helfen durch Spenden: Worauf man achten sollte

114 Deutsches Zentralinstitut für soziale Fragen: Spenden-Almanach 2018, https://cutt.ly/dC85uv

115 Fundraising Verband Österreich: Jahresbericht 2018, https://cutt.ly/sC87OF

116 N.N.: Spenden – wie viel Geld kommt an? In: Zeit online vom 27.11.2018, https://cutt.ly/iC7TOQ

117 Siehe www.oceancare.org

118 Brot für die Welt: Vom Freiwilligendienst zum Voluntourismus. Herausforderungen für die verantwortungsvolle Gestaltung eines wachsenden Reisetrends. Berlin 2018, https://cutt.ly/jBhKVV

119 Monika Maier-Albang: Touristen haben im Waisenhaus nichts zu suchen. In: Süddeutsche Zeitung vom 4.2.2019, https://cutt.ly/4Bj8lI

120 Susannah Abbey: Ruby Bridges. In: My Hero, https://myhero.com/rubybridges

10. Jetzt rede ich! Wie man in politischen Diskussionen nicht untergeht

121 Globale Bilanz. Hai-Angriffe erreichen Rekordhoch. In: Spiegel online vom 9.2.2016, https://cutt.ly/NwumGd2

122 Ed Roberts: 60 Minutes Segment with Harry Reasoner, https://cutt.ly/aC9RTH

11. Warum man sich engangieren soll

123 Der Bundeswahlleiter: Wahl zum 19. Deutschen Bundestag am 24. September 2017. Wahlbeteiligung und Stimmabgabe der Frauen und Männer nach Altersgruppen, S. 11 f. https://cutt.ly/jwunjon

GEGEN VORURTEILE

Wie du dich mit guten Argumenten
gegen dumme Behauptungen wehrst

Nina Horaczek und
Sebastian Wiese

280 Seiten, Klappenbroschur
ISBN: 978-3-7076-0607-2
Preis: € 18,90
Auch als E-Book erhältlich

Nehmen uns Ausländer die Arbeitsplätze weg? Ist die EU undemokratisch? Ist das Kopftuch ein politisches Symbol? War unter den Nazis doch nicht alles schlecht?

Zu diesen Themen hat jeder eine Meinung. Zu diesen Themen haben aber auch Vorurteile Konjunktur. Dieses Handbuch gegen Vorurteile nicht nur für junge Menschen liefert objektive Fakten zu Themen wie Ausländerpolitik, Islam, EU und Nationalsozialismus. Praktische Beispiele und aktuelle Studien veranschaulichen die Informationen und machen sie leicht verständlich. Ein Buch für alle, die mitreden möchten!

INFORMIERT EUCH!

Wie du auf dem Laufenden bleibst,
ohne manipuliert zu werden

Nina Horaczek und
Sebastian Wiese

256 Seiten, Klappenbroschur
ISBN: 978-3-7076-0632-4
Preis: € 19,00
Auch als E-Book erhältlich

Nie zuvor verfügte die Menschheit über so viele Informationen wie heute. Noch nie war der Zugang zu Informationen leichter. Doch was ist richtig, was falsch? Wer belügt uns und warum?

Demokratie braucht informierte Wähler. Nach ihrem Bestseller »Gegen Vorurteile. Wie du dich mit guten Argumenten gegen dumme Behauptungen wehrst« legen Nina Horaczek und Sebastian Wiese nun einen kritischen Wegweiser durch die Medienwelt vor. Das Buch ist aber auch ein eindringlicher Appell, speziell an junge Leserinnen und Leser: Lasst euch nicht belügen – informiert euch!

Über die Autoren

Nina Horaczek,
geboren in Wien, Politologin, Buchautorin und Chefreporterin der Wiener Wochenzeitung »Falter«. Zahlreiche Preise, u. a.: Prof.-Claus-Gatterer-Preis (2013), Bruno-Kreisky-Preis für das politische Buch (2015) und Wissenschaftsbuch des Jahres (2016), sowie Publikationen, u. a.: »Gegen Vorurteile« (2017), »Populismus für Anfänger« (2017) und »Informiert euch!« (2018).

Sebastian Wiese,
auf Wirtschaftsrecht spezialisierter Rechtsanwalt und promovierter Rechtsanthropologe. Rege Publikationstätigkeit in juristischen Fachmedien, Publikationen zu Indigenenrechten sowie: »Gegen Vorurteile« (2017) und »Informiert euch!« (2018). Lehrbeauftragter an der FH St. Pölten. Ausgezeichnet mit dem Bruno-Kreisky-Preis für das politische Buch (2015) und Wissenschaftsbuch des Jahres (2016).